Adel Theodor Khoury (Hg.)

Die Weltreligionen und die Ethik

HERDER spektrum

Band 5648

Das Buch

Schon seit Jahren erfahren die Weltreligionen eine ungeahnte Renaissance. Im Zuge der Globalisierung wächst ihnen eine neue gesellschaftliche Bedeutung zu. Und es wird deutlich: Den wesentlichen Herausforderungen unserer Gegenwart können wir nur im Dialog und Zusammenspiel aller Religionen begegnen. Es gilt, ihr ethisches Potential zu erkennen und es in einem gesellschaftspolitischen und sozialen Miteinander zu integrieren.
Ausgewiesene Experten erschließen in *Die Weltreligionen und die Ethik* die Lebensweisheit und die ethische Dimension der großen Religionen: Hinduismus, Buddhismus, Konfuzianismus und Daoismus, Judentum, Christentum und Islam. Welche Auswirkung haben ihr Menschenbild und Weltverständnis, ihr Gesellschaftskonzept und Gottesbild auf eine praktische Ethik? Und wie gestaltet sich in ihnen das Verhältnis von Anspruch und Wirklichkeit? Eine nötige Zusammenfassung und Orientierungshilfe.

Der Herausgeber

Adel Theodor Khoury, Univ.-Prof. a. D. Dr. phil., Religionswissenschaftler und Islamologe an der Universität Münster. Bei Herder Spektrum: Der Islam. Sein Glaube, seine Lebensordnung, sein Anspruch (5246); (mit Hagemann/Heine) Islam-Lexikon A–Z (4753).

Die Autoren

Roman Malek, Dr. phil. habil., Professor für Religionsgeschichte an der Theologischen Fakultät Sankt Augustin, Direktor des sinologischen Institutes Monumenta Serica, Chefredakteur der Zeitschrift *Monumenta Serica – Journal of Oriental Studies.*
Franz Furger (†), Dr. theol., zuletzt Direktor des Instituts für Christliche Sozialwissenschaften an der Universität Münster.
Peter Gerlitz, Dr. phil. Dr. habil., Professor der vergleichenden Religionswissenschaft an der Universität Bremen.
Ernst Pulsfort, Dr. theol., Geistlicher Rektor der Katholischen Akademie Berlin.
Dieter Vetter, Dr. theol., bis 1996 Professor für Didaktik des AT, Hebräische Sprache und Judentumskunde, Universität Bochum.

Adel Theodor Khoury (Hg.)

Die Weltreligionen und die Ethik

Mit Beiträgen von Ernst Pulsfort, Peter Gerlitz, Roman Malek,
Dieter Vetter, Franz Furger, Adel Theodor Khoury

HERDER

FREIBURG · BASEL · WIEN

Gedruckt auf umweltfreundlichem,
chlorfrei gebleichtem Papier

www.herder.de
Herstellung: fgb · freiburger graphische betriebe 2005
www.fgb.de
Umschlaggestaltung und Konzeption:
R·M·E München / Roland Eschlbeck, Liana Tuchel
Umschlagfoto © KNA
ISBN 3-451-05648-8

Inhalt

Ökumene der Religionen – Hoffnung für die Menschheit

Einleitung von Adel Theodor Khoury

Die Religionen der Welt haben im Dienst der Menschen eine gemeinsame Aufgabe zu erfüllen. Ausgehend von ihrem jeweiligen Ethos können die Glaubensgemeinschaften die menschlichen Hoffnungen auf eine Bewältigung der Gegenwart und auf eine gelungene Zukunft erfüllen. Das vorliegende Buch will über das Ethos der großen Weltreligionen sachkundig informieren und so helfen, eine Begründung für die Überzeugungen zu geben, daß diese Hoffnung trotz aller Schwierigkeiten realistisch ist.

1. Die Bedeutung der Religionen im Leben der Völker

In unserer Welt, die trotz aller Zerrissenheit, trotz der Selbständigkeitsbestrebungen vieler Völker zusammenrückt, kann niemand in einer stolzen Isolation leben. Keine Gemeinschaft kann allein ihr eigenes Überleben sichern, keine Religion kann sich einbilden, die Lösung aller Weltprobleme zu besitzen. Den Menschen unserer Zeit wird immer deutlicher bewußt, welche Stellung die Religionen in der Welt einnehmen und welche Funktion sie im Leben der jeweiligen Völker erfüllen. Die meisten von ihnen sind Träger oder wenigstens aktiv gestaltende Mitträger des Lebens ihrer Gemeinschaften, somit auch der Weltgemeinschaft. Auch wenn Säkularisten und Aufklärungsschwärmer den Religionen keine Zukunftschance einräumen und sie immer wieder totsagen: die Religionen erweisen sich als erstaunlich lebendig. Davon zeugt ihre heutige Renaissance in den meisten Ländern der nicht-westlichen Welt, eine Renaissance, deren Heftigkeit manche Skeptiker in Erstaunen versetzt und manche Zukunftsplaner ratlos macht. Auch das Wiedererwachen der Religiosität, das Aufkommen der Suche nach Sinn und Transzendenz ist, auch wo sie nicht an eine bestimmte Religion gebunden ist, eine deutliche Bestätigung der Heilsbedürftigkeit des Menschen, seines Hingewiesenseins auf Gott und seines Ausschauhaltens nach Heilswegen.

In diesem menschlichen Kontext erfüllen die Religionen ihre unentbehrliche Funktion. Denn sie bieten ein System von Sinngebung und Heilswahrheiten über Gott und die Beziehung des Menschen zu Gott, über den Kosmos, über Leben und Tod, über die Gesamtgeschichte der Menschen. In ihren Interpretationsmodellen von Kosmos und Leben, von Entstehung und Geschichte bieten sie eine hilfreiche Orientierung zur Bewältigung der Gegenwart, zur Integration der Vergangenheit und zur Planung der Zukunft.

Indem sie sich auf die Transzendenz Gottes beziehen, bilden sie eine kritische Instanz und ein Korrektiv gegenüber allen innerweltlichen Totalitarismen: gegenüber totalitären Ideologien, die die Verhältnisse der Gegenwart festlegen wollen auf Kosten der Freiheit und der Wahrheitssuche; gegenüber totalitären Utopien, die eine erträumte Zukunft erzwingen wollen auf Kosten der gegenwärtig lebenden Menschen; endlich gegenüber totalitären Machtansprüchen, die einer Usurpierung der Allmacht Gottes gleichkommen.

Vor allem bieten die Religionen Antworten auf die Frage nach dem Sollen, nach dem Wertesystem. Sie antworten auf die Frage nach Heil und Erlösung. Die Religionen weisen den Menschen auf Wege hin, die zur Aussöhnung mit sich selbst und den anderen Menschen, zum Frieden mit der natürlichen Umwelt und zur Versöhnung mit Gott führen.

Auch wenn die verschiedenen Religionen sich der gleichen menschlichen Anliegen annehmen, die konkreten Antworten und Lösungen hängen mit ihrer jeweiligen kulturellen Heimat zusammen. So suchen etwa die Völker der wirtschaftlich und technisch unterentwickelten Länder ihre eigene kulturelle Identität zu wahren; sie stemmen sich gegen die Überfremdung durch aufgezwungene, nicht integrierte Anschauungen und Modelle, die ihnen von den stärkeren Industriegesellschaften aufoktroyiert werden. Sie wollen die Irrungen und Wirrungen der durch die Technik beherrschten Gesellschaften nicht mitmachen oder nachahmen. Sie suchen in der eigenen Tradition das von der Religion geprägte kulturelle Lebensmodell, mit dem sie sich identifizieren und ein ausgesöhntes Leben führen können. Zugleich halten sie über die Grenzen einer gefestigten Identität hinaus Ausschau nach einer *gemeinsamen* Grundlage, nach einem gemeinsamen Grundwertesystem zum Aufbau der einen Welt und zur Gestaltung einer Universalkultur der Menschheit.

2. Bereitschaft zum Dialog

In Konsequenz der Einsicht, daß die Welt enger zusammenrückt und die Völker einander immer näher kommen, versuchen heute gläubige Menschen, an den jeweils anderen Religionen über das Trennende hinaus hervorzuheben, was allen Menschen und Religionen gemeinsam ist. Dabei haben sich gewisse übereinstimmende Grundüberzeugungen herausgebildet, die zu den Voraussetzungen eines gelingenden Gesprächs gehören.

Die anderen Religionen ernst nehmen

Ihre Grundhaltung in der Begegnung mit den anderen ist vom Bemühen geprägt, die Dialogpartner und ihre jeweilige Religion ernst zu nehmen. Denn die Religionen sind die Quelle, an der die Menschen die Antwort auf die richtigen und wichtigen Fragen des Lebens suchen. Das II. Vatikanische Konzil hat diese universalen Fragen so formuliert: „Was ist der Mensch? Was ist Sinn und Ziel unseres Lebens? Was ist das Gute, was die Sünde? Woher kommt das Leid, und welchen Sinn hat es? Was ist der Weg zum wahren Glück? Was ist der Tod, das Gericht und die Vergeltung nach dem Tode? Und schließlich: Was ist jenes letzte und unsagbare Geheimnis unserer Existenz, aus dem wir kommen und wohin wir gehen?" (Erklärung über das Verhältnis der Kirche zu den nichtchristlichen Religionen „Nostra aetate", 1).

Alle Religionen versuchen, auf diese richtigen Fragen richtige Antworten zu geben und für die wichtigen Anliegen der Menschen praktische Möglichkeiten bereitzuhalten.

Die anderen Religionen näher kennenlernen und hochachten

Wer die Begegnung mit den anderen sucht, muß sich bemühen, Einblick zu gewinnen in ihr Erbe, in ihre Sprache und in ihr Brauchtum, vor allem aber in die sittliche Ordnung, die ihnen ihre Religion vermittelt, in die religiösen Gebote und Vorstellungen, die das Leben dieser Menschen inspirieren und prägen.

Das Wahre und das Gute in den anderen Religionen anerkennen, wahren und fördern

Für den interreligiösen Dialog gilt weiter: Nichts soll abgelehnt werden von dem, was in den anderen Religionen an Wahrem und Gutem entdeckt werden kann. Das II. Vatikanische Konzil sieht in diesen Elementen „einen Strahl jener Wahrheit", die die Wahrheit Gottes und seines menschgewordenen Sohnes ist (Nostra aetate, 2), und eine Wirkung der Fügung Gottes (Dekret über die Missionsarbeit der Kirche „Ad gentes", 26). Für eine solch positive Haltung ist selbstverständlich: Das, was andere Religionen an Gutem und Wahrem enthalten, gilt es nicht nur anzuerkennen, es ist auch praktisch zu wahren und zu fördern.

3. Dialog und Zusammenarbeit suchen

Was dem eigenen Erbe und den anderen Religionen gemeinsam ist, bildet eine ausreichend feste Grundlage für einen offenen Dialog und eine entschlossene Zusammenarbeit.

Für einen offenen Dialog

Anhänger verschiedener Religionen, die einander begegnen, müssen also Partner im Dialog sein. Dieser Dialog darf keine Einbahnstraße sein, sondern der Austausch von Partnern, die beide Zuhörende und Mitteilende, Empfangende und Gebende sind. Dies besagt auch, daß diejenigen, die im Dialog engagiert sind, bereit sein müssen, vom anderen zu lernen, die in der Religion des Partners erkannten und anerkannten Werte auch aufzunehmen und in die eigene Tradition zu integrieren. Für religiöse Menschen ist klar: Diese als wahr und gut anerkannten Werte sind die Spuren Gottes und die Wirkung seines Geistes im Leben der Menschen. So gehen die Partner im Dialog gemeinsam auf die Suche nach Gott, dem gemeinsamen Gott aller, und nach der integralen und lebendigen Wahrheit.

Auf diesem Weg erkennen wir die Komplementarität aller Wirkungserscheinungen des göttlichen Geistes in den Menschen und in der Geschichte. So können die Gläubigen der verschiedenen Religionen die vollkommene Gestalt, zu der sie alle berufen sind, immer tiefer und deutlicher – auch in den Gesichtszügen der jeweils anderen – erkennen. So lernen sie, das Wirken Gottes in der Geschichte genauer zu erkennen, anzunehmen und die wahren Dimensionen jener Universalität zu sehen und zu verwirklichen, die der Religion Gottes eigen sind. Gleichwohl bedeutet dies nicht die Suche nach einer einförmigen und eintönigen Universalität und damit die Zerstörung der vielen Kulturen, die unter den Menschen entstanden sind. Es gilt vielmehr, einen Konsens über die Grundwerte zu suchen, aber eine farbige Universalität zuzulassen, auszuhalten, zu bejahen, zu fördern und mit Freude und Dankbarkeit zu genießen.

All das ist leichter gesagt als getan. Das „brüderliche Gespräch" ist kein leichtes Unterfangen. Es erfordert eine entschiedene Offenheit des Geistes und eine große Bereitschaft des Herzens. Wer den Dialog sucht, muß bereit sein, aus sich selbst herauszugehen, aus dem geschützten Bereich des eigenen Lebens, aus der gewohnten Sicherheit der eigenen Tradition auszuziehen und auf den anderen zuzugehen, sich um Verstehen zu bemühen.

Dem gegenseitigen Verstehen dient eine möglichst objektive Information über die zentralen Elemente im Selbstverständnis der anderen Religionen. Anliegen der Dialogpartner muß sein, zur lebendigen Mitte des jeweils anderen vorzudringen, um ihm so in seiner Identität zu begegnen. Dabei geht es nicht um blindes Entgegenkommen. Die kritische Suche nach der Wahrheit verliert auch hier nicht ihre Berechtigung und ihren Platz. Kritische Offenheit, kritische Sympathie wird geradezu gefordert – aus Liebe zur Wahrheit und aus Respekt für den Gesprächspartner, den man in seiner Person, in seiner Überzeugung und in seiner Religion wirklich ernst nimmt. Diese kritische Haltung schützt die Gesprächspartner vor einem Synkretismus, der alles einebnet und gleich-gültig macht. Aber der Dialog lebt nicht nur von der Aufgeschlossenheit und der Aufnahmebereitschaft der Gesprächspartner. Er lebt gleichermaßen von der Dynamik einer ernsten Treue zur eigenen Überzeugung und zur eigenen Religion. Diese Treue ist kein blindes Festhalten an allem, was in irgendeiner Form zur Tradition gehört. Sie läßt aber auch nicht zu, daß man leichtfertig das aufgibt, was zur Substanz einer Tradition gehört, was die Identität der eigenen religiösen Überlieferung ausmacht. Diese dezidierte und offene Treue zur eigenen Identität ist ein Grundpfeiler des echten, fruchtbaren Dialogs.

Für eine partnerschaftliche Zusammenarbeit

Ebenso bedeutend, vielleicht noch dringlicher ist das Zustandekommen einer *praktischen Zusammenarbeit* zwischen den Religionen. Auf verschiedenen Ebenen müssen Lösungen für die Probleme gesucht werden, die heute alle Menschen betreffen und bewegen. Nur einige dieser dringenden Aufgaben seien angedeutet: Es gilt, Wege aufzuzeigen zum gangbaren, friedlichen und gedeihlichen Zusammenleben in einer pluralen, multi-kulturellen und weltanschaulich differenzierten Gesellschaft; wir müssen Frieden schaffen und sichern; die Schöpfung bewahren, harmonisch leben mit der Natur; Gerechtigkeit für alle Menschen, Entwicklung fördern durch Solidarität und universelle Geschwisterlichkeit und nicht zuletzt müssen wir umgehen lernen mit den neuen, die Menschen bedrohenden und manipulierenden Technologien.

Dialog und Zusammenarbeit sollen die Anhänger aller Religionen füreinander öffnen und sie einander näherbringen; sie sollen ihnen ermöglichen, in unserer einen Welt die Zusammengehörigkeit aller Menschen vor Gott, die Solidarität aller mit allen, die universale Geschwisterlichkeit zu erfahren und zu erleben.

Damit verbindet sich die Vision vom Ende der destruktiven Geschichte von Feindschaft und Gegnerschaft. Denn der Frieden unter den Religionen ist nicht nur eine Chance für jede dieser Religionen, er ist auch eine Chance für die ganze Welt. Der Religionsfrieden ermöglicht den Glaubensgemeinschaften, sich in einer günstigen Atmosphäre zu entfalten und eine fruchtbare Weltordnung gemeinsam aufzubauen.

Es ist von großer Bedeutung für die Menschen von heute und von morgen, daß sich in ihnen die Überzeugung festigt: Alle Religionen können Frieden miteinander machen. Jede Glaubensgemeinschaft soll ihre Friedensideale deutlich darstellen, ihre friedliche Intention zum Ausdruck bringen und sie den anderen, vor allem den Gegnern von gestern, mitteilen. Die Absichtserklärung sollte sie durch konkrete Schritte des Friedens bekräftigen. Von jeder Religion müssen wir diesen Friedensbeitrag einfordern, jede Glaubensgemeinschaft soll ihn intellektuell ausarbeiten und darlegen. Und alle sollten diesen ersehnten Frieden in der jeweiligen Gesellschaftsordnung und in der politischen Realität der Welt zu verwirklichen suchen.

Wäre dies nicht eine neue Hoffnung für die Menschheit? Wäre dies nicht eine lohnende Aufgabe beim Aufbau einer humanen Weltordnung? Und wäre das nicht eine erste Auswirkung und ein erster Ausdruck einer „Ökumene der Religionen"?

Das Ethos des Hinduismus

Von Ernst Pulsfort

Das Ethos des Hinduismus präzise und logisch durchgängig darzustellen, wirft massive Probleme auf. Einerseits ist der Hinduismus keine dem Christentum, dem Judentum oder dem Islam vergleichbare homogene und dogmatisch sowie institutionell durchstrukturierte Religion, sondern ein Konglomerat unterschiedlichster religiöser und philosophischer Traditionen, denen sich ein Hindu in freier Wahl zuwenden kann. Andererseits gibt es Phänomene, die fast allen Strömungen und Richtungen des Hinduismus eigen sind, und damit so etwas wie einen Rahmen für eine gesamthinduistische Identität abgeben. Gemeint ist zum einen die allgemein hinduistische Neigung, auf Probleme mit einer Wendung nach innen zu reagieren, anstatt sie offensiv anzugehen, zum anderen jene soziale Konformität, die im Kastenwesen zum Ausdruck kommt.

Die Frage nach dem Ethos des Hinduismus, d. h. nach den sittlichen Lebensgrundsätzen, die ihm als Grundlage subjektiver Motive und innerer Maßstäbe dienen, ist europäisch-akademisch gestellt. Wie man sich in der Welt und angesichts der Probleme innerhalb der Welt zu verhalten hat, ist eine für den Hindu weniger wichtige Frage als jene, wie man diese Welt überwinden kann, um zur Unsterblichkeit zu gelangen. Der Hinduismus betrachtet die Welt nicht als „wirklich". Für ihn ist sie – verglichen mit der absoluten Wirklichkeit Gottes bzw. des göttlichen Seins – unwirklich, vergänglich und in ihren vorgegebenen Werten trügerisch. Das einzig „wirkliche" Problem sieht der Hinduismus darum in der Überwindung dieser Welt und in der Realisierung der absoluten göttlichen Welt. Alle Fragestellungen und alle Diskussionen um ethisch-moralisch rechtes Verhalten können nur im Licht dieses Hauptproblems erfaßt werden.

1. Das Menschenbild

In der Frage nach dem Menschenbild unterscheidet sich das philosophische Denken des Hinduismus am deutlichsten von dem des Westens. Während das westliche Denken weithin anthropozentrische Tendenzen aufweist, kommt dem Menschen im hinduistischen Denken eine besondere privilegierte Stellung im Universum nicht zu. Der Mensch ist vielmehr Teil und Bestandteil des Kosmos. Er gilt lediglich als eine der zahlreichen Gestalten, in denen sich das göttliche Absolute, das höchste Wesen, innerhalb dieses Kosmos manifestiert. Das eigentliche Selbst, das Innerste des menschlichen Wesenskerns – der Ātman – entspricht dem einer Amöbe oder dem eines Elefanten. Es ist letztlich identisch mit dem innersten Wesenskern des gesamten Universums. Erst das rechte Verständnis dieser alten indischen kosmischen Sicht ermöglicht eine richtige Einschätzung der Rolle des Menschen im religiösen System des Hinduismus. Denn diese Sicht hat alle Vorstellungen des Hindu von sich selbst, seiner Beziehung zur Welt und zu Gott zutiefst und bleibend geprägt.

Das eigentliche Selbst

Der stete Imperativ der Upanishaden, der bedeutendsten philosophischen Schriften des Hinduismus (ca. ab 800 v. Chr.), lautet: „Erkenne dich selbst!" Er impliziert die Annahme, daß der „wahre" Mensch sich von dem sich bewegenden und handelnden, d. h. dem sich in der Erscheinungswelt befindenden Menschen grundsätzlich unterscheidet. Das eigentliche oder wahre Selbst (Ātman) ist verschieden vom empirischen Selbst (Jīva). Für die Upanishaden besteht das wahre philosophische Wissen darin, das eine nicht mit dem anderen zu verwechseln (vgl. Chāndogya Upanishad VIII, 7–12). Das eigentliche Selbst ist weder mit dem Körper noch mit dem Geist identisch und unterliegt daher – im Unterschied zu diesen – auch keinerlei Erfahrung, Veränderung und Beschränkung. Es ist ewig und unveränderlich (Sat). Diese Unterscheidung zwischen dem Selbst (Ātman) und dem Körper, den Sinnen, Sinneswahrnehmungen und geistigen Vorstellungen, dem Intellekt und dem Ego ist von grundlegender Bedeutung für das hinduistische Denken. So wird auch das eigentliche Selbst niemals zum Gegenstand von Vorstellung und Wahrnehmung. Es ist weder Subjekt noch Objekt, weder der Erkennende noch das Erkannte, noch der Akt des Erkennens selbst. Damit ist nicht gesagt, daß das eigentliche Selbst ohne Bewußtsein ist wie etwa im Zustand des Tiefschlafs; nur ist es nichts und niemand anderem bewußt als ausschließlich sich selbst (vgl. nächsten Satz). Es ist reines Sein als solches (Sat) und reines Bewußtsein als solches (Cit). Darüber hinaus unterscheidet die Taittiriya Upanishad (II, 2–5) auf dem Weg, der zum innersten Kern des Menschen führt, unterschiedliche Formen der menschlichen Persönlichkeit. Es gibt Stufungen von gröberen hin zu immer feineren Formen, wobei erstere als weniger wirklich gelten als letztere. Das eigentliche Selbst im Menschen übersteigt die physischen, vitalen, geistigen und intellektuellen Schichten der Persönlichkeit. Es ist mit seiner innersten und feinsten Form identisch, die auch als Zustand der Glückseligkeit bezeichnet wird. Anders gesagt heißt das, daß der Mensch seines eigentlichen Selbst in einem mystischen und ekstatischen Zustand inne wird, in dem er nur noch reine Glückseligkeit (Ānanda) erfährt.[1]

Das philosophische Bemühen der Upanishaden dient dem Ziel, die letzte Wahrheit über die menschliche Persönlichkeit zu erkennen. So lenken sie den Blick des Menschen, der versucht, das eigene Wesen zu bestimmen, nach „innen". Zugleich wird jedoch das Augenmerk nach „außen" gerichtet mit dem Ziel, auch das äußere, das den Menschen umgebende Universum zu ergründen. Dabei kommen die Upanishaden zu dem Schluß, daß am Grund der vielfältigen und grobstofflichen sich stets verändernden Erscheinungswelt nur eine einzige ewige, unveränderliche und geistige Wirklichkeit liegt. Diese letzte kosmische Wirklichkeit bzw. dieses kosmische Selbst (Brahman) ist gleichfalls reines Sein und reines Selbst-Bewußtsein und damit identisch mit dem eigentlichen Selbst im Menschen (Ātman).

Nach hinduistischer Auffassung bewirkt das „ursprüngliche Nicht-Wissen" (Avidyā), daß das eigentliche Selbst des Menschen aus dem Zustand des ungetrübten Entrücktseins, d.h. dem Bewußtsein der völligen Identität mit der letzten Wirklichkeit (Brahman) herausfällt. Es verstrickt sich in die Welt der Erscheinungen, die ebenfalls eine fiktive Schöpfung der Avidyā ist. Durch den Einfluß der Avidyā wird das eigentliche Selbst den Beschränkungen der Individualität unterworfen. Es nimmt einen grobstofflichen physischen Körper an und unterliegt damit zahlreichen Begrenzungen und Beschränkungen.

Diesen Körper, mit dem das eigentliche Selbst als Folge der Avidyā verbunden gedacht wird, stellt man sich in dreifacher Weise vor: zunächst als groben und physischen Körper, bestehend aus den fünf Elementen Erde, Wasser, Licht, Wind und Äther. In diese Elemente löst er sich nach seinem Tode wieder auf. Dieser Körper ist Sitz all jener Erfahrungen, die sich auf die äußere, phänomenale Welt beziehen; im Wachzustand dient er als Grundlage des Bewußtseins.

Ein zweiter Körper besteht aus 17 feineren Elementen, den fünf Arten von Lebenshauch (Aushauch im Herzen, Einhauch im Anus, Zusammenhauch im Nabel, Aufhauch in der Kehle, Durchhauch im ganzen Körper), den fünf Tatorganen (Rede, Hände, Füße, Anus, Geschlechtsorgan), den fünf Erkenntnisorganen (Ohr, Haut, Zunge, Auge, Geruch) sowie dem Denken und schließlich dem Erkennen. Dieser zweite, „feine" Körper ist jenen Schichten gleichzusetzen, die das eigentliche Selbst umgeben und die es zu durchdringen gilt, um zu diesem Selbst zu gelangen. Der feine Körper bildet die Grundlage des Traum-Bewußtseins. Im Zusammenhang mit dem Hinüberwechseln des Selbst von einem Körper zum anderen in der Wiedergeburt kommt dem feinen Körper seine wichtigste Funktion zu: Er ist das Mittel, mit dem das Selbst nach dem Tod des groben physischen Körpers in den nächsten Körper hinüberwechselt. Der feine Körper gilt als der Ort, an dem alle direkten und indirekten moralischen Folgen des menschlichen Lebens verwahrt bleiben, bis sie bei der Wiedergeburt des betreffenden Individuums ihre Wirkung gezeitigt haben. Der feine Körper ist das Medium, wodurch das ewige Gesetz des Karma wirksam wird. (Karma genannt wird jenes Gesetz des Handelns, das alle Lebewesen an Ursache und Wirkung im Rahmen der Kette von Wiedergeburten bindet. Jede Tat birgt die Frucht der Vergeltung in sich.)

Der dritte Körper, den das empirische Selbst annimmt, ist der „kausale" Körper. Er tritt dann in Erscheinung, wenn die beiden anderen Körper ihre Funktion vorübergehend eingestellt haben, wie z. B. im Zustand des Tiefschlafs. Der Mensch kann in diesem dritten Körper gewisse Vorahnungen von der vollkommenen geistigen Seligkeit empfangen. Im Prozeß des welthaften Lebens eines Menschen lassen sich bestimmte, voneinander klar abgegrenzte Stadien unterscheiden. In einem ersten Stadium befindet sich das eigentliche Selbst in mystischer Einheit mit dem höchsten Sein. Das zweite Stadium ist eine Folge des Einflusses, den die Avidyā, die ursprüngliche Unwissenheit, ausübt. Das eigentliche Selbst tritt in den Zustand der Individualität, wird vom Körper-Geist-Komplex abhängig und auf diese Weise in die Erscheinungswelt verstrickt. Entweder gelingt es dem Individuum nun, die Grenzen seiner Individualität durch wahre Erkenntnis zu durchbrechen und so einen Zustand zu erreichen, der wesentlich mit dem der erstgenannten Phase identisch ist (Moksha), oder es setzt seine Reise durch verschiedene Wiedergeburten hindurch fort (Samsāra) – bis endlich das Ziel in Gestalt von Moksha erreicht ist. Moksha darf in diesem Zusammenhang aber nicht mißverstanden werden als etwas, das erlangt oder etwa noch geschaffen werden müßte. Ebensowenig ist es als ein Ergebnis menschlichen Vollkommenheitsstrebens zu interpretieren. Moksha ist dem Individuum vielmehr ursprünglich gegeben, ist nichts von anderem Abkünftiges oder Verdanktes, sondern angeboren. Moksha bedeutet nichts anderes, als sein eigenes, wahres Selbst zu verwirklichen. Auch wenn Moksha nicht in einem einzigen Leben erreicht wird, halten die Hoffnung und der Glaube an die Verwirklichung dieses Zustandes den Hindu durch alle Stadien seiner Wiedergeburten aufrecht. Moksha ist ein Geburtsrecht, das ihm niemand zu nehmen vermag.

Wie im Wirken der Avidyā der Grund für die *Geburt* eines Individuums zu finden ist, so liegt im Wirken des Karma-Gesetzes der Grund für seine *Wiedergeburten*. Während die Beständigkeit des eigentlichen Selbst und das Wirken der Avidyā metaphysische Prinzipien sind, die innerhalb der Lehre von der Seelenwanderung zum Tragen kommen, ist das dritte Prinzip, Moksha, sowohl in metaphysischer als in ethischer Hinsicht von Bedeutung. Das vierte Prinzip, die Lehre vom Karma, ist primär ethischer Natur.

Mensch – Gott

Der metaphysische Zugang zum Problem des Menschen führt zum Dualismus zwischen dem eigentlichen Selbst und dem empirischen Selbst. Der religiöse bzw. theistische Zugang hingegen setzt den Dualismus zwischen Mensch und Gott bereits voraus. Aus der Sicht der Philosophie der Upanishaden kommt jedoch den Begriffen Mensch und Gott keine absolute Realität zu. Beide gehören dem Bereich der Erscheinungswelt an. Vielmehr ist der Mensch wesentlich Gott, d.h. eigentliches Selbst und höchstes Sein sind identisch. Von daher ist es auch zu verstehen, daß viele a-theistische philosophische Systeme innerhalb des Hinduismus die Existenz eines personalen Gottes gar nicht anzunehmen brauchen, um die verschiedenen ethischen, metaphysischen, psychologischen und kosmologischen Fragen, die sich ihnen stellen, beantworten zu können. Dennoch besitzt der Hinduismus ein recht ausgeprägtes Gottesbewußtsein, so daß ein absoluter monistischer Idealismus ohne Konflikte neben einem leidenschaftlichen Glauben an Gott existieren kann. Darüber hinaus – und das ist das eigentlich Bemerkenswerte – hat es der Hinduismus geschafft, in philosophischen Fragen zwei verschiedene Standpunkte einzunehmen, nämlichen einen absoluten und einen relativen, wobei beide einander achten. Jeder der beiden Standpunkte kann einen ihm eigenen Wirklichkeitsbezug in Anspruch nehmen, und jeder führt unabhängig vom anderen zum Ziel. Vom theistischen Standpunkt aus betrachtet steht der personale Gott in der gleichen Beziehung zum höchsten Sein (Brahman) wie ein Individuum zum eigentlichen Selbst (Ātman). Das Verhältnis zwischen Gott und Mensch ist somit in vielfacher Weise durch das Verhältnis zwischen Brahman und Ātman beeinflußt. Das Ziel eines an einen personalen Gott glaubenden Menschen besteht darin, in derselben Welt zu leben wie Gott, ihm so nahe wie möglich zu sein, die gleiche Form anzunehmen wie er oder eine innerliche Vereinigung mit ihm zu erlangen. Während das letztgenannte Ziel eben jenes philosophische Ziel der mystischen Vereinigung des eigentlichen Selbst mit dem höchsten Sein meint, stellen die drei ersten Ziele Phasen dar, die auf dem Weg zum letzten Ziel hin zu durchlaufen sind.

Der hinduistische Theismus versteht die philosophisch angenommene Identität zwischen dem eigentlichen Selbst und dem höchsten Sein gelegentlich so, daß Mensch und Gott wohl ihrem Wesen nach, nicht aber ihrer Form nach identisch sind. Sie verhalten sich zueinander wie Feuer und Funken. Diese Vorstellung von einem teilweisen Getrenntsein des Menschen von Gott drückt sich auch aus in der Lehre von Gott als dem inneren Lenker des Menschen, d.h. Gott ist die lenkende Ursache im Leben des Menschen und befindet sich nicht eigentlich außerhalb des Menschen. Diese Abwandlung der philosophischen Lehre von der vollkommenen Identität zwischen Ātman und Brahman findet ihren Ausdruck in der Lehre eines qualifizierten Dualismus zwischen Mensch und Gott. Hier gilt Gott als Schöpfer und moralischer Lenker des Menschen und des Universums, der das Karma-Gesetz erlassen hat. Das Ideal eines an einen personalen Gott glaubenden Hindu besteht vor allem darin, diesem Gott all sein Tun zu weihen, sich ihm ganz in Liebe zu ergeben und sein ganzes Denken und Meditieren auf ihn zu richten. Alles Ich-Bewußtsein soll aufgegeben werden zugunsten einer Haltung, die allem Gott gehörigen Sein, gleich ob Freund oder Feind, in derselben Weise zu begegnen vermag wie Gott selbst. Obwohl Ritual, Gebet und die Beobachtung der religiösen Gebote und Pflichten für das religiöse Leben des Hindu von großer Bedeutung sind, gelten das Bewußtsein der eigenen Sündhaftigkeit, die völlige Selbsthingabe an Gott, die Sehnsucht nach enger Gemeinschaft mit ihm und die mystische Erfahrung in Gottes Nähe als wichtigste Faktoren für die Beziehung des Menschen zu Gott.

2. Die Werte des Lebens – Mensch, Welt, Gesellschaft

Wenn nun das höchste geistige Ziel eines Hindu darin besteht, die Grenzen seiner Individualität zu überschreiten, die ihn an diese Erscheinungswelt binden, um sich so seines ursprünglichen Wesens – nämlich seiner Identität mit dem höchsten Sein – bewußt zu werden, dann nimmt sich die Frage nach der Rolle des Menschen, d. h. des „wahren" Menschen in dieser Welt nicht sonderlich bedeutungsvoll aus. Das eigentliche Selbst des Menschen ist ja gemäß der Philosophie des Hinduismus nicht in die Abläufe der Erscheinungswelt verwickelt. Die Welt und das Leben in ihr gelten vielmehr als eine Brücke, die man überschreiten muß, um an sein Ziel zu gelangen; sich dort häuslich niederzulassen, wäre unklug. Die Aufgabe des Menschen gehört in dieser Welt ihrem Wesen nach einer niedrigeren Erfahrungsstufe an. Damit erscheinen ethische Normen und Aussagen im Hinduismus vielfach nur als Zugeständnisse an die Unvermeidlichkeit des menschlichen Umgangs mit der Erscheinungswelt. Daraus darf aber keinesfalls geschlossen werden, der Hinduismus überließe den Menschen bei seiner Überquerung der Lebensbrücke nun gänzlich sich selbst. Gerade dem Dharma-Begriff liegt der Gedanke zugrunde, den unausweichlichen Konflikt zwischen dem Wirklichen und dem Scheinbaren, dem Ewigen und dem Zeitlichen zu lösen. Religion, Ritual und Ethik im allgemeinen, Kastengesetze[2], Zivil- und Strafrechte, aber auch die Gesetze der kosmischen Abläufe fallen unter den Begriff des Dharma. Indem der Dharma-Begriff daran festhält, daß der Mensch das Tatsächliche nicht übersehen darf, während er das Ideale anstrebt, schreibt er zugleich eine Lebensführung vor, deren Ziel es ist, das materielle *und* geistige Wohlergehen und Wachsen des einzelnen und der Gesellschaft zu sichern. So sind für das empirische Leben des Menschen besonders drei voneinander unabhängige Ziele von Bedeutung: Durch ein Leben, das reich ist an materiellen Gütern (Artha), das ästhetisch schön (Kāma) und ethisch gesund ist (Dharma), erhält der Mensch die Chance, eine wahrhaft integrierte Persönlichkeit aufzubauen, vorausgesetzt diese drei Ziel dienen zusammen dem vierten und letzten Ziel Moksha. In ihrer Orientierung auf Moksha hin wird deutlich, daß Artha, Kāma und Dharma nicht in erster Linie als erstrebenswert an sich anzusehen sind, sondern deswegen, weil sich ihre Vernachlässigung im Hinblick auf das Erreichen von Moksha negativ auswirken würde. Dharma nimmt unter den drei ersten Werten insofern eine besondere Stellung ein, als Artha und Kāma nur in dem Maße zu wahren Werten werden können, als sie in Übereinstimmung mit Dharma angestrebt werden.

Im wesentlichen stellt dieses Vier-Werte-Schema das psychisch-moralisch-philosophische Fundament für die Rolle des Menschen in dieser Welt dar. Als sozial-funktionales Schema zielt es darauf ab, den Menschen als soziales Wesen zu formen, ohne dabei Rücksicht auf seinen Stand, seine Kaste oder sein Geschlecht zu nehmen. Die innere Kraft und Ausdauer, die zur Erreichung von Moksha notwendig ist, muß erst erworben werden: im geordneten Umgang mit den Phänomenen der Erscheinungswelt, z. B. Geld, Besitz, Geschlechtlichkeit, Familie, Kaste etc.

Den Werten Dharma und Moksha kommt innerhalb dieses Schemas deswegen eine besondere Rolle zu, weil der Bedeutungsgehalt von Dharma in unmittelbarer Nähe zu dem von Wirklichkeit überhaupt liegt. Im weitesten Sinn ist Dharma nämlich das, was trägt, Halt gibt und das nötige Gleichgewicht der Kräfte für das geordnete Ablaufen von Prozessen verleiht. Das gilt sowohl im Kontext kosmischer Zusammenhänge als auch im Bereich des religiösen und gesellschaftlichen Lebens des Individuums. Dharma ist die verschiedene Art und Weise, wie alle Wesen sich von der ungeteilten Ganzheit des Seins tragen lassen und wie sie sich zueinander verhalten. Damit beinhaltet Dharma die Beachtung all jener Verhaltensweisen, die für die Erhaltung der harmonischen Abläufe innerhalb des Universums und der Gesellschaft als erforderlich gelten, denn bereits die kleinste Verletzung des Dharma wirkt sich in allem und auf alles negativ aus. Da Dharma also primär den Erhalt bestehender Ordnungen, seien sie kosmischer oder sozialer Art, zum Ziel hat, zeigt er immer auch einen ausgeprägten Konservativismus. Als ein ewiges Verhaltensmuster, das in erster Linie aus den Überlieferungen (Smriti) und nicht aus den Offenbarungsschriften (Shruti) abgeleitet wird, dient Dharma der Aufrechterhaltung geheiligter Traditionen, die durch die geistige und soziale Disziplinierung des Individuums angestrebt wird. Etwas einer „Sozialpsychologie" Vergleichbares läßt sich darum auch kaum aus dem Dharma-Begriff ableiten.

Obwohl die Verwirklichung von Dharma als Vorbedingung für die Erlangung von Moksha verstanden wird, stellt Moksha in gewisser Weise die Negation von Dharma dar. Im Grunde lehnt Moksha die von Dharma angestrebte Erhaltung der kosmischen und sozialen Ordnung völlig ab. Als Phänomene der Erscheinungswelt müssen sie vielmehr überwunden werden. Moksha bedeutet das Freiwerden von eben jenem Bereich der Erscheinungswelt, der von Dharma beherrscht und geregelt wird. Dieser Konflikt zwischen dem Ideal des Dharma und dem des Moksha ist ein echter Konflikt, weil er in der logischen Nichtvereinbarkeit beider Ideale begründet liegt. Die Bhagavadgītā, die schriftliche Hauptquelle der an einen personalen Gott glaubenden Hindus, versucht diesen Konflikt zu entschärfen, indem sie lehrt, nicht das Handeln und der Umgang mit den Dingen der Erscheinungswelt an sich sei bereits dem Streben des Menschen nach Moksha abträglich, sondern lediglich die Bindung des Menschen an die Früchte seines Handelns wie Besitz, Geld etc. Moksha kann somit gemäß der Bhagavadgītā durchaus auch über das Handeln erreicht werden.

Normierung

Zwar erscheint das Gesamtbild des persönlichen und gesellschaftlichen Lebens eines Hindu weitgehend vorgezeichnet, die Einzelheiten jedoch sind entsprechend den unterschiedlichen Menschentypen variabel. Daraus ergeben sich zweierlei Verhaltensnormen, nämlich kastenspezifische einerseits (Varnadharma) und standesspezifische andererseits (Āshramadharma).

Die standesspezifischen Verhaltensnormen regeln das Leben des Hindu in bezug auf die *vier Lebensstadien* (Āshramas) der Schülerschaft, des weltzugewandten Hausvaterdaseins, des Eremitentums und des Bettelmönchtums. Jedes dieser vier Stadien hat seinen je eigenen Pflichtenkodex. Vieles spricht dafür, daß ursprünglich nur der Stand des Hausvaters sozio-ethische Bedeutung genoß, denn in den frühen vedischen Schriften (um 1000 v. Chr.) finden sich noch keinerlei Hinweise auf die anderen drei

Lebensstadien. Der weltzugewandte Hausvater galt und gilt bis heute als der eigentliche Mittelpunkt aller zwischenmenschlichen Beziehungen und sozialen Aktivitäten. Erst in der weiteren Sozialgeschichte Indiens nimmt die Bedeutung der drei übrigen Lebensstadien zu.

Das im folgenden dargestellte Modell der einander in zeitlicher Chronologie zugeordneten vier Lebensstadien genoß vor allem im Altertum und im Mittelalter ein hohes Ansehen.

Auch wenn heute die Aufeinanderfolge der vier Lebensstadien kaum noch praktiziert wird – es haben sich voneinander unabhängige Lebensformen herausgebildet –, besitzen doch die ethischen Ziele der einzelnen Stadien weiterhin hohe Aktualität für die persönliche Lebensgestaltung.

Das klassische Modell der vier Lebensstadien sieht folgendermaßen aus: Zwischen dem siebten und 14. Lebensjahr übergibt der Familienvater seinen Sohn einem Lehrer (Guru) zur Erziehung. Diese erste Lebensstufe hat das Ziel, dem Heranwachsenden eine umfassende spirituelle, rituelle und intellektuelle Ausbildung zu geben, die ihn zur vollkommeneren Entfaltung seiner Person kommen läßt. Er soll in seinem religiösen Empfinden sensibilisiert werden, damit er seinen späteren religiösen und sozialen Pflichten als Familienvater nachkommen kann. Zwar geschieht die Kindererziehung im heutigen Indien weitgehend im Rahmen des englischen Schulsystems, doch läßt sich eine Wiederbelebung des alten hinduistischen Erziehungsmodells auf der Grundlage der Guru-Schüler-Beziehung in zahlreichen sogenannten Gurukul-Zentren beobachten.

Nachdem der Schüler seinen Guru verlassen hat, tritt er in die zweite Lebensphase, die des Familienvaters, ein. Nun hat er sich ganz den Aufgaben des diesseitigen Lebens zu widmen und seinen Beitrag für das Wohlergehen der Gesellschaft zu leisten. Er gründet eine Familie und erfreut sich des rechtmäßig erworbenen Reichtums. Die geistig-körperliche Disziplin, die er in der ersten Lebensstufe erworben hat, dient ihm jetzt als mäßigender Zügel im Umgang mit den weltlich-materiellen Gütern. So ist der junge Mann darauf vorbereitet, in Ehe, Kindererziehung und Berufsausübung seine Pflicht gegenüber der Gesellschaft zu erkennen und in Übereinstimmung mit den Gesetzen seiner jeweiligen Kaste zum religiösen und sozialen Wohl des Ganzen beizutragen. Durch den Vollzug der täglichen Opfer und Riten trägt er zur kosmischen und gesellschaftlichen Harmonie bei.

Wenn der Mann dann seine Enkel heranwachsen sieht, soll er sich in die Einsamkeit zurückziehen. Seine Frau darf ihn zwar begleiten, doch muß er sich verpflichten, zölibatär zu leben. Seinen gesamten Besitz übergibt er zuvor seinen erwachsenen Söhnen. Obwohl der Mann sich in der Einsamkeit der Meditation und Askese zu widmen hat, ist er weiterhin eingebunden in das die Familie und den Hausvaterstand favorisierende Gesellschaftsideal, d. h. er ist verpflichtet, all jene Riten weiter auszuführen, die das Wohlergehen und die Harmonie des Kosmos und der Gesellschaft sichern sollen. Ziel dieses Lebensstadiums ist die Hingabe an die göttliche Welt und die Überwindung der Avidyā, des ursprünglichen Nicht-Wissens, durch die Erkenntnis der Identität des eigentlichen Selbst mit dem göttlichen Sein. Alle Lebensvollzüge sind auf dieses Ziel hin orientiert. Zudem ist der Eremit verpflichtet, Schüler aufzunehmen und sie auf ihr späteres Leben als Familienväter vorzubereiten.

Im letzten Teil seines Lebens verstärkt der Eremit seine religiöse Hingabe, indem er all jene Bindungen an Gesellschaft, Kaste, Familie, Ritus und Kult, die er im dritten Lebensstadium noch aufrechterhalten mußte, endgültig ablegt. Im letzten, vierten Stadium verliert der Mensch zwar die Welt – die ihm ja letztlich nicht helfen kann, sein wahres Sein zu finden –, aber er gewinnt dafür seine eigentliche Individualität. Als Bettelmönch (Sannyāsi) wandert der Asket von Ort zu Ort. Obwohl er – anders als im dritten Lebensstadium – jetzt wieder Kontakte mit seiner Umwelt aufnimmt, ist er ihr innerlich völlig entrückt; sie stellt für ihn keine Versuchung zur Zerstreuung mehr dar. Auch in diesem letzten Abschnitt seines Lebens sammelt der Mensch Schüler um sich und gibt ihnen spirituelle Führung. Gerade das Asketen- und Bettelmönchtum verleihen Indien bis heute besonders in den Augen zahlreicher westlicher Gottsucher seine Faszination. Aber auch ein Großteil der Hindus wendet sich in religiösen und das alltägliche Leben betreffenden Fragen an die Gurus und Sannyasis. Die große Zahl an Āshrams (klosterähnliche Gemeinschaften) belegt die immer noch ungebrochene Autorität und das hohe Ansehen des hinduistischen Asketentums.

Familie, Ehe und Sexualität

Ebenso wie in anderen Religionen und Kulturen ist die Familie trotz des hohen Ansehens, das die Eremiten und Bettelmönche genießen, die tragende Institution der hinduistischen Gesellschaft. Die hinduistische Familie ist seit jeher eine patriarchalische Großfamilie, in der ein Ältester mit seinen Brüdern und deren Familien zusammenlebt. Töchter scheiden durch Heirat aus der eigenen Familie aus und werden Mitglieder der Familien ihrer Männer. Das Verhalten der einzelnen Familienmitglieder wird ebenso präzise durch Regeln bestimmt wie das Verhältnis zwischen den Generationen. Höheres Alter verlangt grundsätzlich Respekt von den Jüngeren.

Die Lebensbereiche von Frauen und Männern sind streng voneinander getrennt. Während sich die Frauen auf die Führung des Haushalts zu beschränken haben, führen die Männer die öffentlichen Geschäfte. Sie bringen das Familieneinkommen auf und sind für das Ansehen und den sozialen Status der Familie verantwortlich. In der Regel leben drei Generationen unter einem Dach, so daß der Familienverband heute etwa folgendermaßen organisiert ist: Das Elternpaar bleibt entweder mit dem ältesten Sohn und seiner Familie im Dorf zurück oder zieht mitsamt den ledigen Kindern zu ihm. In jedem Fall obliegt den Ältesten die direkte Sorgepflicht für die Eltern und die unverheirateten Geschwister. Brüder mit Einkommen und eigener Familie tragen zum Unterhalt des Haushalts, den ihr ältester Bruder führt, bei. Sollte der Älteste erwerbsunfähig werden oder sterben, übernehmen die übrigen Brüder die Unterhaltspflicht für dessen Familie. Verwitwete Schwägerinnen leben weiter mit den Schwiegereltern beim ältesten Sohn. Wenn eine Familie über ein Familienunternehmen verfügt, dann bleibt auch im städtischen Milieu das traditionelle Familienmodell noch häufig erhalten. Die Eltern und alle Söhne mit ihren Familien sowie die unverheirateten Geschwister leben weiterhin unter einem Dach zusammen. Da die hinduistische Familie patriarchalisch und zugleich patrilinear konzipiert ist, tragen die Männer die Last der materiellen Absicherung aller Familienmitglieder. Eine Großfamilie, in der die Frauen bei weitem überwiegen, könnte die finanziellen Lasten kaum tragen; sie müßte sich auf Generationen hin verschulden.

Die Vorliebe für Söhne ist jedoch nicht nur materiell begründet, sie werden auch als die hochwertigeren Menschen empfunden. Die Verherrlichung des Männlichen und die Geringschätzung des Weiblichen – denn es geht um das Genus, nicht um einzelne – hat eine lange Tradition. So heißt es im Gesetzbuch des Manu (ca. 200 n. Chr.): „Frauen müssen Tag und Nacht von den männlichen Mitgliedern ihrer Familie in Abhängigkeit gehalten werden, und wenn sie sich sinnlichen Genüssen hingeben, müssen sie unter Kontrolle gehalten werden.

Ihr Vater beschützt sie in der Kindheit, ihr Ehemann beschützt sie in der Jugend, und ihre Söhne beschützen sie im Alter; eine Frau ist niemals zur Unabhängigkeit fähig.

Tadelnswert ist der Vater, der seine Tochter nicht zur rechten Zeit verheiratet; tadelnswert ist der Ehemann, der sich seiner Frau nicht zur rechten Zeit nähert, und tadelnswert ist der Sohn, der seine Mutter nach dem Tode ihres Ehemanns nicht beschützt ...

Da das die höchste Pflicht aller Kasten ist, müssen auch schwache Ehemänner danach streben, ihre Frauen zu bewachen ...

Kein Mann kann Frauen allein durch Zwang führen, aber sie können durch die Anwendung folgender Mittel geleitet werden: der Ehemann soll seine Frau mit dem Ansammeln und Ausgeben seines Vermögens, mit Putzen, mit religiösen Pflichten, mit Kochen und Spülen beschäftigen.

Frauen, die von vertrauenswürdigen und gehorsamen Dienern im Haus gehalten werden, sind nicht gut überwacht; aber solche, die sich aus eigenem Antrieb überwachen, sind gut bewacht.

Trinken von Alkohol, Umgang mit schlechten Menschen, Trennung vom Ehemann, sich draußen herumtreiben, schlafen zur Unzeit und in anderer Männer Häuser wohnen sind die sechs Gründe für den Ruin der Frauen.

Frauen kümmern sich nicht um Schönheit, noch interessiert sie das Alter. Wenn er nur ein Mann ist, geben sie sich dem hübschen wie dem häßlichen gleichermaßen hin.

Wegen ihrer Leidenschaft für Männer, wegen ihrer Launenfähigkeit, wegen ihrer natürlichen Herzlosigkeit werden sie den Männern untreu, wie sorgsam man sie auch in dieser Welt behüten mag …

Als Manu Frauen erschuf, gab er ihnen Liebe zum Bett, zum Sitzplatz, zum Schmuck, unreine Begierden, Zorn, Unehrlichkeit, Bosheit und schlechtes Benehmen mit.

Die Frau nimmt die wie auch immer beschaffenen Qualitäten ihres Ehemanns an wie ein Fluß, der sich mit dem Meer vereinigt." (Übersetzt nach G. Bühler, The Laws of Manu, in: M. Müller [Hg.], The Sacred Books of the East, Bd. XXV, Delhi 1964, 85.)

Gemäß Manu ist die Frau ein von Natur aus zum Bösen geneigtes Wesen. Sie ist haltlos und sinnlich und muß deswegen ständig vom Mann beschützt und unter Kontrolle gehalten werden. Der Mann hingegen verfügt über eine solch starke Ausstrahlung, daß die Frau auf Dauer in den Bann seiner Wesensart geschlagen wird. Aber trotz der Geringschätzung der Frauen mahnt Manu doch dazu, sie zu ehren:

„Wo Frauen geehrt werden, sind die Götter zufrieden; aber wo sie nicht geehrt werden, ist jeder heilige Ritus umsonst …

Die Häuser, welche weibliche Verwandte, weil sie nicht angemessen verehrt werden, verfluchen, gehen total zugrunde, wie von einem Zauber zerstört …

Daher sollten Männer in ihrem eigenen Interesse bei Feiertagen und Festen die Frauen immer durch Geschenke von Schmuck, Kleidung und feinen Speisen ehren" (ebd.).

Die Ehre, die den Frauen entgegengebracht werden soll, bezieht sich also nicht auf eine etwaige ihnen innewohnende Würde. Sie geschieht im Eigeninteresse der Männer. Frauen verfügen nämlich über die Macht, ein Haus durch ihren Fluch zu zerstören, sollte es ihnen dort schlecht ergehen. Frauen gelten eben nicht nur als defizient, sondern auch als Wesen mit dämonischen Zügen.

Auch im heutigen Indien besitzen Frauen so gut wie keine Rechte. Sie sind weder erbberechtigt, noch verfügen sie über eigenen Besitz. Vielmehr verstehen Männer ihre Frauen, Töchter und unverheirateten Schwestern weitgehend als ihren Besitz, der gegen jede Geste der Annäherung verteidigt werden muß. Zwar unterstellt man den Frauen nicht mehr aktive Unmoral, wie dies im

Gesetzbuch des Manu noch der Fall war, aber man ist doch von ihrer geistigen Unterlegenheit und dem Mangel an sittlicher Integrität überzeugt.

Die Monogamie ist im Hinduismus die Regel. Das heißt jedoch nicht, daß die Polygamie in der Vergangenheit verboten war. Auch war die Verstoßung der Frau möglich, obwohl die Ehe als unauflöslich galt und gilt. Scheidungen kommen bis heute darum nur selten vor. Die unauflösliche Zusammengehörigkeit der Eheleute erstreckt sich nach hinduistischer Auffassung sogar über den Tod hinaus. Aus diesem Grund war Witwen in der Vergangenheit die Wiederheirat verboten, nicht aber den verwitweten Männern. Die Witwenverbrennung, die als Zeichen äußerster Gattinnentreue galt, die Frau aber zugleich als das Eigentum des Mannes auswies, wurde bis in unser Jahrhundert hinein praktiziert, obwohl sie bereits 1829 von den Briten verboten worden war. Bis heute ist eine erneute Heirat für eine verwitwete Frau kaum denkbar. Sie hat sich immer noch als Witwe durch eine schmucklose Kleidung kenntlich zu machen.

Das wichtigstes Ziel einer Frau besteht darin, Söhne zu gebären; darin liegen ihre Existenzberechtigung und ihre soziale Anerkennung begründet. Für den Mann gilt das Zeugen von Söhnen als religiöse Pflicht. Während Söhne auf lange Sicht für die Familie finanzielle Absicherung bedeuten, führt die Verheiratung mehrerer Töchter angesichts der hohen Mitgiftforderungen der Schwiegerfamilien häufig zum wirtschaftlichen Ruin. Zudem dürfen Töchter nicht die Totenriten vollziehen, die das Wohlergehen der Ahnen und den Fortbestand der Familie garantieren.

Trotz der Minderbewertung des weiblichen Geschlechts genießen Töchter in den Familien ein besseres Leben als Söhne. Sie werden weder zu schweren körperlichen Arbeiten herangezogen, noch stehen sie – anders als Söhne – unter Karrierezwang. Zudem werden sie besser gekleidet als ihre Brüder. Der Grund für diese scheinbare Bevorzugung ist jedoch nicht elterliche Liebe, sondern die Vorbereitung der Töchter auf die Ehe: Männer wünschen sich häusliche, gehorsame und feminine Frauen; auf diesen Typ Frau hin werden Töchter und Schwestern erzogen. Auch wenn Töchter dank einer soliden Ausbildung auf dem Arbeitsmarkt konkurrenzfähig sind, tun sich Eltern heute immer noch schwer, sie ins

Arbeitsleben zu entlassen. Einerseits fürchten sie unsittliche Annäherungen seitens männlicher Arbeitskollegen, andererseits könnten ihre Töchter allzu selbständig werden. Beides würde zukünftige Ehemänner abschrecken. Am liebsten behält man erwachsene Töchter und Schwestern, nachdem sie die Schule absolviert haben, bis zu ihrer Verheiratung zu Hause. Diese Tatsache macht deutlich, daß Liebesheiraten in Indien bis heute nicht die Regel sind. Weil die Mädchen abgeschirmt in ihren Familien aufwachsen und sich fast nur unter ihresgleichen bewegen können, besteht für junge Männer kaum Gelegenheit, junge Frauen unbefangen kennenzulernen. Sollte sich dennoch einmal ein Liebesverhältnis zwischen Kindern zweier Familien entwickeln, so sträuben sich die Eltern prinzipiell gegen eine solche Beziehung, da sie der alten indischen Tradition widerspricht, daß Kinder von ihren Eltern verheiratet werden. Aus Mangel an Erfahrung haben junge Hindus deswegen auch eine recht verdinglichte Vorstellung von der Liebe. Sie glauben an die „Liebe an und für sich", an die „Liebe abstrakt". Solange dies der Fall ist, scheint die Praxis der von Eltern arrangierten Eheschließungen weiterhin sinnvoll zu sein. Trotzdem nimmt aber auch in Indien die Zahl der Liebesheiraten zu – wenn auch langsam. Westliche Einflüsse wie z. B. Literatur und Kino machen einen ersten, wenn auch nicht objektiven Zugang zu diesem Phänomen möglich.

In der Regel werden Ehemänner „gekauft", d. h. die Eltern eines zukünftigen Bräutigams wollen aus der Familie der zukünftigen Braut soviel Geld wie möglich herausziehen; sie bringen auf diese Weise den Wert ihres Sohnes zum Ausdruck. Die Eltern der Braut wiederum wollen bei der Mitgift nicht geizen, weil das dem Status ihrer Tochter in der Schwiegerfamilie Abbruch täte. Weniger wohlhabende Hindus wählen häufig den Ausweg, daß sie ihre Tochter an einen Bräutigam aus einer niedrigeren Kaste „unter Preis" verheiraten. Die Familie der Braut spart dadurch an der Mitgift, die Familie des Bräutigams kann sich einer Schwiegertochter aus höherer Kaste rühmen.

Während im heutigen westlichen Kulturkreis die individuelle Gattenwahl die Grundlage für eine Lebensgemeinschaft der Eheleute und ihrer Kinder ist, legt die Hindu-Gesellschaft jedem Mann und jeder Frau die Ehe als soziale Verpflichtung auf. Unverheiratetsein gilt als Makel. Die Ehe dient dem Erhalt und der Fortführung von Familie und Kaste. Sie ist in erster Linie Familien- und nicht Privatangelegenheit. Erst die Industrialisierung und die damit verbundene Hinwendung der Landbevölkerung zu den oft weit entfernten Arbeitsplätzen in den Städten bringt gegenwärtig die Aufsplitterung der Großfamilien und die Verpflanzung junger Ehepaare in eine ihnen fremde Umgebung mit sich. In dieser Isolation gewinnen Eigenschaften und Verhaltensweisen, die dem traditionellen hinduistischen Familienideal widersprechen, an Bedeutung, z. B. die Selbständigkeit der Frau sowie eine persönliche und stärker partnerschaftlich geprägte Beziehung der Eheleute zueinander.

In den traditionsorientierten ländlichen Gebieten Indiens jedoch ist der Mann – gemäß hinduistischer Tradition – außerhalb des Hauses unabhängig. Er kann tun, was ihm gefällt, und er fühlt sich seiner Frau nicht moralisch verpflichtet. So ist er ihr gegenüber auch nicht darüber auskunftspflichtig, wo er sich während seiner Abwesenheit vom Haus aufgehalten hat. Innerhalb des Hauses gibt die Frau den Ton an. Sie bestimmt die Hausordnung, prägt die Atmosphäre in der Familie und sorgt für den Erhalt und die Weiterführung geheiligter religiöser Traditionen wie z. B. der Opfer für die Götter im hauseigenen Heiligtum.

Die Rollen von Mann und Frau exakt abzugrenzen, ist angesichts einer Situation des Umbruchs im hinduistischen Indien von einer rein agrarischen hin zu einer immer stärker industrialisierten Gesellschaft nicht leicht. Grundsätzlich aber gilt: Der Mann wird als das höhere Wesen verstanden, das frei ist, und dem sich Frau und Kinder zu unterwerfen haben. Innerhalb des Hauses hingegen stößt der Mann auf die Herrschaft der Frau. Das Heim ist ihr Freiheits- und Arbeitsbereich, innerhalb dessen sie gegen ihren Mann ein Veto-Recht besitzt. Die Vertretung der Familie nach außen jedoch obliegt ausschließlich dem Mann. Er wählt den Arbeitsplatz, bestimmt den Wohnort, die Schule für die Kinder etc.

Dem männlichen Besitzinstinkt kommt auch die Wertschätzung der weiblichen Unberührtheit entgegen. Die Trennung der Geschlechter bis zur Heirat ist weithin noch üblich, so daß sich in der Hochzeitsnacht ein Mann und eine Frau gegenüberstehen, die nie die Personalität eines Menschen anderen Geschlechts erfahren haben, auch nicht die ihres Partners. Jungen unverheirateten Männern erscheinen Angehörige des weiblichen Geschlechts daher auch primär als Objekte der Lust und nicht so sehr als Partner in der Liebe.

Das Kastensystem

Während das System der vier Lebensstadien eine ethische Strukturierung des persönlichen Lebens des Individuums darstellt, kann das Kastensystem als ethische Strukturierung des sozialen Lebens der Hindus gelten. Im Kastensystem zielen die konkreten sittlichen Anweisungen darauf ab, das Gute, d. h. das, was dem jeweils kastenspezifischen Dharma entspricht, im Denken, Reden und Handeln zu verwirklichen. Sie beziehen sich auf jene Pflichten, die jeder einzelne in seiner Eigenschaft als Mitglied einer Familie, als Bürger sowie als Amtsträger auszuüben hat. Diese sittlichen Normen werden vor allem durch die Kasten vermittelt.

Die Entstehung der Kasten geht zurück in die Zeit der indoarischen Völkerwanderung in der zweiten Hälfte des 2. Jahrtausends v. Chr. Die aus Zentralasien eingedrungenen Arier drängten nach und nach die dunkelhäutigen Ureinwohner in den Süden des Subkontinents zurück und errichteten eine Staatsordnung nach ihren eigenen Bestimmungen, wobei sie ein komplexes religiöses, philosophisches und ethisches System entwickelten. Ab ca. 1000 v. Chr. begannen die Priester (Brahmanen), ihre Monopolstellung in der Gesellschaft auszubauen, indem sie eine Ritualordnung schufen, die das Leben des einzelnen in einer Weise einengte und von ihnen abhängig machte, die in anderen Religionen ihresgleichen sucht. Dharma wurde zum Bestandteil des von den Brahmanen regulierten heiligen Rechts. Die Dharma-Konzeption des Hinduismus hat somit nicht nur philosophische Grundlagen, sondern wurde auch von der Furcht der herrschenden Gruppen vor einer sozialen Anarchie beeinflußt, besonders zu jener Zeit, als sich die eingewanderten Arier als neue Führungsschicht des Landes mit den Brahmanen an ihrer Spitze zu etablieren begannen. Oberstes Gebot war die strikte Hierarchisierung der Gesellschaft nach dem Grundsatz: Von Natur aus ungleiche Menschen können sozial nicht gleichgestellt werden.

Neben solchen politischen Faktoren gab es aber auch gesellschaftliche und wirtschaftliche Gründe für die Entstehung der Kasten. Ebenso konnten und können sich auch heute noch Menschen unterschiedlicher Herkunft zu einer Gruppe mit einer neuen beruflichen oder religiösen Identität zusammenschließen.

Darüber hinaus kennen die heiligen Schriften des Hinduismus auch eine rein religiöse Begründung des Kastensystems. Danach ist das Kastenwesen nicht von Menschen eingerichtet, sondern göttlichen Ursprungs. Der Schöpfer Purusha brachte demnach aus Teilen seines kosmischen Körpers die vier Hauptkasten hervor. Die Brahmanen entstanden aus seinem Mund, die Krieger (Kshatriyas) aus seinen Armen, die Bauern, Kaufleute und Handwerker (Vaishyas) aus seinen Schenkeln und die Arbeiter und Diener (Shudras) aus seinen Füßen.

Die Brahmanen stellen die Kaste der Priester und Kultdiener. Sie üben hauptsächlich kultische und religiöse Funktionen aus, die für das Gelingen und Wohlergehen im Leben der Menschen von größter Bedeutung sind. Zugleich sind sie im Besitz des „heiligen Wissens", d. h. der Kenntnis um die korrekten Formeln und Riten der Opfervollzüge, die das Universum, die Welten der Götter und Menschen aufeinander abstimmen und in harmonischem Einklang erhalten.

Die Aufgabe der Kshatriyas besteht darin, Recht und Ordnung aufrecht zu erhalten, die Schwachen zu schützen und Recht zu sprechen. In der Rechtsprechung müssen die Brahmanen zu Rate gezogen werden. Die Könige und die Träger des Staatsapparates, die aus dieser Kaste stammen, haben zu garantieren, daß die Brahmanen die Opfer und Riten ungehindert vollziehen können. Damit kommt den Kshatriyas eine den gesellschaftlichen Dharma stützende und schützende Funktion zu.

Die Vaishyas, die einen Großteil der Bevölkerung bilden, sind zuständig für das ökonomische Wohlergehen und Funktionieren der Gesellschaft. Sie stellen die wichtigste soziale Schicht dar.

Die Bevölkerungsmehrheit gehört jedoch der vierten Kaste, den Shudras, an. Als Arbeiter aller Art stehen sie im Dienst der drei oberen Kasten. Ihnen ist das Studium der heiligen Schriften, des

Veda, nicht gestattet, und sie üben nur kultische Handlungen aus, die nicht mit vedischen Riten identisch sind.

Neben diesen vier großen Hauptkasten mit ihren ca. 3000 Unterkasten gibt es eine große Gruppe von Kastenlosen (ca. 20% der Bevölkerung). Sie haben entweder aufgrund schwerer Verfehlungen oder als Kinder aus unerlaubten Mischehen ihre Kastenzugehörigkeit verloren. Andere Bevölkerungsgruppen wie z. B. die Ureinwohner oder die Stammesbevölkerung gehörten oder gehören der Hindu-Gesellschaft von vornherein gar nicht erst an, obwohl diese stets versucht, die Gruppe der Kastenlosen zu subsumieren.

Die strenge Zuordnung der vier Hauptkasten zu bestimmten gesellschaftlichen Aufgaben besaß besonders im Mittelalter große Bedeutung. Sie befindet sich gegenwärtig in einem Auflösungsprozeß, jedoch spielt das soziale Ansehen, das mit der Kastenzugehörigkeit verbunden ist, weiterhin eine überaus wichtige Rolle.

3. Anfragen

Kastensystem und Rechte des Menschen

Im Kontext des Kastensystems nehmen der Dharma- wie auch der Karma-Begriff ihre sozial greifbare Gestalt an. Weil ein Hindu nicht als Individuum geboren wird, sondern als Mitglied einer bestimmten Kaste, ist es ihm vorgegeben, welche Rolle er in der Gesellschaft zu spielen und welchen Platz er in deren hierarchischer Ordnung einzunehmen ist.

Das Dharma regelt von vornherein sowohl die Beziehungen zwischen den verschiedenen Kasten und Unterkasten als auch jene innerhalb der jeweiligen Kaste bzw. Subkaste. Die Kastengebote wurden in der Vergangenheit von den herrschenden Kasten ihren jeweiligen Bedürfnissen angepaßt. Kastenlosen und Mitgliedern niederer Kasten war es hingegen nicht gestattet, die Regeln ihrer Lebensgemeinschaften zu verändern, geschweige denn, sie zu durchbrechen. Dharma hat somit auf der einen Seite die Funktion, dem Menschen die Verantwortlichkeit für sein Tun und Lassen abzunehmen und damit den Individualismus zu untergraben.

Auf der anderen Seite füllt Dharma das Vakuum an individueller freier und verantworteter Entscheidungsmöglichkeit durch Funktionalität aus. Im Kastensystem fügt sich das Individuum in die mehr oder weniger starr vorgegebenen Muster einer Ordnung ein, die es ihm verwehrt, sich seinen sozialen Belangen entsprechend schöpferisch zu entfalten.

Ebenso ist die Freiheit des Individuums stark beeinträchtigt durch die hinduistische Lehre eines Karma-bedingten Determinismus. Lebt ein Hindu in genauer Übereinstimmung mit seinem Kasten-Dharma, dann gelten seine Taten als positiv und moralisch einwandfrei. Nur durch die Anhäufung solcher „guten" Taten sichert er sicht eine aussichtsreiche Ausgangsposition für seine Wiedergeburt in ein besseres Leben und einen damit verbundenen Aufstieg in der Kastenhierarchie, um über sie hinaus schließlich Moksha zu erlangen.

Tatsächlich bekennt sich die traditionelle Hindu-Literatur kaum jemals positiv zu den Rechten des Individuums. Der Rechtsbegriff erscheint nur dort, wo es um Unterschiede und um Getrenntsein geht. Weil von einer höheren metaphysischen Warte aus alle Wesen geistig eins sind, besteht überhaupt kein Grund, sich um das Individuum und seine Rechte zu sorgen. Wenn überhaupt von Rechten gesprochen werden kann, so sind diese vom Dharma-Begriff, d. h. von den Pflichten her zu verstehen. Rechte ergeben sich für das Individuum erst aus den gegenseitigen Pflichten und Gruppen und Menschen. Die Rechte des Einzelnen können also nicht von seinen sozialen Pflichten getrennt betrachtet werden.

Anders als im sozialen Kontext wird das Individuum – gemeint ist das eigentliche Selbst, das sich im Individuum manifestiert – in nahezu allen philosophischen Systemen Indiens – metaphysisch betrachtet – überaus hoch eingeschätzt. Entweder gilt es als reines, unendliches Bewußtsein, wie z. B. im Sāmkhya-System [3], oder man setzt es mit Brahman oder der höchsten kosmischen Wirklichkeit gleich wie im Vedānta-Monismus [4] oder aber identifiziert es in *theistischen Konzepten* mit Gott. Fast immer wird die Würde des Menschen nicht aus seinen sichtbaren Eigenschaften und Qualitäten abgeleitet, sondern aus der Annahme des in ihm wohnenden absoluten göttlichen Seins. Dieses im Individuum ruhende göttliche Sein verleiht dem Menschen seine Würde und macht ihn zu einem geheiligten Wert. Damit besitzen jedoch weder das Individuum noch die Welt der Phänomene einen unabhängigen metaphysischen Status; dieser wird vielmehr negiert. Die Haltung gegenüber Individuum und Erscheinungswelt ist eher gekennzeichnet von einer Indifferenz, die wiederum zu nicht-aktivistischen Tendenzen der Weltabgewandtheit führt. Versteht man das Leben in dieser Welt wahlweise als Abhängigsein, Beherrschen oder Sich-Loslösen, dann hat sich der Hinduismus für die letztere Auffassung entschieden. Der Hindu glaubt nicht, daß die Welt im Laufe der Zeit zum Besseren veränderbar ist; er hält sie wegen ihres unbeständigen und unwirklichen Charakters von vornherein gar nicht für wert, verbessert zu werden. Sowohl die Nichthervorbringung wissenschaftlichen Denkens und entsprechender Fortschritte als auch das weitgehende Ausbleiben materiellen Wohlstandes machen deutlich, wie sehr das hinduistische Indien unter seiner Neigung zum Nicht-Handeln und zur Weltabwendung gelitten hat und weiterhin leidet. Der Hindu vertraut nicht in die Maßgeblichkeit der Worterkenntnis. Er lehnt jedes Dogma, sei es religiöser oder philosophischer Art, per se ab, weil sich für ihn die Wahrheit in vielen Weisen offenbart. „Dogma" bedeutet für ihn nichts anderes als Widerschein intellektueller Eitelkeit. Hindus gehen die Probleme ihres Lebens und der Wirklichkeit darum auch weniger rational als vielmehr intuitiv, synthetisch und konformistisch an. Der Grund hierfür liegt darin, daß der Hinduismus die Welt aus zwei verschiedenen Blickrichtungen betrachtet. Er sieht im Kontext des Zeitlichen die Welt als einen Bereich der Begrenztheiten und der Illusion. Das Brahman ist letztlich das einzig Wirkliche, alles und in allem. Die Stellung des Menschen gegenüber der Gesellschaft und der Welt ist nur solange zu ordnen und zu definieren, wie diese Welt als materielle und erfahrungsträchtige Größe besteht. Eine grundsätzliche, kastenübergreifende Solidarität kennt der Hinduismus daher nicht. Die Begriffe Dharma und Karma beziehen sich in erster Linie auf das Glück des persönlichen Lebens, auf die Verwirklichung des eigenen Selbst und nicht auf das Wohl der Gemeinschaft. Vielmehr sind bei Hindus innerhalb ihrer eigenen Reihen massive sozial und religiös begründete Ab- und Ausgrenzungen festzustellen. Zwar gab und gibt es in vielen Ländern gesellschaftliche Ausgrenzung, Unterdrückung und Diskriminierung bestimmter Bevölkerungsteile, aber in Indien wird die Diskriminierung durch die Religion besonders deutlich. Da der Hindu nicht als Mensch, sondern als Mitglied einer Kaste zu einem Hindu wird, besitzt er keinerlei Möglichkeit, aus dieser ihm von Geburt zugewiesenen Kastenstellung auszubrechen. Er hat weder diesbezügliche Wahlchancen noch Aufstiegsmöglichkeiten. Im Hinblick auf die Gesellschaft ist der Hinduismus keine Religion, sondern eine Ansammlung hierarchisch zugeordneter Kasten, die einander nach dem gesellschaftlichen Prinzip der Hierarchie zugeordnet sind. Die Theorie der Gleichheit und die Idee der Demokratie lassen sich daher auch nicht aus dem Kastensystem ableiten. Die Begründung des Kastenwesens – eines natürlichen und religiösen Gesetzes – läßt es nicht zu oder erschwert es jedenfalls beträchtlich, die Gleichheit aller Menschen anzuerkennen, da sie mit dem Pflichtenkodex des Kastendharma nicht vereinbar ist. Absolute Rechte des Menschen, wie sie in den UN-Erklärungen seit 1948 definiert sind, kennt der Hinduismus nicht. Vielmehr erlöschen mit der Mißachtung der durch das Kastendharma festgelegten Pflichten die aus seiner Beachtung sich ergebenden Rechte. Zwar erklärt Artikel 17 der indischen Verfassung die Unberührbarkit als abgeschafft, in Artikel 15 verfügt dieselbe Verfassung jedoch, keine Person dürfe aufgrund ihrer Religion, Rasse, Kastenzugehörigkeit, ihres Geschlechts oder des Geburtsortes benachteiligt werden. Indem sie die Kastenzugehörigkeit neben Rassen- und Geschlechtszugehörigkeit als menschliche Grundbefindlichkeit nennt, akzeptiert sie das Kastenwesen wiederum. Die indische Verfassung, die einen säkularen Staat begründen und die Freiheitsrechte sichern will, befindet sich damit in einer paradoxen Situation, die die kulturellen Wurzeln und geistigen Strukturen des Hinduismus offenlegt. Das soziale Bewußtsein eines Hindus ist so sehr im Kastenwesen verwurzelt, daß man ihn zu einem in seinem Sozialverhalten völlig hilflosen Wesen machte, nähme man ihm seine Kaste. Zugleich entzöge man ihm die Möglichkeit, „gute" Werke zu vollbringen, d.h. seine Pflichten gemäß den Gesetzen seiner jeweiligen Kaste zu erfüllen und sich so eine gute Ausgangsbasis für seine nächste Wiedergeburt zu verschaffen. Ein über allen Kasten und ihren je eigenen Pflichtenkatalogen stehendes, für alle Hindus verbindliches Gesetz kennt der Hinduismus aber nicht, so daß ein Hindu ohne Kastenzugehörigkeit in ein gesellschaftliches, ethisches und religiöses Nichts stürzen würde. Die Qualität des Hinduismus als Geburtsreligion, die rituelle Scheidung zwischen den Kasten und die Ritualpflicht des Dharma haben die Entstehung einer Universalethik und eines Naturrechts im Sinne seiner verschiedenen westlichen Ausformungen verhindert. Ein Naturrecht aus dem hinduistischen Weltverständnis ableiten zu wollen, muß scheitern an der Auffassung von der Welt als bloßer Erscheinungswelt, die nur als Ort der Manifestation des göttlichen Seins Realität besitzt. Der Hinduismus und sein Weltbild kennen nur heiliges, kosmisches Recht, d. h. Dharma ist vor allem Bestandteil einer kosmischen Weltsicht, in der Historizität und Trennung zwischen dem Göttlichen und der Geschichte keine eigentliche Rolle spielen. Damit aber ist die Einstellung zum Problem der Gleichheit der Menschen und darüber hinaus zur Menschenrechtsfrage festgefügt: Es gibt keine natürliche Gleichheit der Menschheit vor irgendeiner, am wenigsten vor einer göttlichen Instanz. Die Entstehung sozialkritischer und im naturrechtlichen Sinn rationalistischer Spekulationen und Abstraktionen ist daher von vornherein ausgeschlossen. Das Entstehen eines Menschenrechtsgedankens wurde dadurch verhindert.

Toleranz

Dennoch sagt man dem Hinduismus nach, er sei äußerst tolerant. Das entspricht ganz dem hinduistischen Selbstverständnis, denn er betreibt keine Missionsarbeit. Auch sind religiöse Überzeugungen innerhalb der Hindu-Gesellschaft durchaus variierend, das Festhalten an allgemeinen verbindlichen Glaubensinhalten ist nicht unbedingt gefragt, und in der Regel werden Glaubensüberzeugungen anderer Religionen mit Respekt betrachtet. Dennoch ist das Verhältnis des Hinduismus zur Toleranz nicht so eindeutig, wie es den Anschein hat. Zwar zollt der Hinduismus den Glaubensinhalten des Christentums, des Islams und anderer Religionen durchaus Hochachtung und Wertschätzung, einer dem

Kastenwesen nicht entsprechenden Lebensweise jedoch begegnet er mit scharfer Ablehnung. Die Exklusivität des Hinduismus ist demnach nicht dogmatischer Natur; eine Religion ohne Dogmen wie der Hinduismus bringt keine religiösen Fanatiker hervor. Der Glaube anderer repräsentiert für Hindus *einen* Aspekt der Wahrheit oder wird als gültige Weise verstanden, der Wahrheit näher zu kommen. Andere Glaubensüberzeugungen haben nach hinduistischer Auffassung zu bestimmten Zeiten, an bestimmten Orten und unter bestimmten Bedingungen ihre Berechtigung, aber sie sind nichts anderes als Facetten des „Sanātana Dharma", der ewigen Religion, worunter Hindus den Hinduismus verstehen. Diese ewige Religion bestand seit jeher und wurde in immer neuer Weise von Sehern und Weisen überliefert und interpretiert. Was in dem durch Divergenz gekennzeichneten Hinduismus immer wieder auffällt, ist ein äußerst ausgeprägter Inklusivismus, mit dem fremde Götter, Kulte und Glaubensüberzeugungen absorbiert werden. Bereits in der Bhagavadgītā schließt Gott Krishna alle anderen Formen der Gottesverehrung und alle anderen Religionen in die von ihm verkündete ein und ordnet dieselben zugleich der seinigen unter. Damit wird die Verehrung anderer Gottheiten als ein indirekter Weg zu dem eigenen Gott, nämlich Krishna, betrachtet. Der Inklusivismus stellt somit eine Toleranz und Intoleranz verbindende Methode der geistigen Auseinandersetzung dar. Fremde Lehren werden zwar toleriert, aber man hält sie nicht für ebenso trefflich und zweckdienlich wie die eigene. Selten werden sie als prinzipiell falsch betrachtet, aber dafür als unzulänglich und den eigenen, d. h. hinduistischen Anforderungen nicht dienlich. Dem hinduistischen Gleichmut gegenüber fremden religiösen Überzeugungen widerspricht seine Haltung hinsichtlich sozialer Konventionen, d. h. die Exklusivität des Hinduismus bezieht sich nicht auf seine Lehraussagen, sie ist sozialer Natur. Sie ist dem Hindu zunächst durch seine Geburt gegeben, die ihn zu einem Individuum in einer göttlich begründeten Gesellschaftsordnung macht, dann durch seine Sitten und Gebräuche, die er für allen anderen überlegen hält. Daraus ergibt sich der „Hindu Way of Life", dessen Komponenten man zwar isolieren kann, der jedoch für jeden Hindu eine kompakte, ja die einzige Wirklichkeit darstellt. In ihr realisiert der Mensch sich selbst und in ihr lebend realisiert er sie. Objektivierbar wird sie erst, wenn man sie verlassen hat.

Zwar betonen die meisten Hindus, ihre Kultur sei allumfassend und habe von keiner anderen etwas zu lernen, aber die Vorstellung vom Sanatāna Dharma, d. h. einer über alle irdischen Begriffe und Phänomene erhabenen Religion, die hinter und in allen Religionen dieser Welt wirkt, kann letztlich nur Hindus selbst zufrieden stellen, weil sie nämlich weiterhin ihrem Way of Life ohne Abstriche folgen können. Andersgläubige hingegen müssen sich, würden sie die Konzeption eines solchen Sanatāna Dharma akzeptieren, den Verhaltens- und Denkkategorien des Hinduismus anpassen.

Friedensethik

Gerade die Definition des Hinduismus als einer über alle irdischen Begriffe und Phänomene erhabenen Religion, die die Überwindung der trügerischen Scheinwirklichkeit dieser Welt lehrt, um in die Wirklichkeit des göttlichen Seins (Brahman) eintreten zu können, läßt deutlich werden, daß diese Welt für den Hinduismus gar keine eigentlich wirklichen Probleme birgt. Ein engagierter Einsatz für die Welt stößt darum auch immer ins Leere, da sie ja letztlich unwirklich ist. Alle Versuche, auf ethische Fragen, wie z. B. die des Weltfriedens, der Ökologie und der weltweiten Gerechtigkeit im Hinduismus Antwort zu finden, können darum auch nur vor dem Hintergrund hinduistischer Weltauffassung und Lebensweise angegangen werden.

Zwar wurde der indische Begriff Ahimsā (Gewaltlosigkeit) im Westen durch Mahatma Gandhi bekannt als eine Geisteshaltung vollkommener Gewaltlosigkeit im Handeln, Denken und Tun gegenüber allen Kreaturen; allerdings handelt es sich dabei um den Kern des *persönlichen* hinduistischen Glaubens Gandhis, und nicht um eine zentrale Haltung des Hinduismus schlechthin.

In vedischer Zeit (ca. 1200–900 v. Chr.) galt der Friede nicht als anzustrebender Endzustand, sondern Friede bezeichnete lediglich eine Kriegspause aus rein taktischen Erwägungen. Friede wurde als bloße Notlösung im Fall militärischen Gleichgewichts oder militärischer Unterlegenheit angesehen, als Atempause bis zum nächsten Kampf.

Obwohl auf staatspolitischer Ebene Friede als wenig erstrebenswert galt, sehnte sich doch der vedische Mensch im Bereich seines familiären, beruflichen und persönlichen Lebens nach Frieden. Ohne ihn konnte auch das Funktionieren innergesellschaftlicher Abläufe und Strukturen nicht gewährleistet werden. Doch als Vater aller Dinge galt dem vedischen Arier der Krieg. Indra, der oberste aller vedischen Götter und zugleich der Gott des Krieges, spricht: „Ich errege den Streit, ...ich wirble Staub auf von überwältigender Stärke. Ich habe das alles getan, keine göttliche Macht hält mich, den Unwiderstehlichen, auf" (Rigveda 4, 42,5f); und weiter: „Ich gab die Erde dem Arier" (Rigveda 4, 26,2). Bereits diese beiden Zitate lassen die grundsätzlich kriegerische Haltung der arischen Einwanderer und ihren Herrschaftsanspruch erkennen. In diesem Zusammenhang galt dem vedischen Menschen der Krieg gegen die Feinde als Analogie zum mythologischen Kampf Indras gegen den Chaos-Drachen und als dessen Nachvollzug. Das Kriegführen war also eine Art praktischer Gottesdienst. Von daher wird auch die große Bedeutung der Krieger für das Wohlergehen des arischen Staatswesens und damit ihre Zugehörigkeit zur zweithöchsten Kaste verständlich: Sie haben die politische Ordnung gegenüber inneren und äußeren Feinden aufrecht zu erhalten. Über ihnen steht nur noch die Kaste der Priester (Brahmanen), die durch den Vollzug der Riten und Opfer die heilige Ordnung im Kosmos (Dharma) erhalten und das Kriegsglück der Krieger herbeiführen.

Zwar ist für das heutige Indien die vedische Religion eine Größe aus grauer Vorzeit, aber als Substrat wirken zahlreiche Motive des Vedismus bis in die Gegenwart fort. Das kriegerische Erbe steht in Verbindung mit anderen Gestalten wie z.B. der blutrünstigen Göttin Kali, in deren Kult gelegentlich noch immer Menschenopfer vollzogen werden. In der Zeit des indischen Befreiungskampfes gegen die Briten zog man daraus nationalen Nutzen und rief Kali als Mutter der Nation unter dem Namen Durga an: „Ich verehre dich, die Starke, die die Kraft im Arme trägt, die uns wird Erlösung bringen und der Feinde Macht zerschlägt. Durga bist du, die in Waffen thront. Ich grüße die Mutter, die dunkle, die rasende, alles erhaltende, waltende Mutter." (Hymnus aus dem 19. Jh., zit. bei H.-W. Gensichen, Weltreligion und Weltfriede. Göttingen 1985, 39.)

Indra wie Kali-Durga sind jedoch nicht ausschließlich auf Gewalt und Krieg bezogen, sie tragen auch andere Züge. So wird von Indra erwartet, daß er „Krieg und Frieden zwischen den Menschen bestimme", daß er, der „von doppeltem Wesen" ist, „Feindschaft und Versöhnung anstifte". Indra ist „im Frieden und Krieg anzurufen" (Rigveda 3, 46,2; 8, 1,2; 10, 89,10).

Dank der Hilfe Indras wirken Mitra und Varuna, die Götter des Vertrags und des Ausgleichs. Damit ist zwar ein gewisses Maß an Fairness und an Verhältnismäßigkeit der Mittel bei der Kriegsführung geboten, aber dennoch wird der Eroberungskrieg sanktioniert: „Wer stets bereit ist zuzuschlagen, wird von aller Welt gefürchtet; er mag sich daher mit den Mitteln der Gewalt alle Geschöpfe untertan machen" (Laws of Manu, a.a.O. 223).

So tragisch es auch ist, daß der Krieg das Leben Unschuldiger fordert, in erster Linie hat er eine reinigende Wirkung, weil er das „Unkraut" austilgt. Zudem befindet sich die gegenwärtige Welt gemäß der alten hinduistischen Lehre von den Weltzeitaltern im Kali-Yuga, dem Zeitalter des Niedergangs, in dem die Menschen die Ordnung des Dharma mißachten. Diesen Übeltätern kann nur mit Gewalt begegnet werden.

Das Arthashastra des Kautilya (wahrscheinlich im 3. Jh. n. Chr. entstanden), ein noch heute geschätztes Handbuch der Staatskunst, unterscheidet zwischen dem „gerechten Krieg", d.h. dem Kampf für eine gute und damit den allgemeinen Dharma stützende Sache, und dem „dämonischen Krieg", der den allgemeinen Dharma stört und dem alle Mittel recht sind.

Zur Alternative friedlicher Konfliktlösungen und zu einer eventuellen Verpflichtung zum Frieden finden sich in der hinduistischen Tradition keine speziellen Aussagen. Es bleibt dem Ermessen der Herrschenden überlassen, ob Krieg geführt werden soll oder nicht. Von den sechs die außenpolitischen Beziehungen betreffenden Verfahrensregeln des Arthashastra beziehen sich fünf auf den Krieg und bezeichnenderweise nur eine auf den Frieden. Eine gleichwertige Betrachtung von Krieg und Frieden wird im Arthashastra ausdrücklich abgelehnt. Frieden im politischen

Bereich wird nur als Not- oder Übergangslösung akzeptiert. Jenseits der Zwänge des irdischen Daseins jedoch, im Bereich des persönlichen innerlichen Lebens, ist der Friede *das* erstrebenswerte Ziel des Menschen. Wahrer Friede besteht in der Erkenntnis, daß das eigentlichen Selbst des Menschen (Ātman) mit dem göttlichen Sein (Brahman) identisch ist. Die Welt an sich ist friedlos, und an dieser friedlosen und unheilvollen Welt herumkurieren zu wollen, wäre unsinnig.

In dieser Konzeption, die auch heute immer noch Gültigkeit besitzt, drohen das Heil individueller Befreiung und die Integrität der menschlichen staatlichen Gemeinschaft ganz offensichtlich auseinanderzufallen. Die Frage nach einer funktionstüchtigen Sozialordnung, die einen Rahmen für verantwortliches und sinnvolles Handeln in dieser Welt liefert, stößt damit an ihre Grenzen, denn Krieg und Frieden haben wie alle anderen sozialen Funktionen auch im Bereich des Dharma ihren Platz, d. h. in der individuellen und korporativen Pflicht und in der Kastenordnung, die einander gegenseitig bedingen.

Im modernen Indien sind Krieg und Frieden nicht mehr ausschließlich Angelegenheiten der Kriegerkaste, deren Mitglieder in der Vergangenheit damit ihren Dharma, ihr Lebensgesetz und ihre innerweltliche Bestimmung erfüllten. Der Militärdienst steht heute allen Indern, gleich ob Hindus, Muslime oder Sikhs, offen. Dennoch genießt das Streben des Menschen nach Frieden im Bereich seines religiösen und innerlichen Lebens gegenüber der politischen Friedensarbeit den Vorrang. Man könnte zwar meinen, die Lehre der Bhagavadgītā, auf die sich Mahatma Ghandis Friedensethik unter anderem bezog, sei primär ein Aufruf zur Praxis absoluter Gewaltlosigkeit. Tatsächlich aber ist Gewaltlosigkeit auch für die Bhagavadgītā eine in erster Linie spirituelle Tugend. Sie ist zwar nicht aufzugeben, in bezug auf das Staatswesen jedoch nicht anwendbar, da in dieser unvollkommenen Welt auf geordnete Gewaltanwendung nicht verzichtet werden kann. Letztlich ist Gewaltlosigkeit nur von einzelnen praktizierbar, die gegebenenfalls auch mit dem Martyrium rechnen müssen.

Das Phänomen der Verinnerlichung, das im Zusammenhang mit der Friedensthematik deutlich wird, bestimmt auch das Verhältnis des Hindu zu seiner Umwelt.

Der vedische Inder verehrte die Erde als segenspendende, aber auch als sich versagende Mutter. Sich selbst empfand er sowohl als Sohn der Erde, als auch als ihr Herr, ohne daraus jedoch einen Anspruch auf ihre Beherrschung abzuleiten. Bis heute ist in der Landbevölkerung Indiens das Bewußtsein verankert, daß ohne den Segen der Natur menschliches Leben nicht gedeihen kann. Wie die Erde als göttliche Mutter gesehen wurde, so personifizierte man den Regen, von dem Ernte und Reichtum ebenfalls abhängen, als Vater der Menschen. Der vedische Mensch personifizierte die verschiedenen Phänomene der Natur und deifizierte sie später, so daß die Abläufe des Kosmos, der Natur und ihre Jahreszeiten nach und nach in profane und sakrale Zeiten und Bereiche unterschieden wurden. Es wurde ein geordneter Ablauf ineinandergreifender und voneinander abhängiger mikro- und makrokosmischer Vorgänge angenommen, in die sich auch der Mensch eingebunden wußte. Sich außerhalb dieser mikro-makrokosmischen Ordnung zu stellen, war gleichbedeutend mit einer Störung der harmonischen kosmischen Abläufe. Mißernten, Überschwemmung, Hungersnöte usw. deutete der vedischen Mensch daher auch als Konsequenzen seines gegen die kosmische Ordnung gerichteten Handelns.

Das Bedürfnis nach einem Leben mit der Natur und dem Kosmos in Harmonie wurde in der Zeit der Upanishaden, die die bedeutendsten philosophischen Traktate des Hinduismus hervorbrachte, immer mehr verinnerlicht, vergeistigt und abstrahiert. Die phänomenale Welt verlor zunehmend ihren selbständigen Wert zu Gunsten einer Spiritualisierung der Natur und des Kosmos. Das eigentliche Selbst der Dinge sah man nicht mehr in ihrer physischen Stofflichkeit, sondern in ihrem geistigen Kern, dem Ātman, der letztlich mit dem kosmischen göttlichen Sein identisch war. Die Ambivalenz dieses Abstraktionsprozesses liegt auf der Hand: Viele Probleme wie z. B. das Umwelt- und das Friedensproblem werden ebenfalls abstrahiert. Zugleich erkennt der Hindu aber in sich selbst und allen anderen Kreaturen und Dingen des Kosmos denselben Ātman und dasselbe absolute göttliche Sein.

Verinnerlichte Spiritualisierung der natürlichen Umwelt wie auch Symbolisierung und Sakralisierung von Natur und Kosmos bestehen im heutigen Hinduismus zwar fort, jedoch eine Bewahrung der Umwelt und der Natur aus religiöser Ehrfurcht ergibt sich daraus nicht. Der moderne Hinduismus hat auf die Probleme der Ökologie bislang noch keine Antwort gegeben, denn der Schritt von formal-ritueller Verehrung zu einem aktiven Umweltschutz ist in der Struktur des Hinduismus nicht ohne weiteres angelegt.

4. Schlußbemerkungen

Der Versuch, das Ethos des Hinduismus abzustecken und darzustellen, dürfte zugleich gezeigt haben, daß es sich dabei um ein Unterfangen handelt, das aus westlicher Sicht kaum bewältigt werden kann. Ethos und auch Ethik sind Begriffe, die aus dem Hinduismus selbst nicht in der Weise abgeleitet werden können wie etwa aus dem Christentum. Hinduismus ist eben nicht als das zu verstehen, was im Westen als Religion bezeichnet wird. Aus hinduistischer Sicht ist Religion nur ein Teilbereich des Hinduismus selbst. Seinem Selbstverständnis nach ist der Hinduismus das idealtypische Modell für menschliches Verhalten. Zudem vertritt er den Anspruch, kosmisch begründet zu sein, und beansprucht so überzeitliche und überregionale Geltung. Unabhängig von der Reflexion auf Normen und deren Stellenwert im Rahmen eines Lehrgebäudes reicht als Begründung für die Richtigkeit des Handelns aus, daß dieses von einer Mehrheit der Bevölkerung ausdrücklich oder stillschweigend gebilligt wird. Damit beschränkt sich das hinduistische Ethos nicht nur auf den vorkolonialen Hinduismus, denn als hinduistisch gilt nicht nur das, was vor der Beeinflussung durch den Westen, den Islam und das Christentum als indische Religion bestand. Das große Absorptionsvermögen des Hinduismus hat auch ethische Normen islamischer und abendländischer Kultur aufgesogen und sie zu einem Bestandteil seiner selbst werden lassen. Der heutige Hinduismus ist darum auch ein Hinduismus in der Begegnung, der ein neues Gesicht gewinnt.

Anmerkungen

[1] Zwar ist die hier dargelegte Ansicht über das Wesen des eigentlichen Selbst nicht die einzige, jedoch die für den Hinduismus weitaus repräsentativste.

[2] Unter einer Kaste versteht man eine durch einen gemeinsamen Namen gekennzeichnete Gruppe von Menschen, die Eheschließungen nur mit ihresgleichen eingehen. Angehörige einer Kaste üben die gleiche traditionelle Beschäftigung aus, führen ihren Ursprung auf eine bestimmte göttliche oder menschliche Gestalt zurück und sind durch feste vererbte Rechte, Pflichten und Auffassungen untereinander verbunden.

[3] Das Sāmkhya ist eine a-theistische Philosophie, die im Unterschied zu den Upanishaden nicht monistisch ist, sondern auf zwei Urprinzipien aufbaut, dem Geist und der Materie.

[4] Mit Vedānta werden die Upanishaden bezeichnet, die das „Ende des Veda" darstellen.

Literatur

1. Quellen

P. Deussen, Sechzig Upanischad's des Veda, Leipzig, ^{4}1963.

K. F. Geldner, Der Rig-veda aus dem Sanskrit ins Deutsche übersetzt I, Göttingen 1923; I^{2}, Cambridge/Mass. 1951; II und III, IV ebd. 1951–1957.

R. Boxberger, Bhagavadgita. Das Lied der Gottheit (neu bearbeitet und hg. von H. von Glasenapp), Stuttgart 1987.

Sri Autobindo. Die Bhagavadgita. Mit einer Einführung von Anand Nayak, Freiburg 1992. G. Bühler, The Laws of Manu, in: The Sacred Books of the East, hg. von M. Müller, Bd. XXV, Delhi 1964.

2. Darstellungen

H. Althaus (Hg.), Christentum, Islam und Hinduismus vor den großen Weltproblemen, Altenberge 1988.

P. Antes u. a., Ethik in nichtchristlichen Kulturen, Stuttgart 1984.

Nirad N. Chauduri, Hinduism, New Delhi 1979.

J. Gonda, Die Religionen Indiens 2 Bde., Stuttgart ^{2}1978.

A. Th. Khoury / P. Hünermann, Friede, was ist das? Die Antwort der Weltreligionen, Freiburg 1984.

L. Kühnhardt, Die Universalität der Menschenrechte, München 1987.

I. Podder-Theising, Hindus heute. Materialien zu einer Sozialpsychologie der städtischen Mittelklasse, Frankfurt a. M. 1984.

I. Podder-Theising, Indien – schreckliche, vielgeliebte Mutter. Tradition und Mentalitätsbildung bei Hindus, Altenberge 1985.

E. Pulsfort, Christliche Ashrams in Indien. Zwischen dem religiösen Erbe Indiens und der christlichen Tradition des Abendlandes, Altenberge ^{2}1991.

E. Pulsfort, Indien am Scheideweg zwischen Säkularismus und Fundamentalismus, Altenberge/Würzburg 1991.

D. Rothermund (Hg.), Indien, München 1995.

H. von Stietencron, Der Hinduismus, München 2001.

Das Ethos des Buddhismus

Von Peter Gerlitz

1. Tun und Nichttun

Unmittelbar vor seiner Bekehrung fragt der indische Feldherr Sīha den Buddha: „Herr, ich habe gehört, daß der Asket Gautama die Untätigkeit lehrt, daß er zum Zwecke der Untätigkeit seine Lehre verkündet und in diesem Sinne seine Jünger erzieht. Die solches behaupten – sagen sie die Wahrheit, geben sie die Worte des Erhabenen wahrheitsgemäß wieder oder verleumden sie den Herrn nicht vielmehr mit einer Unwahrheit? Erklären sie dies seiner Lehre gemäß? Verdienen sie dafür nicht Tadel? Wahrlich, wir haben nicht den Wunsch, den Erhabenen fälschlich zu bezichtigen!"

Darauf gibt Gautama Buddha zur Antwort: „In einer Hinsicht, Sīha, kann man von mir mit Recht behaupten, daß ich die Untätigkeit lehre. In einer Hinsicht, Sīha, kann man mich mit Recht als einen Lehrer der Vernichtung bezeichnen, als einen Verächter, einen Verneiner ... In einer anderen Hinsicht aber, Sīha, kann man von mir mit Recht behaupten, daß ich ein Tröster bin, einer, der die Lehre zur Tröstung verkündet und in diesem Sinne die Jünger erziehe. Ich lehre nämlich die Nichtausübung eines schlechten Wandels in Werken (eigentlich: mit dem Körper), Worten und Gedanken; ich lehre die Nichtausübung der mannigfachen üblen, unheilsamen Dinge. In diesem Sinne könnte man mit Recht von mir sagen: ‚Der Asket Gautama lehrt die Untätigkeit, ... und in diesem Sinne erzieht er seine Jünger.'

Doch ich lehre auch die Ausübung eines guten Wandels in Werken, Worten und Gedanken, ich lehre die Ausübung der mannigfachen heilsamen Dinge. Und in diesem Sinne, Sīha, kann man von mir mit Recht sagen: ‚Der Asket Gautama lehrt die Tätigkeit; zum Zwecke der Tätigkeit verkündet er seine Lehre, und in diesem Sinne erzieht er seine Jünger.' Ich lehre nämlich die Vernichtung von Gier, Haß und Verblendung, ich lehre die Vernichtung der mannigfachen üblen, unheilsamen Dinge ... Ich bringe, o Sīha, den höchsten Trost: Zur Tröstung verkündige ich meine Lehre, und in diesem Sinne erziehe ich meine Jünger. In dieser Hinsicht, Sīha, kann man von mir mit Recht sagen: ‚Ein Tröster ist der Asket Gautama; zur Tröstung verkündet er seine Lehre, und in diesem Sinen erzieht er seine Jünger'".

Dieser Text aus dem Vinaya-Piṭaka (Mahāvagga VI, 31, 4–7; hier in der Übersetzung von Nyanatiloka, Die Lehrreden des Buddha, Bd. IV, 103–106) enthält zwei aufschlußreiche Hinweise. Der eine bezieht sich auf den sprichwörtlichen Pessimismus, der seit jeher dem Buddhismus vorgeworfen wird: Dieser Text räumt auf mit dem westlichen Vorurteil, der Buddhismus sei eine pessimistische und damit weltverneinende Religion, die dem modernen Menschen keine Perspektiven anbiete. Aus dem vorliegenden Text geht eindeutig hervor: Der Buddha lehrt, das Gute zu tun und das Böse zu unterlassen. Die buddhistische Ethik enthält ein klares Bekenntnis zur Veränderung des Menschen und seiner Welt. Allerdings ist dieses Bekenntnis nicht an göttliche Weisungen gebunden wie in den sogenannten monotheistischen Religionen. Es folgt keiner transzendenten Autorität eines Gottes, sondern gründet sich auf das Vorbild des Buddha: Siddhārta Gautama, der Buddha, ist der Arhat, der Heilige, er ist der Tathāgata, der vollkommen Erleuchtete. Ihm nachzufolgen, ihm gleich zu werden, ist das Ziel der buddhistischen Heilslehre.

Aber dieses Ziel ist an eine schwer zu erfüllende Voraussetzung geknüpft, nämlich an die Erkenntnis und die Überwindung des Leidens. Und das ist nun der zweite Hinweis, der aus dem Text hervorgeht: Vor dem Tun des Guten und der Absage an das Böse steht die Einsicht, daß alles, was lebt, dukkha, dem Leiden, unterworfen ist. Erst wenn die Wahrheit vom Leiden und seiner Überwindung erkannt worden ist, kann es ethisches Handeln, sīla, und schließlich Versenkung, samādhi, und Erleuchtung, bōdhi, geben. Darum müssen wir zunächst von der Bedeutung des Leidens für das buddhistische Wirklichkeitsverständnis sprechen.

2. Ursachen des Leidens und Wege zu seiner Überwindung

Wie ein Arzt stellt der Buddha der Welt die Diagnose: „Wie eine Krankheit hat man die Leidenswahrheit zu betrachten, wie die Ursache der Krankheit die Leidensentstehung, wie die Heilung der Krankheit die Leidenserlösung, wie die Arznei den Pfad (der dazu führt)" (Visuddhi Magga XVI). Unmittelbar, nachdem er unter dem bōdhi-Baum seine Erleuchtung erfahren hat, erläutert der Buddha diese „Vier Edlen Wahrheiten" in seiner berühmten Predigt von Benares (Vinaya-Piṭaka Mahāvagga I, 6, 17–29; in der Übers. v. Winternitz I, 39 f.):

Das Leiden ist verhängt

„Was aber, ihr Mönche, ist die Edle Wahrheit vom Leiden? Geburt ist Leiden, Altern ist Leiden, Krankheit ist Leiden, Sterben ist Leiden, Sorge, Klage, Schmerz, Trübsal und Verzweiflung sind Leiden, mit Unliebem vereint sein ist Leiden, von Liebem getrennt sein ist Leiden. Die fünf Gruppen der Anhaftung (Pāli: khanda; Sanskr.: skandha; nämlich das, was mit dem Körper, dem Gefühl, der Wahrnehmung, dem Bewußtsein, dem Geist zu tun hat) sind Leiden."

Nach dieser Diagnose wird dukkha, das Leiden, hier zunächst wie ein Verhängnis verstanden; denn es umfaßt alles das, was den Menschen und mit ihm alle Wesen an die Bedingungen der Welt fesselt. Dazu gehört nicht nur das Werden und Vergehen und – gemäß der buddhistisch-hinduistischen Reinkarnationslehre – das Wiederwerden, sondern auch das, was den Menschen an seine Wunschvorstellungen und Sehnsüchte ausliefert, was ihn Enttäuschungen erfahren läßt, und was ihn sich selbst und anderen entfremdet: Leiden bedeutet immer auch, an sich selber leiden, niemals mit sich selbst identisch werden können. Somit umfaßt der Pāli-Begriff dukkha alles das, was wir mit Unvollkommenheit, Nichtigkeit, ja, Unwirklichkeit meinen.

Mit den Lebewesen „leiden" auch die Faktoren (Pāli: dhamma; Sanskr.: dharma), die den Zyklus der Wiedergeburten beherrschen, die von Augenblick zu Augenblick wechseln und einem ständigen Kommen und Gehen unterliegen: Alles, die gesamte materielle, physische und psychische Wirklichkeit ist in einem Prozeß begriffen, in dem eins vom anderen abhängt, eins aus dem anderen entsteht, so daß schließlich die Geburt zur Ursache für Alter und Tod wird. Zu dieser Erkenntnis ist der Buddha während seiner Erleuchtung gekommen und hat dafür die berühmte „Formel von der Bedingten Entstehung (paṭicca-sammuppāda)" gefunden, aus der sich alle anderen buddhistischen Lehren ergeben. Sie lautet: Avijjā ist die Unwissenheit über die Leidensursachen (1) und bedingt die Karmagestaltungen (2), die nach dem Tod eines Lebewesens als Bewußtsein in einen neuen Mutterschoß eingehen (3). In diesem neuen Wesen entwickelt sich die Individualität (4) mit den Sinnesorganen (5). Im Leben dieses neuen Wesens entsteht (6) die Berührung der Sinnesorgane mit der Außenwelt, die (7) die Empfindungen hervorruft. Die Empfindungen wiederum rufen den Durst (tanḥā) (8), die sinnliche Leidenschaft, hervor, die (9) zum Ergreifen des Daseins führt und darum wiederum die Verstrickung in den Geburtenkreislauf zur Folge hat. So kommt es zum Werden (bhava) in einer weiteren Existenz (10), zur Wiedergeburt (jati) (11) und (12) damit (wieder) zu Altern und Tod, (nach Schlingloff I, 98 f.). Das aber heißt: Alle Phänomene, die wir als Individuum, Mensch, Tier, Welt und Materie ansehen, sind ihrem Wesen nach bedingt und stehen zueinander in einer bestimmten Abhängigkeit. Alles ist interdependent. Zu seinem Lieblingsjünger Ānanda sagt der Gautama: „Wenn Jenes ist, wird Dieses; durch die Entstehung von Jenem entsteht Dieses; wenn Jenes nicht ist, wird Dieses nicht; durch die Auflösung von Jenem wird Dieses aufgelöst" (Majjhima-Nikāya 115). Der Jünger kommt darauf zu der Erkenntnis, daß es drei Merkmale sind, die das Dasein kennzeichnen:

„Alle bedingten Daseinsfaktoren sind vergänglich,
alle bedingten Daseinsfaktoren sind leidvoll,
alle bedingten Daseinsfaktoren sind ohne eine Selbst."

Nur der Unerleuchtete, der im Nichtwissen, dem avijjā, Verstrickte, durchschaut diese Kettenreaktion von Ursache und Wirkung nicht und weiß darum auch nicht, wie das Leiden in der Welt ausgelöscht werden kann.

Diese Erkenntnis hat Folgen. Denn wenn alles von allem abhängt und einem ständigen Wandel unterliegt, wenn die Daseinsfaktoren immer nur ein kurzlebiges Ensemble bilden, das im nächsten Augenblick schon wieder einer anderen Zusammensetzung Platz macht, dann kann es letzten Endes auch nichts Bleibendes in den Wesen und Dingen geben, nichts, was Ewigkeit oder Individualität für sich in Anspruch nehmen könnte, ja, dann sind sogar die Götter dem Karma unterworfen und müssen wiedergeboren werden, und dann ist vor allem der Mensch nur aus den kandhas, den „Daseinsfaktoren“ (eigentlich: „Anhäufungen“) zusammengesetzt. Daß der Mensch nach buddhistischem Verständnis ohne individuelle Persönlichkeit und damit ohne Ich-Wesenheit, an-attā, und ewige Seele ist, bezeugen zahlreiche Gleichnisse und Gespräche, die der Buddha mit seinen Jüngern führt. Darum wird er von ihnen auch als der Anattāvādī, der Verkünder der Unpersönlichkeit, bezeichnet.

Der Mahayānabuddhismus versuchte später, diese These des Urbuddhismus abzumildern, indem er zwischen einem unbeständigen empirischen Ich und dem religiösen Wahren Selbst unterschied, das „Subjekt der Handlungen im praktischen und moralischen Sinne“ ist (H. Nakamura, Die Grundlehren des Buddhismus. In: Dumoulin 20). Die japanischen Buddhismusforscher beziehen sich auf Textstellen, in denen der Buddha – wie so oft – die Frage nach einem metaphysischen Selbst offen läßt.

Das Karma verursacht Leiden

In seiner zweiten Wahrheit vom Leiden entfaltet der Buddha seine Diagnose und weitet sie auf die Karmalehre seiner Zeit aus, um damit die Entstehung von Leid und Übel zu erklären: „Was aber ist die Edle Wahrheit von der Leidensentstehung? Es ist die Gier, die zur Wiedergeburt führt, die mit Freude und Leidenschaft verbunden hier und dort nach Freuden sucht, nämlich das sinnliche Begehren (taṇhā), das Begehren nach Dasein und das Begehren nach Vergehen (vibhava)“.

Nach altindischer Vorstellung bleibt im Tode von der Individualität des Menschen nur das karma (Pāli: kamma; Sanskr.: karma), das Werk, die Tat, übrig und wird zum Samen für die nächste Geburt (Brihadāranyaka-Upanishad 3,2,13 und 4,4,5). Das Karma ist in den Upanishaden diejenige Macht, die den Wanderungen der Seelen von Geburt und Wiedergeburt den Weg vorschreibt, es ist „der gewaltige Weltmechanismus", der automatisch wirkt und dem niemand in die Zügel greifen kann.

Der Buddha übernimmt diese Karmalehre; aber er leugnet – im Gegensatz zu den vedisch-brahmanischen Traditionen – ein Selbst, ein Ātman, das die Steuerung übernimmt. Das buddhistische Karma verliert diese Steuerung und wirkt automatisch: „Es ist die Gier, die zur Wiedergeburt führt". Im Visuddhi Magga (XVI, 513 [Nyanatiloka]) steht das berühmte inhaltsschwere Buddha-Wort: „Nur Leiden gibt es, doch kein Leidender ist da. Nur Taten gibt es, doch kein Täter findet sich. Erlösung gibt es, doch nicht den erlösten Mann. Den Pfad gibt es, doch keinen Wanderer sieht man da." Hier liegt ein großes und ungelöstes Problem. Denn wie ist z.B. das Verhältnis des Menschen zu seinen Wiedergeburten zu erklären? Wer und was wird da wiedergeboren? Wer und was durchläuft den Geburtenkreislauf? Welche Kriterien gibt es dafür, daß die Existenzen während des Reinkarnationsvorgangs die gleichen sind? Wirkt vielleicht das Karma dabei als Träger und Transporteur der menschlichen Persönlichkeit? Ist letzten Endes eben doch ein Ich oder ein Selbst vorhanden, das auf seinen Wanderungen und Wiederverkörperungen erhalten bleibt, solange, bis es endlich erlischt und ins Nirvāna eingeht? Auch der Buddha läßt diese Fragen offen. Er antwortet nur, daß es zwar die Taten gibt, jedoch nicht den Täter. Die Ursache für alle guten und bösen Taten und für alle Leiden wurzelt zwar im Menschen selbst; aber „der Mensch selbst" ist aus den khanda zusammengesetzt. Auf die Frage: Woher kommt die Gier und das Begehren? Worin sind sie motiviert? würde der Buddha allenfalls antworten: Sie sind als die Wurzeln des Bösen von Anfang an da.

Wie kann es zum Erlöschen des Leidens kommen?

Die nun folgenden Wahrheiten haben es mit der „Therapie", mit der Bekämpfung der Leidenskrankheit, zu tun: „Was aber ist die Edle Wahrheit von der Erlösung des Leidens?" Buddhas Antwort lautet: „Es ist die Unterdrückung/Abwendung dieser Gier durch gänzliche Leidenschaftslosigkeit, Verwerfung, Zurückweisen, Fahrenlassen, das Nichthaften daran."

Eigentlich nimmt der Gautama damit schon die therapeutische Wirkung vorweg, ohne den Weg anzugeben, der dahin führt; denn die Verwerfung, das Zurückweisen der Begierden und gar die Leidenschaftslosigkeit (bzw. das Nichthaften an den Begierden) sind im Grunde Mechanismen, die man sich erst während einer langen „Behandlungszeit" erarbeiten kann und einüben muß. Und sie stehen bereits am Ende des Weges.

Der Buddha will offenbar damit sagen, daß es eine Freiheit von den Abhängigkeiten, eine Freiheit vom Kreislauf der Geburten nur geben kann, wenn die egoistischen Begierden aufhören. An der gleichen Stelle, an der das Leiden einmal entstanden ist, muß es auch zum Erlöschen gebracht, dort muß die Kette der „Bedingten Entstehung" des Leidens rückgängig gemacht werden. Das, was hier äußerlich den Eindruck einer Inaktivität oder gar einer Passivität macht, erfordert im Grunde höchste Konzentration und ein starkes religiöses Engagement. Um das Ende des Leidens zu erreichen, bedarf es zu allererst eines „gläubigen Vertrauens" (Pāli: saddhā).

Der Achtfache Heilspfad

Dieser „Heilsweg" wird nun in der vierten Wahrheit entfaltet: „Was aber ist die Edle Wahrheit von dem Weg, der zur Erlöschung des Leidens führt? Es ist dieser edle Achtfache Pfad, nämlich: Rechte Erkenntnis, rechte Gesinnung, rechtes Reden, rechtes Tun, rechtes Leben, rechte Anstrengung, rechte Achtsamkeit und rechtes Sichversenken."

Ausgangspunkt auf dem Wege zum Heil ist das Wissen (paññā) darum, daß das Leiden Ursachen hat, die man „erkennen" muß, um sie bekämpfen zu können; denn Wissen ist Gnosis. Hatte sich die Unwissenheit, avijjā, wie eine Finsternis auf die Menschen gelegt, so wird sie nun durch das Wissen um die Kausalzusammenhänge erleuchtet. Alle hier genannten Tugenden stehen im Lichte dieses neuen Wissens. In bezug auf die Formel von der Bedingten Entstehung hat also ein Paradigmenwechsel stattgefunden: Jetzt kann es zu einer positiven Bewertung des Daseins und zu einer neu begründeten Sittlichkeit kommen. Jetzt kann der Buddha sagen: „Nicht möglich ist es, es ist ausgeschlossen, daß ein von Erkenntnis durchdrungener Mensch seine Mutter des Lebens berauben sollte ... ruchlosen Herzens eines Vollendeten Blut vergießen sollte ... eine Spaltung in dem Orden der Jünger bewirken sollte. Nicht möglich ist das." (Nyanatiloka, Der Weg zur Erlösung, 58). *Die neue Erkenntnis bewirkt eine neue Seinsordnung.*

Der Achtfache Pfad gliedert sich in drei Bereiche: Rechte Erkenntnis und Gesinnung bilden zusammen das *Wissen;* Rechtes Reden, Tun und Leben bilden zusammen sīla, die *Sittlichkeit,* die Ethik; Rechte Anstrengung, Achtsamkeit und das Sichversenken bilden zusammen die meditative Sammlung (samādhi), die zur *Erleuchtung* führt oder schon die Erleuchtung ist.

Die Ethik steht also *in der Mitte* zwischen der Rechten Erkenntnis, dem Wissen um die leidvolle Daseinsstruktur, und der meditativen Sammlung. Das ist nicht unbeabsichtigt vom Buddha; denn die Ethik braucht einerseits die rechte Erkenntnis, um den Willen zur guten Tat hervorbringen zu können, und sie braucht andererseits die meditative Sammlung, um die gute Tat durch die Erleuchtung abzuschließen. M. E. Spiro weist in diesem Zusammenhang darauf hin, daß es nur der Urbuddhismus ist, der nicht durch Werke, sondern „allein durch Wissen" und Meditation das Heil erreichen wollte. Zuweilen ging dieser „Absolutheitsanspruch" so weit, daß man jegliche Ansammlung von Karma, also auch die moralisch guten Taten verwarf, weil dadurch das Erlöschen und der Eintritt ins Nirvāna unterbunden oder verzögert würde. Dieser Anspruch ließ sich nicht durchhalten, weder bei den Mönchen und Nonnen noch bei den buddhistischen Laien. Und so kehrte man schon im Theravāda-Buddhismus zu einer altbewährten Kultpraxis der guten Werke zurück: Nicht das Wissen und Erkennen der leidvollen Zusammenhänge, sondern das verdienstliche Tun war nun wieder Inhalt der religiösen Praxis (Spiro, S. 93). Seitdem gilt das gute Karma wieder als Voraussetzung für eine glückliche Wiedergeburt. Dāna, das wohltätige Geben, und sīla mit den drei Stufen ethisch verantwortlichen Handelns sind daher die eigentlichen Mittel, die dem Jünger des Gautama, mag er Mönch oder Laie sein, Verdienste bringen. Die Laienjünger und -jüngerinnen, zumal im Mahayāna-Buddhismus, empfinden überdies die ethische Stufe als höchstes Ziel. Denn die Erfüllung der sittlichen Weisungen dient nicht nur dem guten

Karma, sondern auch der Abkürzung des Geburtenkreislaufs saṃsāra. *Die buddhistische Ethik ist eine intentionale Ethik.*

Die Heiligen, die Bodhisattvas, sind dem Geburtenkreislauf enthoben. Sie haben bereits den sīla-Bereich verlassen und sind in den samādhi-Bereich eingetreten. Es gibt also Stufen des Heils: Für die vielen, die Masse der Gläubigen, gilt, daß man das Heilsziel durch gute Werke erreicht – einigen wenigen aber ist die Erleuchtung vorbehalten. Laienfrömmigkeit und Mönchsfrömmigkeit unterscheiden sich voneinander. Das kommt besonders in einigen Ländern Südostasiens zum Ausdruck, in denen Laien für Wochen und Monate oder auch nur gelegentlich an Festtagen in Klöster eintreten und den Dienst als Mönch bzw. Nonne versehen. Sie erfahren sozusagen temporär, wie schwer es ist, in klösterlicher Umgebung zu leben und unter klösterlicher Zucht zu stehen. Daraufhin kehren sie wieder in das säkulare und berufliche Leben zurück und beweisen damit, daß es leichter ist, ein weltlicher Jünger Buddhas zu sein, als ein Bodhisattva zu werden.

3. Gut und Böse – Die Gebote des Buddhismus

Die Regeln der buddhistischen Ethik sind nicht Gebote in unserem Sinne; denn sie sind nicht von einer Gottheit ausgegeben und berufen sich auch nicht auf die Autorität von Dogmen. Sie sind „eher Vorschläge für heilsame Verhaltensweisen". „Indem der Mensch sich durch ihre Anwendung der ethischen Selbstkontrolle unterwirft, verbessert er seine Existenzform mit jeder Wiedergeburt; ob und wie weit er die Regeln einhält, ist ganz allein seine Sache" (Schumann, S. 171). Überdies scheint der Buddha bestrebt gewesen zu sein, die Eigenverantwortlichkeit des Menschen zu fördern und jede autoritäre Gängelung zu vermeiden; denn er vertritt ausdrücklich den sogenannten „Mittleren Pfad" (majjhimāpaṭipāda), wenn er von den Verhaltensweisen seiner Jünger redet: „Zwei Extreme hat der in die Hauslosigkeit Gezogene zu vermeiden: Sich der Sinnenlust hinzugeben ... und sich der Selbstkasteiung hinzugeben. Diese beiden Extreme hat der Vollendete gemieden und den Mittelpfad gefunden, der die Augen öffnet, Erkenntnis erzeugt und zum Frieden, zu Durchblick, zu

Erleuchtung und Nirvāna führt" (Samyutta-Nikāya LVI, 11; In der Übers. v. Nyanatiloka, Buddhist. Wörterbuch, 122f.).

Im Zentrum der ethischen Botschaft des Buddha steht der Mensch. Von ihm wird erwartet, daß er in der Lage ist, einerseits die kausalen Zusammenhänge der Wirklichkeit zu durchschauen und andererseits Mitleiden mit allen Wesen zu empfinden. Der Buddha appelliert daher an die menschliche Einsicht, den (menschlichen) Verstand und an das Herz: „(1) Ich gelobe abzustehen vom Töten; (2) Ich gelobe abzustehen vom Nehmen dessen, was nicht gegeben ist; (3) Ich gelobe abzustehen vom unrechten Wandel in Sinnenlüsten; (4) Ich gelobe abzustehen vom Lügen; (5) Ich gelobe abzustehen vom Genuß berauschender Getränke" (Khuddaka-Pathā 2; hier in der Übersetzung von Nyanatiloka 1953, S. 14).

So wie der Achtfache Pfad für alle gilt, so gelten auch diese fünf Grundregeln Mönchen und Laien gleichermaßen. In einer lapidaren Erläuterung sagt der Buddha dazu, was böse und was gut ist: „Die Tötung lebender Wesen, der Diebstahl, den Lüsten frönen, Lügen, Verleumden, unfreundliche Rede, eitles Geschwätz, Begehrlichkeit, Gehässigkeit ... Das ist es, was man das Böse nennt ... Die Enthaltung vom Töten lebender Wesen, die Enthaltung vom Diebstahl, den Lüsten, dem Lügen, Verleumden, unfreundlicher Rede, von der Begehrlichkeit, Gehässigkeit ... Das ist es, was man das Gute nennt" (Majjhima-Nikāya 9, in der Übers. v. Winternitz I, 80).

Die *ersten beiden Gebote* oder Regeln befassen sich mit der *Bewahrung des Lebens und des Eigentums.* Das 1. Gebot verbietet nicht nur – wie das biblische Gebot – das geplante Töten von Menschen, sondern von allen Lebewesen, bis hinunter zu den geringsten Insekten. Es verbietet überhaupt, diesen Wesen Leid zuzufügen. Es enthält also in seinem Kern die altindische ahiṃsā-Lehre und verschärft sie zugleich: Denn der Buddhist verabscheut die Tieropfer der Brahmanen, er lehnt auch den Fischfang und die Jagd ab, er filtert das Trinkwasser, damit er keine Mikroben verschluckt und hütet sich davor, grüne Wiesen zu betreten, um das darin enthaltene Leben zu bewahren. Ja, sogar das Töten von Pflanzen soll er unterlassen; denn ausdrücklich heißt es in einem Buddhawort (Sutta-Nipāta 394; in der Übers. v. Winternitz I, 81):

„Ein lebendes Wesen soll er weder töten noch töten lassen, noch billigen, daß es andere töten, sich fernhaltend von Gewalttätigkeit gegenüber allen Wesen, sei es Pflanzen, Tier oder Mensch" (wörtlich: „Wesen, die am Orte bleiben und die sich in der Welt fortbewegen").

Zu einer Zeit, da in anderen Kulturen das Tier als Opfer im Kult verwendet wurde und Tausende von Tieren auf und an den Altären der Götter ihr Leben lassen mußten, gab es im Buddhismus bereits erste Ansätze zu einer *Tier-Ethik*. Der Gedanke vom Schutz aller lebenden Wesen ließ den *Tierschutz* als Notwendigkeit erscheinen. Aber Tierschutz bedeutet im Buddhismus mehr als nur äußere Schonung. Voraussetzung ist vielmehr „die positive geistige Haltung des Mitleids" (Klimkeit, S. 166), aus der sich das äußere Nichtverletzen, ahiṃsā, ergibt. Dazu gehört z. B. die Vermeidung von harten Worten, die Verletzung der Wesen durch Unfreundlichkeit und Ablehnung. Liebe (mettā), Mitleid (karuṇā), Mitfreude (muditā) mit den Wesen sowie Gleichmut (upekkhā) gegenüber dem Bösen und Unreinen sollen auch die kreatürliche Welt durchstrahlen. Von diesen Empfindungen sollen sich Buddhisten leiten lassen, wenn sie vor einem Tier oder einer Pflanze stehen. Buddhisten dürfen daher mit Recht als die ersten Tierschützer – vielleicht sogar als die ersten Ökologen – der Welt bezeichnet werden.

Auch heute ist der Brauch, Tiere vor dem Schlachter zu bewahren, weit verbreitet in den theravāda- und mahayānabuddhistischen Ländern Asiens (z. B. in Sri Lanka/Ceylon und Birma). Dort werden an Festtagen Hühner, Schweine, Hunde und selbst Fische den (oft muslimischen) Metzgern abgekauft und freigelassen oder in Tierheimen, die den Klöstern gehören, geschützt und bis zu ihrem natürlichen Tode, versorgt. Aber es ist nicht nur „die Ehrfurcht vor dem Leben", die altindische ahiṃsā-Lehre mit ihrer allumfassenden Liebe zu den Wesen, die zu dieser Wertschätzung der Kreatur geführt hat. Der eigentliche Grund für diesen buddhistischen Tierschutz – vielleicht darf man sogar von einer Tier-Ethik sprechen – dürfte in der Karmalehre zu suchen sein: Nach der Vorstellung aller indischen Religionen kann die Wiederverkörperung des Menschen nach seinem Tode durchaus auch in einem Tier erfolgen: Die „Seele" kann sich im Kreislauf der Geburten, im samsāra, ein Tier zur Wohnung nehmen, das als Schlachttier Verwendung finden oder auf andere Weise eines unnatürlichen Todes sterben könnte. Viele Buddhisten haben aus dieser Hochschätzung der Tiere die Konsequenzen gezogen und sind Vegetarier geworden; jedoch ist die Fleischabstinenz nie zum Dogma gemacht worden; denn wir wissen, daß früher auch in den buddhistischen Klöstern Fleisch gegessen wurde. Vom Buddha selbst wird sogar im Anguttara-Nikāya (V,44 und VIII, 12 [Nyanatiloka]) berichtet, daß er „Schweinefleisch mit süßen Brustbeeren" gegessen habe. Er hat also offenbar kein Tabu über den Fleischgenuß ausgesprochen.

Das *zweite Gebot* vertieft im Grunde nur das erste „Gebot"; denn es besagt, daß man nicht nur Leben bewahren soll, sondern auch das, was dem anderen gehört und was dieser nicht von sich aus freiwillig weggeben möchte, nicht antasten darf. Diebstahl ist also das Vergreifen am Eigentum, das der Nächste für seine Existenz notwendig braucht. Und mehr noch: Diebstahl beinhaltet jede Begehrlichkeit, die sich auf fremdes Gut richtet. Positiv gewendet bezieht sich das Gebot auf dāna, die Freigebigkeit, eine der wichtigsten Tugenden der buddhistischen Laien.

Das *Gebot der Keuschheit* (brahmacārya) hat der Buddhismus mit den asketischen Richtungen des Hinduismus gemeinsam (Klimkeit, S. 166). Der „Brahmawandel" ist eine Grundhaltung des heiligen Lebens: Für die Mönche und Nonnen wurden dazu umfangreiche Gebots- und Verbotskataloge ausgearbeitet. Auf die Laien bezogen heißt das: Sie sollen den Ehebruch meiden und sich gegenüber den Frauen so verhalten, als wären diese ihre Mütter, Schwestern oder Töchter, während die Mönche sich von allen sexuellen Befleckungen rein halten und einen reinen heiligen Wandel führen sollen.

Das *vierte Gebot* verlangt von den Mönchen wie Laien *die Wahrhaftigkeit in Gedanken, Worten und Werken.* Sie sollen jede unwahrhaftige und jede unüberlegte Rede meiden; denn es heißt, im Munde des Menschen entstehe bei seiner Geburt eine Axt, durch die sich der verletzt, wer törichte und schlechte Worte gebraucht (Udānavarga VIII, 2). Der wahrhaftige Jünger seines Herrn gebraucht jedoch Worte, die „harmlos, angenehm zu hören, liebenswürdig, zu Herzen gehend ... und den Menschen wohltuend" sind (Beckh, 157), oder aber er schweigt, so wie sein Herr ein Meister des Schweigens ist und nur Worte spricht, „die wahr und zum Heile und dem Hörer lieb sind" (Ebd.).

Das *fünfte Gebot* schließlich warnt die Gläubigen vor *Rauschmitteln und Drogen,* gleich, zu welchem Zwecke sie verwandt werden, ob zur Betäubung oder zur Meditation wie häufig in Brahmānenkreisen. Rauschmittel machen den Menschen träge und müde, wie es im Dīgha-Nikāya 31 heißt; sie sind eine Quelle der Krankheit, und vor allem: sie schwächen die Einsicht und die Konzentration. Wenn sich der Jünger auf den paṭicca-samuppāda, die Lehre vom Abhängigen Entstehen, konzentriert, dann verwirren sie ihn nur und vernebeln seine Gedanken und lassen ihn in Unkenntnis über die Wahrheit des Leidens und den Weg zu seiner Überwindung, wie z.B. die Zenmeister immer wieder betonen. Der Jünger braucht aber ein klares, helles Bewußtsein; nur so kann er die höchste Stufe der Meditation, samādhi, erreichen.

Diese fünf Gebote (pañca-sīla), oder besser gesagt „Weisungen", werden sīladhana, der Tugendschatz, genannt. „Wer sich dieser Dinge enthält", lautet eine Verheißung (bei Nyanatiloka 1953, S. 73), „der erzeugt weder gegenwärtiges noch künftiges schreckliches Übel, noch erfährt er geistiges Leiden und Trübsal. Das eben ist in ihm erloschen."

4. Mönche (bhikkhus), Nonnen (bhikkhunīs) und Laien (upāsakas)

Über diesen fünf Grundregeln erhebt sich ein zweiter Sittenkodex, der sich besonders an „die Heiligen", nämlich an Mönche und Nonnen richtet. Von ihnen wird verlangt, daß sie an die Welt keine Konzessionen machen: „1. Zeitlebens nehmen die Heiligen nur zu einer Tageszeit Speise zu sich, bleiben des Nachts nüchtern, enthalten sich des Essens am Abend ... 2. Zeitlebens meiden die Heiligen Tanz, Gesang und Musik sowie das Anschauen von Schaustellungen, den Gebrauch von Blumenschmuck, ... Schmuck und Schönheitsmitteln ... 3. Zeitlebens meiden die Heiligen hohe und üppige Betten ... Eines niedrigen Lagers bedienen sie sich, sei es Bett oder Strohlager". Und hinzu kommt 4.: „Zeitlebens meiden die Heiligen die Annahme von Gold und Silber" (Anguttāra-Nikāya VIII, 44 (Nyanatiloka)).

Hier handelt es sich um asketische Gebote, die es mit der Loslösung von der Welt zu tun haben. Die Laien (upāsaka) können sie nicht erfüllen oder brauchen sie nicht zu erfüllen. Sie leben in der Geschäftigkeit der Welt, stehen im Beruf, haben zu arbeiten, ihre Familien zu ernähren, machen Gewinne und Verluste und brauchen Freizeit, Abwechslung und Zerstreuung. Aber zeitweilig kehren sie in die Klöster ein und leben dort als Mönche und Nonnen unter den harten Bedingungen der klösterlichen Zucht und der Exerzitien.

Das wird besonders an der Praxis des Laienbuddhismus in Japan deutlich, der in einer engen Beziehung zu seinem spirituellen Ursprung, seinem Kloster, seiner Sekte, seinem Abt steht und von daher die Weisungen erhält. Immer wieder pilgern die Mitglieder dieser sogenannten „Neuen Religionen", shinkō shūkyō, in die Berge, suchen die Klöster auf, um dort zu meditieren und sich geistlich erbauen zu lassen. Dann kehren sie in die Zentren ihrer Laienbewegung in den großen Städten zurück und setzen ihre spirituellen Erfahrungen in die Tat um: Sie gründen soziale Einrichtungen, wirken als Sozialarbeiter, leiten Kindergärten, unterrichten als Lehrer an Schulen und Universitäten und sind vor allem als vorzügliche Seelsorger tätig. Und dabei bleiben sie eng verbunden mit den Mönchen und Nonnen „ihres" Klosters, in das sie heimkehren, wenn sie neue religiöse Impulse brauchen und neue „weltliche" Ideen. So werden die buddhistischen Laien zu Trägern ethischen Handelns und ihre Organisationen zu Exekutiven des sangha, der buddhistischen Mönchs- und Nonnengemeinden.

5. Grundlage der buddhistischen Ethik: die Selbstlosigkeit

Anders als in den theistischen Religionen, in denen die Autorität eines Gottes die Normen setzt und das Gebot zum Handeln erläßt, wird der Buddhist durch das Wissen um die Ursachen des Leidens und seine Überwindung zu ethischem Handeln motiviert. Dabei wird die Lehre von der Ich-losigkeit, die so oft im Westen als der eigentliche Grund für einen „buddhistischen

Pessimismus" angesehen wird, zur Triebfeder: Indem der Mensch absieht von seinem eigenen Ich und den Ich-Dünkel aufgibt, wird er frei für ein Leben ohne Egoismus, Gier, Haß und Verblendung, frei für ein Leben in Güte.

Wer aber frei geworden ist von sich selbst, der kann sich auch den anderen Wesen zuwenden. In einem Diskurs mit den Sālher verkündet der Buddha: „Anabhijjhā, Freisein von Begehrlichkeit, nenne ich dies. Weil er ohne Begierden ist, bringt der Selbstlose nichts Lebendiges um, vergreift er sich nicht an fremdem Gut, vergeht er sich nicht an seines Nächsten Weib, spricht er nichts Unwahres; und auch andere veranlaßt er nicht dazu; und dies wird ihm lange Zeit zum Heil und Wohl gereichen" (Anguttara – Nikāya III, 67 [Nyanatiloka]). Voraussetzung für eine solche Haltung ist allerdings, daß der Jünger die Laster erkannt hat, die den Egoismus bedingen: kāma, die Lust, rāga, die Gier, dōsa, den Haß, moha, die Verblendung, vevicchā, die Habsucht, und vor allem avijjā, die Unwissenheit, und taṇhā, das egoistische Haften am Dasein ... Wer erkennt, daß alle Übel der Welt das Ich zum Ursprung haben, der ist wirklich „frei" zu nennen. Statt des Glaubens an sich selbst und dem ständigen Wunsch nach „Selbstverwirklichung" zieht nun Demut in sein Herz ein. Dem, der jetzt nicht mehr an sich selber hängt, der sein Ich loslassen kann, wird alles zuteil, was er vorher nicht besaß: Güte, Liebe, Mitleid, Geduld, Toleranz, Bescheidenheit usw. *Erst als Selbstloser kann der Mensch selbstlos sein:*

> „Nicht wer zehnhunderttausend Mann
> am Schlachtfeld überwältigt hat:
> Wer einzig nur sich selbst besiegt,
> der, wahrlich, ist der stärkste Held"
> (Dhammapāda 103; übers. und gereimt
> v. K. E. Neumann).

6. Der Buddha – Vorbild für Mönche und Laien

Der Jünger orientiert sich an seinem Herrn: Als arhāt, Heiliger, wird der Buddha zum Vorbild für alle. Denn er hat nicht nur die Wahrheit über das Leiden erkannt, er hat das Leiden auch überwunden. Er hat sānta dānta, die vollkommene Selbstbezähmung, bodhi, die vollkommene Erleuchtung erlangt; er ist der Allüberwinder (Vinaya-Piṭaka, Mahāvagga I, 6,8; übers. v. Oldenberg, Buddha, 344); er ist jenseits von Gut und Böse; für ihn existieren die Antinomien nicht mehr. Er ist das Ideal, dem jeder Gläubige nachstrebt. Allerdings kann es nur derjenige erreichen, der als Mönch in die Hauslosigkeit zieht und sein Leben der Meditation widmet. Das ist nur in der Mönchsgemeinde, sangha, möglich.

Erst der Mahayāna-Buddhismus bietet wieder der Volksfrömmigkeit Platz, gewährt den alten Göttern Einlaß und paßt sich den jeweiligen Kulturen an. Hier kann jeder Gläubige ein *Bodhisattva* werden, ein Anwärter auf die Buddhaschaft, und zur Erlösung der Menschen, zur Rettung der Wesen, beitragen. Über die Gesinnung eines Bodhisattva wird gesagt: „Ein Bodhisattva soll nichts reden, wodurch ein anderer verletzt werden könnte; er soll nichts reden, was einem anderen Qual bereiten könnte; er soll nichts reden, was der andere nicht verstehen würde; er soll nichts reden, was nicht den Wesen zu Herzen geht ... Der Zusammenfassung des ganzen Mahayāna dient die Regel: Das Behüten aller Wesen dadurch, daß man auf seine eigenen Fehler acht gibt ... das ist der kurze Sinn dieser ganzen Masse von Büchern, den der Bodhisattva stets im Geiste behalten soll ... Als Bodhisattva bewahre ich meinen Geist fest und unerschütterlich, freundlich und standhaft ..., ruhig und nur darauf bedacht, anderen zu dienen, das Selbst stets den Wesen unterordnend, frei von Stolz" (Sikṣāsamuccaya 127; in der Übers. v. Winternitz II, 44).

In verschiedenen Gestalten dienen die Bodhisattvas den Menschen: Sie erscheinen als Bauern, Karawanenführer, Priester, Minister und Beamte, selbst in Tiergestalt erscheinen sie, „um den Wesen Wohltaten zu erweisen" (ebd. 324–327; bei Winternitz II, S. 38). Und immer wieder konzentriert sich dabei alles auf die größte der buddhistischen Tugenden: karuṇā, das Mitleid. So ist das Wort des großen Bodhisattva Avalokiteshvara überliefert: „Ein Bodhisattva sollte nicht in allzu vielen Tugenden unterwiesen werden. *Einer* Tugend sollte ein Bodhisattva sich ganz hingeben und ganz in ihr aufgehen, dann sind alle Buddhatugenden von selbst vorhanden. Welches ist diese eine Tugend? Es ist das große Mitleid ... Gleichwie, wenn die Sonne aufgegangen ist, die

Wesen eifrig ihren Geschäften nachgehen, ebenso sind da, wo das große Mitleid aufgegangen ist, die anderen Erleuchtung wirkenden Tugenden am Werk" (Ebd., 286f. Übers. v. Winternitz II, 35). Nicht nur die Großen des Glaubens und der Meditation können es zum Bodhisattva bringen, „alle empfindenden Wesen", heißt es in einer Broschüre der japanischen Risshō Kōsei-kai, „besitzen die Buddha-Natur, das heißt die Möglichkeit, vollkommene Erleuchtung – Buddhaschaft – zu erlangen". Die Buddha-Natur muß nur geweckt werden, und das kann durch die Rechte Erkenntnis und das Rechte Tun geschehen. Aber es gehört auch zu der großen Demut eines Bodhisattva, daß er mit der Erlangung seiner Vollkommenheit wartet und seinen Eintritt in das Nirvāna solange hinausschiebt, bis alle Wesen erlöst sind. Wie der Buddha selbst zu werden, sein Vollkommenheitsideal zu erreichen, das ist einer letzten Stufe vorbehalten. – Die Ethik bildet dazu erst die Voraussetzung, sie besteht aus Schritten auf dem Wege zur Vollkommenheit.

7. Ethik der Mitmenschlichkeit

Diesen Schritten gilt jetzt unsere Aufmerksamkeit. Sie betreffen das tägliche Leben: Es handelt sich um eine Alltagsethik, die nicht starr und dogmatisch ist, sondern flexibel, und die manchmal gar – wie im Mahayāna-Buddhismus – angepaßt wirkt.

Menschen sind aufeinander angewiesen und können nur in einer Partnerschaft miteinander leben. Diese Einsicht gehört auch zu den buddhistischen Grundsätzen. Die gegenseitige Achtung in dieser Partnerschaft ist die Voraussetzung für Frieden und Glück. Das gilt für die Ehe und die Familie ebenso wie für eine Freundschaft und ein Staatsgefüge.

Natürlich ist der Buddha in seinen Anschauungen zeitlebens Asket geblieben. Als Asket beurteilt er die Ehe und die Stellung der Frau und gibt der Mönchs-Ethik den Vorzug. Damit steht er nicht allein in der Religionsgeschichte. Religionsstifter und Homines Religiosi hatten häufig ein gebrochenes Verhältnis zur Ehe, und in der Sexualität sahen sie einen bösen Trieb. Die Idee einer Gleichstellung der Frau mit dem Mann war ihnen fremd.

Auch in der Buddha-Lehre läßt sich noch eine solche Zurückhaltung gegenüber der Ehe und den Frauen erkennen. Aber der Buddha war es andererseits selbst, der auf Ānandas eindringliches Bitten die Gründung von Nonnenorden zuließ und sogar erklärte, daß es auch für Frauen möglich sei, die letzte Stufe auf dem Wege zur Heiligkeit zu erreichen. Voraussetzung sei allerdings die Einhaltung von acht strengen monastischen Regeln. Offenbar hat sich aber der Gautama bis zu seinem Tod nie frei machen können von seinen Vorurteilen gegenüber Nonnen und Jüngerinnen.

Das wirkte sich auch auf seine *Ehe-Ethik* aus, die sich von der des Apostels Paulus wenig unterscheidet. Zum Thema Liebe zwischen Mann und Frau, zum Thema Ehe hat er wenig hinterlassen; doch gibt es einige Texte, in denen er die Frau und ihre Stellung in Familie und Haus preist. So lesen wir in Dīgha-Nikāya 31 (in der Übers. v. K. E. Neumann, Die Reden Gotamo Buddhos II, 546 f.): „Fünffach ist die Art, wie ein Gatte seiner Ehefrau entgegenkommen soll: Mit Achtung, nicht mit Verachtung soll er sich benehmen, ihr kein Unrecht antun, sie nicht gebieterisch behandeln, ihr genug zum Unterhalt darreichen." Und im Anguttara-Nikāya (IV, 54 [Nyanatiloka]) preist der Buddha die ideale Ehe mit den Versen:

„Beide sind sie mild und gläubig,
selbstbezähmt und treu der Lehre.
Es begegnen solche Gatten
sich mit liebevollen Worten.
Reicher Segen ist ihr Anteil,
häuslich Glück ist ihnen hold,
und der Feind fühlt sich geschlagen,
da in Tugend beide gleich sind ..."

Es ist übrigens bemerkenswert, daß die Frau in den buddhistischen Laienbewegungen Japans dem Mann durchaus gleichberechtigt ist: Dort sind Frauen oft Stifterinnen und Leiterinnen der Gemeinden. Viele empanzipatorische Bewegungen Japans haben ihren Ursprung in diesen „Neuen Religionen", die sich auf die Lehre des Buddha berufen.

Natürlich sind auch die Verhältnisse innerhalb der *buddhistischen Familie* im traditionellen Sinne geregelt. Die Autorität der Eltern steht außer Frage. Einmal werden die Eltern sogar mit Gott verglichen: „Gott (deva und devi), das ist eine Bezeichnung für Vater und Mutter …; denn viel tun die Eltern für ihre Kinder. Sie sind ihre Erzeuger, ihre Ernährer, sie zeigen ihnen diese Welt" (Anguttara-Nikāya IV, 63 [Nyanatiloka]). Wer seine Eltern liebt, sie verehrt, ihnen Gutes erweist, der sammelt sich einen Schatz von gutem Karma und „geht zu den Göttern ein" (Sutta-Nipāta 404 [Nyanaponika]). Und doch sind Kinder nie imstande, ihren Eltern das Gute zu vergelten, das sie für sie getan haben. In einer nachdenklichen Ermahnung sagt der Gautama einmal (Anguttara-Nikāya II, 34 [3] [Nyanatiloka]): „Zweien, sage ich, ihr Mönche, kann man das Gute schwerlich vergelten. Welchen zweien? Vater und Mutter. Sollte man gar imstande sein, auf einer Schulter seine Mutter zu tragen und auf der anderen Schulter seinen Vater, und dabei hundert Jahre alt werden, ihnen dabei mit Salben, Kneten, Baden und Gliederreiben aufwarten, und sollten jene dabei sogar ihre Notdurft verrichten, – nicht genug hätte man für seine Eltern getan, hätte noch nicht das Gute vergolten …"

Doch sind die Familienverhältnisse keineswegs nur durch die Autorität der Eltern bzw. die Inferiorität der Kinder geprägt: Im Samyutta-Nikāya (I, 37) hören wir vielmehr, daß die Mutter die beste Freundin ihrer Kinder sein soll, und Anguttara-Nikāya II, 34 (Nyanatiloka) fordert die Kinder gar dazu auf, daß sie ihre Eltern, wenn sie vom dhamma, der Lehre Buddhas, oder von sīla, den Sittenregeln, abweichen sollten, wieder auf den rechten Weg bringen. So können sie ihr schlechtes Karma abbauen und durch gute Taten gutes Karma erwerben. – Das buddhistische Gebot der Elternliebe besteht also – wie das biblische – in einer Verheißung.

Ähnlich wird das *Lehrer-Schüler-Verhältnis* begründet. „Der Lehrer", so heißt es Vinaya-Piṭaka I, 60 (Gerlitz, 316), „sollte in seinem Schüler das Erscheinungsbild (den Habitus) eines Sohnes wecken, und der Schüler sollte in seinem Lehrer das Erscheinungsbild eines Vaters wecken. So werden sie … zum Wachstum … in dieser Lehre … gelangen." Das Vater-Sohn-Verhältnis beruht auf einer spirituellen Zeugung und Geburt, die letztlich im Buddha-Ideal begründet ist. An ihm orientiert sich die buddhistische Erziehung.

Die Novizen haben gegenüber ihren Lehrern (ācariya) zahlreiche Pflichten wahrzunehmen, die von der Reinigung der Klosteranlage und der äußeren Versorgung ihrer Lehrer bis zur gewissenhaften Nachfolge in der Lehre reicht. Der Novize „soll vor ihnen stehen, ihnen aufwarten, ihnen gehorchen und achtsam ihre Kunst begreifen lernen." Darauf nehmen sich die Lehrer eines Schülers an: „Wohlunterwiesen wird er zurechtgeführt, Wohlgefaßtes wird ihm faßlich gezeigt, alle Kunst, die mitteilbar ist, wird ihm erklärt, bei Freunden wird er heimisch gemacht, überall wird er in Obhut genommen" (Dīgha-Nikāya 31; in der Übers. v. K. E. Neumann II, 546). Auch Laien, die sich einem religiösen Lehrer anschließen, unterwerfen sich diesen Erziehungsregeln. Verstoßen die Schüler aber gegen die äußeren Regeln und die Exerzitienordnung, dann trennt sich der Lehrer von ihnen. Pädagogisches Ziel einer buddhistischsen Schule und der Mönchsgemeinde ist es, die rechte Erkenntnis zu lernen und damit den Schlüssel zur Beseitigung des Übels in der Welt zu erhalten.

Der Lehrer wird – wie auch im Hinduismus – *frei gewählt.* Er hat zugleich die Funktion eines Priesters (Sanskr.: purohita-guru); denn er vollzieht an seinem Schüler und Jünger die Initiation und kennt die Bedeutung der Mantren, der Zaubersprüche, die den Novizen begleiten sollen; er zeigt ihm den Weg zur Befreiung, den guruvāda; er ist im eigentlichen Sinne Seelsorger. In den neobuddhistischen (und neo-hinduistischen) Bewegungen, die heute im Westen Mission treiben, wächst seine Autorität dabei nahezu ins Grenzenlose: Aus dem Seelsorger wird ein Sektenführer (guru), der sich nicht mehr um das einzelne Mitglied kümmern kann, sondern sich nur noch rituell oder durch das sogenannte „darshan", die Darbietung seines Anblicks, seiner Gemeinde widmet. Damit setzt eine Apotheose ein: Der Lehrer (ācariya-guru) wird wie eine Gottheit verehrt und zuweilen sogar als die Inkarnation (avatāra) einer Gottheit angebetet. Eine derartige Selbstüberschätzung ist sowohl dem klassischesn Buddhismus wie dem klassischen Hinduismus fremd. Dort wurde und wird der „Guru" von den Schülern und Jüngern frei gewählt. Er begleitet sie als Seelsorger und Ratgeber solange, bis sie selbst zum bhikkhu oder zur bhikkhunī geweiht sind bzw. in der Welt als Laienjünger und Laienjüngerin bestehen können. Denn das buddhistische Erziehungsziel besteht in einer selbständigen und eigenverantwortlichen Jüngerschaft, nicht in einem Hörigkeitsverhältnis. Der

Buddha und seine Lehre (dhamma) verkündigen einen Menschen, der, wenn er sich von den leidvollen Bedingungen befreit hat, seinen Weg allein gehen kann. Insofern ist der „autonome Jünger" das Erziehungsziel einer buddhistischen Pädagogik.

Schließlich werden vom Buddha die Grundlagen zu einer *politischen Ethik* gelegt, indem er zur *Tugend der Gerechtigkeit* aufruft. Ṛita, Gerechtigkeit, ist für die indische Philosophie ein Begriff, der sowohl eine moralische wie eine kosmische Dimension besitzt; er bezieht sich auf alle Schichten des Volkes und garantiert die sittliche Weltordnung.

Gerechtigkeit muß z.B. das Verhältnis zwischen Herr und Knecht bestimmen. In einer Art Arbeitsethik legt der Buddha dar, daß dieses Verhältnis in einem partnerschaftlichen Miteinander begründet sein muß: Der Knecht gehört in jedem Fall zum Haus seines „Arbeitgebers" und in dessen Großfamilie. Er hat die vorgeschriebenen Arbeiten zu verrichten und im wahrsten Sinne des Wortes zu dienen; aber er darf nicht überfordert werden; er soll gerecht entlohnt und sogar am Gewinn seines Herrn beteiligt werden; er hat bei Krankheit Anspruch auf Schonung und Pflege; in dringenden Familienangelegenheiten erhält er Urlaub: „Je nach der Kraft soll er (der Herr) die Leistung an Arbeit einteilen, Kost und Lohn geben, bei Krankheit für Pflege sorgen, außergewöhnliche Annehmlichkeiten mitgenießen lassen, zeitweilig Urlaub gewähren" (bei Neumann II, 547). Gewiß läßt sich aus solchen Anweisungen noch keine moderne Soziallehre entwickeln, doch enthalten sie – arbeitsrechtlich gesehen – humane Ansätze, mit denen der Buddha seiner Zeit weit voraus ist.

Gerechtigkeit im Volk walten zu lassen, muß die hervorragende *Tugend der Herrscher* sein. Der König soll ein dhammika dhammarāja sein, „der gerechte Herr der Gerechtigkeit". Er soll „seine Untertanen behandeln wie Eltern ihre Kinder behandeln" (Jātaka IV, 176). Und das wird Folgen haben; denn wenn sich der Herrscher so verhält, dann werden auch in seinem Volk Gerechtigkeit und Frieden herrschen. An seiner Persönlichkeit entscheidet es sich also, ob Harmonie oder Chaos regieren. In einem eindrucksvollen Text des Anguttara-Nikāya (IV, 70) hat der Gautama diese Interdependenz, die zwischen Menschen und Dingen besteht, in einer für die asiatische Philosophie typischen Begriffsreihe beschrieben und sie als Manifestation des Karma bezeichnet:

„Zu einer Zeit, ihr Mönche, in welcher die Könige tugendlos sind, zu jener Zeit sind auch die Beamten der Könige tugendlos. Sind aber die Beamten der Könige tugendlos, so sind auch die Priester und Bürger tugendlos. Sind aber die Priester und Bürger tugendlos, so ist auch die Stadt- und Landbevölkerung tugendlos. Ist aber die Stadt- und Landbevölkerung tugendlos, so ändern Sonne und Mond ihren Lauf. Ändern aber Sonne und Mond ihren Lauf, so ändern sich Planeten und Sternbilder. Ändern sich aber Planeten und Sternbilder, so ändern sich Tag und Nacht. Ändern sich aber Tag und Nacht, so ändern sich die ganzen und halben Monate. Ändern sich aber die ganzen und halben Monate, so ändern sich die Jahreszeiten und Jahre. Ändern sich aber die Jahreszeiten und Jahre, so ändern die Winde ihre Richtung. Ändern die Winde ihre Richtung, so zürnen die Götter. Zürnen aber die Götter, so gibt es keinen rechten Regen. Gibt es aber keinen rechten Regen, so wird das Korn nicht richtig reif. Nähren sich aber die Menschen von Korn, das nicht richtig reif ist, so leben sie nicht lange, sehen schlecht aus und werden häufig krank.

Zu einer Zeit aber, in welcher die Könige tugendhaft sind, zu jener Zeit sind auch die Beamten der Könige tugendhaft. Sind aber die Beamten der Könige tugendhaft, so sind auch die Priester und Bürger tugendhaft. Sind aber die Priester und Bürger tugendhaft, so ist auch die Stadt- und Landbevölkerung tugendhaft. Ist aber die Stadt- und Landbevölkerung tugendhaft, so nehmen Sonne und Mond ihren rechten Lauf. Nehmen aber Sonne und Mond ihren rechten Lauf, so nehmen auch die Planeten und Sternbilder ihren rechten Lauf. Nehmen aber die Planeten und Sternbilder ihren rechten Lauf, so nehmen auch Tag und Nacht ihren rechten Lauf. Nehmen aber Tag und Nacht ihren rechten Lauf, so nehmen auch die ganzen und halben Monate ihren rechten Lauf. Nehmen aber die ganzen und halben Monate ihren rechten Lauf, so nehmen auch die Jahreszeiten und Jahre ihren rechten Lauf. Nehmen aber die Jahreszeiten und Jahre ihren rechten Lauf, so blasen die Winde in der rechten Richtung. Blasen aber die Winde in der rechten Richtung, so zürnen die Götter nicht. Zürnen aber die Götter nicht, so gibt es rechten Regen. Gibt es aber rechten Regen, so gelangt das Korn zur rechten Reife. Nähren sich aber die Menschen von Korn, das richtig reif ist, so erreichen sie hohes Alter, Schönheit, Kraft und Gesundheit." (Übers. von Nyanatiloka, Die Lehrreden des Buddha II, 75 f.)

Ob Harmonie oder das Chaos in der Welt herrschen, hängt also mittelbar mit der Gerechtigkeit bzw. der Ungerechtigkeit des betreffenden Herrschers zusammen. Obwohl der historische Buddha auf Grund des Gesetzes von der Abhängigen Entstehung dem Staat keine metaphysische Bedeutung beimessen konnte, sondern in ihm nur eine vorübergehende, temporäre Institution sah, entwarf er andererseits die Utopie eines Weltenkaisers, cakkavati (Sanskr.: cakravartin), der eine universale Monarchie aufrichten werde, in welcher Recht und Gerechtigkeit herrschen werden. Er selbst freilich hat – wie Christus in der Versuchungsgeschichte – den Verlockungen des teuflischen Māra widerstanden und die Herrschaft über die Welt abgelehnt. Auch sein Reich war „nicht von dieser Welt". Treffend kennzeichnet das bereits zitierte Wort aus dem Dhammapāda (103–105) die Einstellung des Buddha zu weltlicher Macht und Gewalt:

„Wenn einer in der Schlacht tausendmal tausend Menschen besiegt und ein anderer sich selbst, so ist der letztere der größere Sieger.

Mehr als ein Sieg über Völker ist die Bändigung des eigenen Herzens ..."

Im 3. Jahrhundert vor Christus hat der große König Ashoka, nachdem er dem Krieg und der Gewalt abgeschworen und sich zur Gewaltfreiheit des Buddha bekannt hat, Erlasse ausgegeben, die als Felsenedikte in die Geschichte eingegangen sind. Im 13. Felsenedikt von Kalsi hören wir: „Jetzt, nachdem das Reich der Kalingas erobert worden ist, (beginnt) bei dem Göttergeliebten die Beschäftigung mit der Religion, die Liebe zur Religion und das Lehren der Religion. Und Reue empfindet der Göttergeliebte über die Eroberung des Kalingareiches. Denn daß bei der Eroberung Mord, Tod und Fortschleppen der Leute stattfindet, das erachtet der Göttergeliebte für tief schmerzlich und bedauernswert ... Und zu folgendem Zweck ist daher dieses Religionsedikt (dhammalipi) aufgeschrieben worden: Daß meine Söhne und Enkel, die ich haben werde, nie daran denken sollen, eine neue Eroberung zu machen. Und wenn doch eine Eroberung nötig sein sollte, daß sie an Milde und leichter Bestrafung Gefallen finden mögen, und daß sie die Eroberung durch die Religion als die (wahre) Eroberung ansehen sollen. Diese trägt Früchte in dieser Welt und in jener Welt ..." (Winternitz I, 151 f.).

Zur Tugend der Gerechtigkeit und zu einer politischen Ethik gehören die *Menschenrechte.* In der buddhistischen Ethik sind auch dazu Ansätze zu finden. Natürlich ist der Buddha kein Menschenrechtler in unserem Sinne gewesen, wie auch Christus kein Sozialrevolutionär war; aber er hat dazu beigetragen, daß in den buddhistischen Ländern die Kastenunterschiede relativiert wurden. Buddhas These ist, daß dort, wo die Gerechtigkeit zum Grundsatz des politischen Handelns gemacht wird, keine Unterschiede des Ansehens der Rasse und der Person gemacht werden dürfen: Wie die Wasser der fünf großen Ströme (Gangā, Yamunā, Acciravati, Sarabhu und Mahī) in den Ozean eintreten und dabei ihre ursprünglichen Namen verlieren und fortan als das Weltmeer gelten, so auch die Menschen, die zu den verschiedenen Kasten gehören: Wenn sie ihre Heimat verlassen und sich der buddhistischen Bruderschaft anschließen, dann verlieren alle Menschen ihre ursprünglichen Kasten- und Familienunterschiede und heißen Nachfolger des Sākyersohns (der Buddha stammt aus dem Geschlecht der Sākya) (Anguttara-Nikāya VIII, 19).

Am Umgang mit den Brahmanen macht der Buddha deutlich, daß die Zugehörigkeit zur obersten Kaste nicht genetisch zu begründen ist, sondern ethisch. „Der Buddha", schreibt die große Buddhismusforscherin Rhys Davids, „läßt alle Vor- oder Nachteile völlig außer acht, die von Herkunft, Besitz oder sozialem Status herrühren; er fegt alle Schranken hinweg, die auf das willkürliche Gesetz einer (ausschließlich) rituellen oder sozialen Unreinheit zurückgehen." (Dialogues of the Buddha I, 100).

Als ein auf seine Kaste eingebildeter Brahmane Buddha einmal die Frage stellt: „Inwiefern, Herr, ist man ein Brahmane, und welches sind die Eigenschaften, die jemanden zum Brahmanen machen?", da antwortet er kurz und knapp: „Derjenige Brahmane, der sich von allem Bösen losgesagt hat, nicht eingebildet und makellos ist, sich selbst im Zaume hält, vollkommenes Wissen besitzt, heiligen Lebenswandel führt, der mag sich wohl mit Recht

Brahmane nennen" (Udāna I, 4; in der Übers. v. Winternitz I, 86). „Denn nicht durch Haarflechten, nicht durch das Geschlecht ... wird man Brahmane. In dem Wahrheit und Tugend wohnt, der ist rein, der ist ein Brahmane" (Dhammapāda 393). Und: „Nicht durch Geburt ist man Verworfener, nicht durch Geburt ist man Brahmane; durch seine Tat ist man Verworfener, durch seine Tat ist man Brahmane" (Sutta-Nipāta 142 [Nyanaponika]).

Der Sinn dieser Herrenworte ist klar: Nicht die Herkunft eines Menschen, nicht physische Vorzüge oder rassische Merkmale machen den Wert eines Menschen aus, sondern seine Gesinnung und sein moralisches Handeln sind entscheidend. Denn es gibt niemanden, der von Natur aus gut oder böse ist und notwendigerweise auch so bleibt (G. P. Malalasekera und K. N. Jayatilleke, 39). Wie Jesus, so verlegt auch der Buddha die Zugehörigkeit zu einer Kaste in das Herz des Menschen. Vom Herzen hängt es ab, ob sich jemand ein Brahmane nennen darf oder ein Outcast bleiben wird.

Die grundsätzliche Gleichheit aller Menschen wird natürlich auch am buddhistischen Wirklichkeitsverständnis deutlich: Denn alle Menschen, gleich welcher Rasse und Herkunft, unterliegen ja dem Leiden und Vergehen; alle Menschen, gleich welcher Rasse und Herkunft, unterliegen ihren Begierden; alle Menschen, gleich welcher Rasse und Herkunft, brauchen darum die Erlösung und sehnen sich nach ihr.

In der Mitte unseres Jahrhunderts hat der kastenlose indische Rechtsanwalt Dr. B. R. Ambedkar mit dieser „Antirassismus-These" des Buddha auch politisch in seinem Lande Ernst gemacht. Er sammelte 500 000 Kastenlose und „bekehrte" sie zum Buddhismus (1956). Auf dem buddhistischen Weltkongreß in Colombo erklärte er den Buddhismus zur Religion der Zukunft, weil er im wesentlichen Ethik sei und auf den elementaren Prinzipien der Freiheit, Gleichheit und Brüderlichkeit aller Menschen beruhe. Ambedkar hielt den Buddhismus darum für die „einzige mögliche Religion in der neuen Welt ... die sich von der gegenwärtig noch existierenden Welt tief unterscheiden wird" (bei Ernst Benz, Buddhas Wiederkehr, 48 ff.). Ambedkars Bewegung setzt sich auch heute noch fort.

8. „... Die Liebe ist die größte unter ihnen"

Die Ethik hat im Buddhismus eine zentrale Bedeutung. Sie ist keine „Nebensache". Das wird an den Texten erkennbar, in denen der Jünger – sei er Mönch oder Laie – im Zustand der samādhi die vier Tugenden mettā (Sanskr.: maitrī), die grenzenlose Liebe und allumfassende Güte, karuṇā, das Mitleid mit den Wesen, muditā, die Mitfreude über ihre Erlösung, und upekkhā, den Gleichmut und die Ruhe, meditieren soll. Dann, aus dem Zustand der samādhi erwacht, soll er sie auf alle lebenden Wesen anwenden. Zahllos sind die Herrenworte, in denen vor allem die Grenzenlosigkeit der Liebe gepriesen wird: „Haß (dosa) wird niemals durch Haß beseitigt", hören wir im Dhammapāda (Spruch 197), „Haß hört nur auf durch Liebe" (Spruch 5). „Besiege den Zornigen durch die Liebe" (Spruch 223). „Laßt uns nicht diejenigen hassen, die uns hassen! Unter den Menschen, die da hassen, laßt uns frei von Haß leben" (197). Durch nichts darf sich die Liebe erschüttern lassen; „sie erträgt alles, sie glaubt alles, sie hofft alles, sie duldet alles", möchte man mit dem 13. Kapitel des 1. Korintherbriefes sagen. In der Tat ist metta mit der Agape verglichen worden, die der Apostel Paulus als die größte und höchste Tugend preist, die Menschen ihr eigen nennen können. „Wie eine Mutter unter Einsatz ihres eigenen Lebens ihr Kind schützt, so soll jeder grenzenlose Liebe zu allen Wesen entfalten" (Sutta-Nipāta 149 f. [Nyanaponika]). Die buddhistische Liebe erfüllt sich in der Identifikation mit allem, was da lebt, in einer unio mystica, in der alle Wesen miteinander eins werden.

Aus ihr geht das *Mitleid* hervor: „Ich habe grenzenlose Liebe in mir angehäuft", sagt der Gautama (Therāgātha 647 f.; Übers. v. K. E. Neumann, III, 405), „nun bin ich aller Bruder, aller Freund, Erbarmer aller Wesen, von Mitleid ist mein Herz erfüllt ..." Mitleid ist nicht nur der seelische Vorgang des Mit*leidens,* sondern aus diesem erwächst auch die *Nächstenliebe,* z. B. dāna, das Geben und Teilen, die Almosenspende der Laien für die Mönche, die Pflege der Armen und Kranken. Hier wird der Geber zum eigentlichen Empfänger, weil er die Möglichkeit gibt, gutes Karma zu erwerben. Das Mitleid setzt die Liebe in die Tat um. Es wird begleitet von der *Mitfreude* darüber, daß endlich der Weg zur Aufhebung des Leidens gefunden ist. Kein düsterer Pessimismus erfüllt darum den Gläubigen am Ende des Achtfachen Pfads, sondern Freude beherrscht jetzt alle seine Sinne. Nun kann ihn nichts mehr anfechten, nichts mehr bedrücken: Er hat Gelassenheit gegenüber allen Dingen gefunden; er kann sogar sein Ich loslassen; er hat den Zustand des *Gleichmuts* und der Ruhe erreicht; er ist frei geworden von sich selbst und den Dingen. Diese Freiheit ist, wie wir sahen, das Ergebnis eines langen Prozesses. Jetzt ist dieser Prozeß zu Ende: Aber am Ende steht nicht das Nichts, wie man im Westen fälschlicherweise das Nirvāna genannt hat, sondern die Freude, die Ruhe, die schauende Erkenntnis, die Leidenschaftslosigkeit, aus der die Befreiung kommt.

Mettā, karuṇā, muditā und upekkhā sind nicht nur Impulse, die das buddhistische Ethos auslöst, sie bilden zugleich die Grundlagen für die Entfaltung von samādhi, der höchsten Stufe der Versenkung. So wird sīla oder die rechte Rede, die rechte Tat, das rechte Leben zum Mittelpunkt für die buddhistische Heilslehre und steht darum in der Mitte des Heilswegs. Es beendet das Gesetz von der kausalen Abhängigkeit und durchbricht das Verhängnis des Leidens, indem es den Menschen zu einem neuen Selbstverständnis befreit. Gleichzeitig aber bereitet dieses neue Ethos die Erlösung vor.

Literatur

1. Quellen

K. E. Neumann, Übers., Die Reden Gotamo Buddhos, 3 Bde. Zürich/Wien 1956–1957.

ders., Der Wahrheitspfad, Dhammapadam, München [3]1949.

Nyanaponika, Thera, Sutta-Nipāta, Übers., Konstanz 1955.

Nyanatiloka, Thera, Buddhistisches Wörterbuch, Konstanz 1952.

ders., Das Wort des Buddha, Konstanz [3]1953.

ders., Der Weg zur Erlösung, Konstanz 1956.

ders., Die Lehrreden des Buddha aus der Angereihten Sammlung Anguttara-Nikāya, Übers., 5 Bde., Köln [3]1969.

ders., Visuddhi-Magga. Der Weg zur Reinheit. Konstanz [3]1975.

H. Oldenberg, Die Reden des Buddha. Lehre, Verse, Erzählungen, hg. von H. Bechert, Freiburg i. Br. 1993.

Pali Text Society, Jataka, Bde. 2–5, London [2]1963.

T. W. Thys Davids, Dialogues of the Buddha (Dīghanikāya), 3 Bde., London [4]1977.
M. Winternitz, Der Ältere. Buddhismus nach Texten des Tipitaka, Tübingen 1929 (= Religionsgeschichtliches Lesebuch, Bd. 11); hier zitiert mit I.
ders. Der Mahāyāna-Buddhismus, Tübingen 1930 (= Religionsgeschichtliches Lesebuch, Bd. 15); hier zitiert mit II.

2. Darstellungen

R. Aitken, Ethik des Zen, München 1989 (= Diederichs Gelbe Reihe).
H. Bechert u. a., Der indische Buddhismus und seine Verzweigungen, Stuttgart 2000 (= R M 24,1).
S. Butr-Indr, The Social Philosophy of Buddhism, Bangkok 1973.
H. Dumoulin, Begegnung mit dem Buddhismus, Herder-Bücherei, Bd. 642, Freiburg i. Br. 1978.
P. Gerlitz, Die Ethik des Buddha. Philosophische Grundlagen und sittliche Normen im Frühen Buddhismus: C. H. Ratschow, Hg., Ethik der Religionen, Stuttgart 1980, 227–348.
H. von Glasenapp, Die Weisheit des Buddha, Baden-Baden 1946.
J. B. Horner, The Basic Position of Sila, Colombo 1950.
P. Kieffer-Pülz, Die buddhistische Gemeinde: Heinz Bechert u. a., Der Buddhismus, Stuttgart 2000, 281–402.
H.-J. Klimkeit, Der Buddha. Leben und Lehre, Stuttgart 1990.
F. Köster, Religiöse Erziehung in den Weltreligionen, Darmstadt 1986, 76–147 (Religiöse Erziehung im Buddhismus).
J. Laube, Das Böse in der buddhistischen Tradition: Johannes Laube, Hg., Das Böse in den Weltreligionen, Darmstadt 2003, 259–355 (Lit.).
G. P. Malalasckera und Kn. N. Jayatilleke. Buddhism and the Race Question, Westport, Conn. 1958 (= 1978).
H. Saddhatissa, Buddhist Ethics, Essence of Buddhism, New York/London 1970.
D. Schlingloff, Die Religion des Buddhismus, 2 Bde., Berlin 1962/1963.
H. W. Schumann, Buddhismus, Stifter, Schulen und Systeme, Olten 1976.
ders., Mahāyāna-Buddhismus: Das Große Fahrzeug über den Ozean des Leidens, München 1990, überarb. Neuausgabe, 1995.
M. Shimizu, Das „Selbst" im Mahāyāna-Buddhismus . . . und die „Person" im Christentum . . ., Leiden 1981.
M. E. Spiro, Buddhism and Society, London 1971.
S. Tachibana, The Ethics of Buddhism, New York [2]1975.
F. Weinrich, Die Liebe im Buddhismus und im Christentum, Berlin 1935.

Das Ethos des Konfuzianismus und Daoismus

von Roman Malek

Vorbemerkungen

Ein Nachzeichnen der Ethik bzw. der moralischen Vorstellungen in China ist ein schwieriges Unterfangen. Denn hier handelt es sich nicht um die Ethik einer „Weltreligion", sondern um ethische bzw. moralische Ideen und Vorstellungen, die mindestens zwei große, selbständige, einheimische Traditionen Chinas umfassen: die konfuzianische (*rujia* oder *rujiao*) und die daoistische (*daojia* oder *daojiao*). Beide lassen sich wiederum in diverse „Sub-Traditionen" mit eigenen Vorstellungen unterteilen, sie bilden keine institutionalisierten „Kirchen" oder „Religionen" (im westlichen Sinne). Die chinesischen Traditionen kennen weder ein „Glaubensbekenntnis" noch sind sie dogmatische Lehrsysteme. Die östlichen Menschen billigten seit jeher den religiösen Formen und Systemen nur einen annäherungsweisen Wert in der Wahrheitsfindung zu. Die chinesische Religionsphilosophin Julia Ching hat die Eigenart des religiösen Sinns der Chinesen folgendermaßen charakterisiert: „Die chinesische ‚Diesseitigkeit', die chinesische Harmonie zwischen dem Menschen und der Natur, zwischen dem Menschen und der Welt, die chinesische Vorliebe für das Humane und Ethische zeugen von einer Art ‚Immanenz des Göttlichen', von der Gegenwart des Absoluten im Relativen, in menschlichen Beziehungen, im Bereich des Natürlichen. Das Transzendente wird nicht ausgeschlossen. Es wird sogar hervorgehoben, da es dem Gewöhnlichen und dem Natürlichen, dem Säkularen und dem moralischen seinen Sinn gibt. Dieser eigenartige religiöse Sinn der Chinesen strebt einen harmonischen Ausgleich zweier Welten an, des Sichtbaren und des Unsichtbaren, des Zeitlichen und des Überzeitlichen. Aber es lenkt die menschliche Person darauf hin, ihr Heil, ihre Vollkommenheit im Hier und Jetzt zu suchen, namentlich in der Moralität menschlicher Beziehungen wie im Konfuzianismus, doch auch in der Schönheit der Natur wie bei den daoistischen Weisen" (J. Ching 1979, 361).

Die chinesische Ethik gilt einerseits als ein sehr ausgebildeter „Zweig" der chinesischen Philosophie. Andererseits ist insbesondere die Ethik bzw. die Moralphilosophie der konfuzianischen Tradition, d.h. des Konfuzius (551–479 v.Chr.) und seiner Nachfolger, sehr stark mit der chinesischen Sittlichkeit verwachsen. Man darf sagen, daß die konfuzianische ethische Gesinnung das ganze Leben in China durchdringt.

Im neuzeitlichen und modernen China sind freilich, wie der chinesische Philosoph Carsun Chang 1921 schrieb, „die Grundlagen von Moral und Sitte ... schwankend geworden. Wie weit kann das Alte beibehalten werden, wie weit muß die europäische Kultur Aufnahme finden? Dies ist die wichtigste Frage für die chinesische Geisteswelt." Solche Herausforderungen können hier nicht erörtert werden, im Hintergrund aber sollen im folgenden doch einige zentrale Themen der gegenwärtigen ethischen Debatte mindestens indirekt zur Sprache kommen. Die Brennpunkte dieser Debatte wurden von M. M. Thomas so zusammengefaßt: „Erstens: die Bedeutung des Personenseins in einer Gemeinschaft im Verhältnis zu 1) den neuen Zielen einer Umgestaltung der Familie und anderer primärer Gemeinschaften der traditionellen Gesellschaften, 2) dem Aufbau von Rechtsstrukturen, welche Freiheit, Ordnung und Gleichheit im politischen, ökonomischen und sozialen Bereich und in den Machtkämpfen, die zu deren Erlangung notwendig sind, in einem schöpferischen Spannungszustand halten, 3) Formen der Teilhabe der Menschen an den Entscheidungsfindungsprozessen der modernen Gesellschaft, die dazu beitragen können, die Massen in ein Volk zu verwandeln. Zweitens: die Beziehung der Menschheit zur Natur und den natürlichen Ressourcen, wie sie Ausmaß, Grenzen und Kriterien der technologischen Entwicklung in bevölkerungsreichen Ländern beeinflußt. Drittens: das Verhältnis zwischen Religion, Gesellschaft und Staat, das die Entwicklung eines Gemeinschaftslebens auf Nachbarschafts- und Nationalebene fördern kann, welches über die Pluralität von Religionen, Kulturen und säkularen Ideologien hinausgeht, aber auch einen Dialog zwischen diesen ermöglicht über Grundlagen, Bedeutung und Ziele des Lebens in der Gemeinschaft. Viertens: die Interpretation der Ideen der Universalität und Interdependenz, wie sie ihren Niederschlag finden sollten in der Ausarbeitung des Verhältnisses souveräner Nationalstaaten und nationaler Interessen sowohl untereinander als auch zwischen ihnen und der Sorge um Friedens- und Gerechtigkeitsstrukturen der entstehenden Weltgemeinschaft" (Thomas, 366f.).

Angestrebt wird also in der folgenden Skizze, den Gegenwartsbezug der Themen der chinesischen Ethik aufzuzeigen, denn „es kann uns selber nicht gleichgültig sein, ob Humanität und Menschenwürde nur das Vorurteil eines bestimmten Kulturkreises und somit von relativer Gültigkeit sind oder ob ihnen interkulturell geteilte Überzeugungen zugrundeliegen. Weder für die Chinesen noch für uns ist die altchinesische Ethik also ein Thema von nur archivarischem Interesse" (Roetz, 18).

1. Ethik und Moral

Die Ethik wird in China als *daode* („Moral"), *daode xue* („Moralwissenschaft"), *lunli* („Ethik"), *lunli xue* („ethische Wissenschaft"), *de xing* („moralisches Verhalten") bezeichnet. Man hat in China zwar verschiedene moralische „Systeme" entwickelt, aber die Begriffe „Ethik" und „Moral" werden in diesen Systemen nicht scharf voneinander abgegrenzt. In einem zeitgenössischen Lexikon (*Jianming lunlixue cidian*, Lanzhou 1987) wird Moral *(daode)* so definiert: „Die Gesamtheit der Vorstellungen, Gefühle und Verhaltensgewohnheiten in bezug auf Gut und Böse, Gemeinsinn und Eigennutz, Redlichkeit und Falschheit etc., die Menschen im gesellschaftlichen Leben herausbilden, sowie die damit in Zusammenhang stehenden Verhaltensnormen, die die Beziehungen der Menschen untereinander regulieren, indem sie gestützt auf öffentliche Meinung und innere Überzeugung realisiert werden." Die traditionelle „verhaltensbezogene" (M. Granet) chinesische Ethik dagegen läßt sich generell als „Tugend- und Pflichtenlehre" verstehen. Sie beschäftigt sich immer mit Verhaltensweisen.

Die Grundfrage der traditionellen chinesischen Moral war, wie es der deutsche Sinologe Alfred Forke (1867–1944) formulierte, „wie richte ich am besten mein Leben ein? Was muß ich tun, um meine Stellung in der Welt, im Staat und in der Familie auszufüllen, um ein guter Bürger zu sein und glücklich zu werden?“ Man könnte diese Frage noch um folgende ergänzen: Was ist das Wesen der menschlichen Natur? Worauf gründet sich die Sittlichkeit? Welches ist der Weg zur Selbstbesinnung und rechten Lebensführung? Dies waren nämlich die Problembereiche, zu denen die chinesischen Moralphilosophen der konfuzianischen und daoistischen Tradition immer wieder Stellung genommen haben. Die Antworten fielen selbstverständlich je nach Tradition unterschiedlich aus. Trotzdem kann man jedoch von gemeinsamen Elementen der chinesischen traditionellen Ethik sprechen, und von diesen (außer den buddhistischen) soll hier die Rede sein. Zuvor jedoch sei hier ein allgemeinerer, in der VR China heute heiß diskutierter Problembereich eingeschoben, nämlich die Frage nach Religion und Moral, denn diese Diskussion verdeutlicht u. a. auch die heutige offizielle (marxistische) Haltung zu der traditionellen chinesischen Ethik und Moral.

2. Religion und Moral

Zur heutigen moralphilosophischen Debatte in der VR China gehört die Streitfrage nach dem Verhältnis der Moral zum religiösen Glauben. Die folgende Reihe von Behauptungen, die in der VR China propagiert werden, kennzeichnet die orthodoxe marxistische Auffassung von diesem Verhältnis: 1. Religion ist nicht der Ursprung der Moral; 2. Moral entsteht notwendigerweise aus den Produktionsverhältnissen; 3. Religiöse Moral ist beschränkt auf die Moral religiöser Tätigkeiten; 4. Moral ist immer Klassenmoral: kommunistische Moral ist von religiöser Moral verschieden; 5. In der religiösen Moral warten die Armen bis nach dem Tod, um ihre gerechten Belohnungen zu empfangen; 6. Glaube an Religion kann die Menschen nicht noch moralischer machen, als sie es schon sind; 7. Religion und Moral sind zwei völlig verschiedene Arten sozialer Ideologien und sie haben keine wechselseitige Beziehung; 8. Der Beweggrund religiöser Moral ist es, Gott mehr zu gefallen, als um anderer willen da zu sein; 9. Entgegen dem, was religiöse Gläubige meinen, können auch Atheisten moralisch sein; 10. Glaube an Erlösung beseitigt den Bedarf an Moral.

Der marxistische Religionskritiker Ren Jiyu schreibt dazu, daß – historisch gesehen – die Entstehung religiöser Moral auf feudalistische Moral gegründet sei; daß die drei großen Weltreligionen Produkte alter Zeiten gewesen seien; daß es nicht sicher sei, daß es religiös-moralische Prinzipien immer geben werde, da die moralischen Prinzipien das Ergebnis sozialer Praxis seien. Er meint sodann, daß die kommunistische Moral die Erfüllung und Entfaltung aller überragenden Morallehren der menschlichen Geschichte sei.

Nicht unähnlich charakterisiert die Unterschiede zwischen der religiösen (in diesem Falle: christlichen) und chinesischen Moral der bekannte französische Sinologe Jacques Gernet in seiner Untersuchung über die erste Begegnung des Christentums mit China und ihr Scheitern: „Die Moral ist eine gesellschaftliche Angelegenheit, hängt aber auch vom Menschenbild und der Weltanschauung ab. Für den Christen gibt es nur außerhalb dieser Welt Wahrheit und Vollendung, und der Mensch muß gegen den Körper und seine Versuchungen kämpfen, denn nur das Heil der Seele zählt. Die chinesische Sittlichkeit gründet hingegen in der Idee einer immanenten Ordnung, die sich ebenso dem Kosmos und der Gesellschaft wie dem Menschen selbst mitteilt. Recht handeln heißt also für jeden, die in ihm angelegte Fähigkeit zum Guten entwickeln und sich in die Ordnung der Welt einfügen. Wirkliche Güte und wirkliche Weisheit kann man nur erreichen, wenn einem bewußt bleibt, daß der Mensch in Gesellschaft und Welt eingebettet ist. Höchster Wert ist die reine Spontaneität, die von den Überlegungen des egoistischen Ich noch nicht verdorben ist“ (Gernet 225).

Wie sich die einzelnen Aspekte der chinesischen Moralvorstellungen konkret darstellen und inwiefern sie religiös bedingt waren, soll im folgenden skizziert werden.

3. Weltverständnis

Für das richtige und kontextuelle Nachzeichnen des chinesischen ethischen Verhaltens sind das Weltverständnis und das Menschenbild grundlegend, vor allem deshalb, weil den Chinesen oft ein „prinzipiell magisches Weltverständnis" und ein „nicht überwundenes magisches Grundverhältnis zur Natur" unterstellt werden, welche es verhindert haben sollten, daß sich verschiedene Bereiche, wie Ethik und Moral, Recht usw. als selbständige Geltungsbereiche in China herausgebildet hätten. Dies steht jedoch hier nicht zur Diskussion. Im folgenden wird davon ausgegangen, daß Ethik und Moral ein wenn auch nicht scharf abgegrenzter, so doch wichtiger, durchaus erkennbarer und selbständiger Bestandteil der konfuzianischen und daoistischen Tradition sind und u. a. durch das Weltverständnis bedingt werden. Dementsprechend variiert das Weltverhalten des Menschen, der seine Welt sowohl spontan („natürlich") als auch durch philosophische Reflexion versteht. Im großen und ganzen gilt wohl auch für China, daß das Weltverhalten sich nach einem – wie auch immer gearteten – Vorbild richtet, das das ethische Verhalten normiert.

Gesagt sei an dieser Stelle, daß das chinesische Weltverständnis auf einigen merkwürdig ergiebigen Konzepten und Ideen gründet, die man bereits in den ältesten klassischen Schriften vorfindet, z.B. im *Shujing* („Buch der Urkunden"), *Shijing* („Buch der Lieder") und *Yijing* („Buch der Wandlungen"). Vier Bereiche des chinesischen Weltverständnisses sind für das ethische Verhalten von besonderer Bedeutung: 1) Himmel und Erde; 2) Schöpfung; 3) Kosmologie und 4) die Einheit von Makro- und Mikrokosmos.

Himmel und Erde

Die Chinesen bezeichnen die Welt als *tian di*, d.h. „Himmel und Erde". Für die Konfuzianer war diese Welt mit dem „Reich" (*tianxia* = „das unter dem Himmel") identisch. Der Himmel *(tian)* gilt nach den klassischen Schriften als das Männliche, die Erde *(di)* als das Weibliche. Für alle Dinge sind sie Vater (Himmel) und Mutter (Erde). Bei dem prominentesten Vertreter des Neokonfuzianismus, Zhu Xi (1130–1200), heißt es deshalb: „Jedes Menschen Körper ist zweifellos von Vater und Mutter erzeugt. Das aber, wodurch Vater und Mutter zu Vater und Mutter geworden sind, das ist Himmel und Erde. Wenn man also in seiner Betrachtung von Vater und Mutter ausgeht, dann muß man sagen, daß jedes Ding seinen Vater und seine Mutter hat; wenn man aber von Himmel und Erde ausgeht, dann muß man sagen, daß alle Dinge einen gemeinsamen Vater und eine gemeinsame Mutter haben. Haben aber alle Dinge einen gemeinsamen Vater und eine gemeinsame Mutter, wie sollte dann nicht das, wodurch mein Körper zum Körper geworden ist, ein Stoffende von Himmel und Erde, und das, wodurch mein lebendiges Wesen zum lebendigen Wesen geworden ist, nicht die Führung von Himmel und Erde sein? Die Weisen des Altertums hatten dieses Gesetz als die Wahrheit erkannt, darum behandelten sie ihre Verwandten als ihre Verwandten und zu den anderen Leuten waren sie gütig, und indem sie zu den anderen Leuten gütig waren, liebten sie alle Wesen. Dadurch kam es so weit, daß sie die ganze irdische Welt für eine Familie halten konnten und das Mittelreich [*Zhongguo*, China] für einen Menschen darin."

Und in dem (von Zhu Xi kommentierten) Werk *Ximing* („Westinschrift" bzw. „Westliche Inschrift") von Zhang Zai (1020–1076) wird auf die aus dieser Vorstellung des Himmels und der Erde resultierende Entsprechung zwischen dem Makro- und dem Mikrokosmos, d.h. zwischen dem Universum und dem Menschen, hingewiesen: „Der Himmel ist mein Vater, die Erde ist meine Mutter, und selbst ein so kleines Wesen wie ich findet in ihrer Mitte seinen ureigenen Platz. Und so betrachte ich als meinen Körper, was das Weltall erfüllt, und sehe als meine Natur an, was das Weltall leitet. Alle Menschen sind meine Brüder und Schwestern, und alle Dinge sind meine Gefährten." Zhang Zai vertritt hier eine neokonfuzianische und – wie der bekannte Forscher des Neokonfuzianismus, Du Weiming, sagt – „organismische" bzw. (nach Joseph Needham) „organische" Weltsicht, für die „das menschliche Lebewesen integraler Bestandteil eines kosmologischen Ganzen ist."

Schöpfung?

Wichtig ist hier des weiteren die Feststellung, daß für die konfuzianische Tradition die Gestaltung der Welt durch die kulturbringenden „Heiligen der Vorzeit" das erste und zugleich das entscheidende historische Ereignis war – viel wichtiger als die Schöpfung des Universums, von der in China (außer vielleicht im Daoismus) an sich keine Rede ist. Die Welt beginnt für die Konfuzianer mit der Kulturgeschichte und nicht mit einem Schöpfungsbericht.

Kosmologie

Statt einer Schöpfungsmythologie haben die Chinesen schon sehr früh die Struktur der Welt zu beschreiben versucht. So ist bereits im „Buch der Wandlungen" *(Yijing)* aus dem 12.–6. Jh vor Chr. der Versuch gemacht worden, den Kosmos zu umschreiben, woraus mindestens sechs verschiedene kosmologische Theorien entstanden sind. Allgemein besagt die chinesische Kosmologie, daß das Universum naturalistisch in dem Sinne ist, daß es durch eine Regelmäßigkeit, in China oft mit dem „Himmel" *(tian)* oder dem Dao („Weg", „Sinn") identifiziert, der die westliche Philosophie den Namen „Gesetz" gegeben hat, gekennzeichnet ist. In China aber fehlte die westliche Annahme eines außenstehenden Gesetzgebers (Schöpfers und Gottes). Es läßt sich feststellen, daß den Chinesen drei Arten von Regelmäßigkeiten, die im ethischen Verhalten eine große Rolle spielten, besonders auffielen: 1. zyklische Prozesse, z. B. Kreislauf der Tages- und Jahreszeiten; 2. die regelmäßige Abfolge von Wachstum und Verfall, bzw. Ab- und Zunahme, wie z. B. die des Mondes; 3. die Bipolarität der Natur (*yin* und *yang*). Diese bedeutet, daß es überall Gegensätze gibt, aber auch, daß entgegengesetzte Dinge (z. B. die Geschlechter) füreinander notwendig sind und sich gegenseitig ergänzen; die entgegengesetzten Dinge neigen sogar dazu, ineinander überzugehen und das Gegenteil ihres früheren Selbst zu werden. Der dritte Prozeß (die Bipolarität der Natur) wurde zweifellos am spätesten entdeckt, da er bei weitem der subtilste war. Nachdem er aber entdeckt war, konnte man sehen, daß die beiden ersten Prozesse nur

Einzelfälle („Wirkweisen") des dritten waren. Mit der Bipolarität der Welt oder der Natur war eines der fruchtbarsten Prinzipien gefunden, das je ausgedacht wurde, um Ordnung bzw. Sinn in die endlose Zahl der Erscheinungen des Universums zu bringen. In der Form von *yin* und *yang* wurde die Bipolarität das Spezifikum des chinesischen Weltverständnisses.

Obwohl das Universum durch das Wirken eines „Gesetzes ohne Gesetzgeber" funktioniert, gab es doch gleichzeitig eine (vielleicht sogar personalisierte) Macht von erheblicher Bedeutung im Denken der Chinesen. Auf den ersten schriftlichen Dokumenten Chinas, den sog. Orakelknochen und den Ritualbronzen der Yin-Dynastie (ca. 13. Jh. vor Chr.), und in den ältesten Klassikern, dem *Shujing* und dem *Shijing*, ist häufig die Rede von dem obersten Herrscher im Himmel, genannt *di* (später ein Titel des Kaisers) oder *shangdi* („der *di* in der Höhe, oben") oder auch *tian* („Himmel" – sowohl Firmament wie Wohnung der Götter). Diese Bezeichnungen werden oft als „Gott" übersetzt. Im Laufe der Zeit wurde *tian* der gebräuchliche Terminus für den „Herrscher in der Höhe". Das Schriftzeichen bezeichnet eine menschliche Figur von so gigantischen Ausmaßen, daß sie von nichts anderem überragt werden konnte.

Die Einheit von Makro- und Mikrokosmos

Die Welt und der Mensch bilden nach dem chinesischen Verständnis eine harmonische Einheit *(tian ren he yi)*. Der moderne westliche Mensch muß eine große Anstrengung unternehmen, um sich in dieses traditionelle chinesische Weltgefühl hineinzudenken. Wir sind so daran gewöhnt, die physische Welt als etwas „außerhalb von uns", als eine Umgebung (Um–Welt), meist feindlich, oder als ein rein materielles Objekt (Gegenstand der Ausbeutung) zu sehen, daß wir den chinesischen Sinn für die Ganzheit des Universums und die harmonische Einheit des Menschen mit ihm kaum erfassen können. Von dieser Ganzheit ist der Mensch ein Teil, nur ein Teil, aber ein wirklicher Teil, denn der chinesische Mensch betrachtet sich (traditionell) als ein Wesen, eine Erscheinungsform in der Welt neben vielen anderen, denen er mit Respekt, (im Idealfall) ohne den Wunsch, sie zu beherrschen, ge-

genübertritt. Der Natur folgen, sich von ihr beeinflussen lassen, sie höchstens lenken *(shuai)*, sie pflegen und ordnen – dies ist das traditionelle – aus dem Weltverständnis resultierende – chinesische Weltverhalten.

Da in China die Prämisse eines Gottes „draußen" (außerhalb der Welt oder Natur), der das Universum erschuf und kontrolliert und die Verehrung der Menschen fordert, fehlte, entwickelte sich die typisch abendländische Form der Religion nicht. Das chinesische Weltverständnis gab zwar dem „Himmel" *(tian)* die Macht, menschliches Fehlverhalten zu strafen, aber es definierte dieses Fehlverhalten als Handlungen, die dem harmonischen Ablauf des Universums zuwiderliefen. Das traditionelle chinesische Weltverständnis betrachtete Himmel, Erde und Menschheit als eine Dreiheit, in der die einzelnen Teile voneinander abhängig waren und aufeinander einwirkten. Menschliches Fehlverhalten führte zu kosmischem Unheil, zur Unordnung *(luan)*. Rechtes Verhalten begründete dagegen die kosmische und gesellschaftliche Harmonie und Ordnung.

Im Daoismus ist die Harmonie zwischen Welt (Natur) und Mensch eines der Hauptanliegen, so daß das daoistische Ritual (insbesondere das kommunale *chiao*-Fest) des öfteren als „Kosmodrama" bzw. „Kosmoliturgie" bezeichnet wird, handelt es sich dabei doch um die Verbindung zwischen verschiedenen „Schichten" des Mikro- und Makrokosmos, des Menschen und des Dao, das im Daoismus als „Absolutes" aber auch im Sinne von „Natur", „Universum" verstanden werden kann.

Der Glaube an die Wechselwirkung (Interaktion, Entsprechung) zwischen der Menschheit und der übrigen Natur (dem Universum) blieb ein grundlegender Aspekt des allgemeinen chinesischen Weltverständnisses bis in die moderne Zeit. Die Nahtstelle war hier traditionell der Herrscher (der Kaiser, „Sohn des Himmels", *tianzi*). Im allgemeinen ist es aber der Mensch, denn er ist verantwortlich für die Erhaltung der Harmonie im Universum durch seine agrikulturelle Arbeit, durch Ritual und moralisches Verhalten. Das Gefühl, daß man in der Welt und in der Natur *(ziran)* zu Hause ist, zeigt sich in der chinesischen Kultur auf vielfache Weise: in den philosophischen Schriften, vor allem in den Erzählungen des daoistischen Philosophen Zhuangzi (365–290 vor Chr.); in der Dichtung; in den Landschaftsbildern, in denen der Mensch als winziger Beobachter des weiten Universums erscheint – ein Beobachter, der sich in dieses Universum absorbieren will.

Typisch jedoch für das Weltverständnis der konfuzianischen Tradition – und anders als im Daoismus – ist eine starke Abgrenzung des Menschen zu den Tieren. Der Mensch, dem der Himmel eine „gute Natur" gegeben hat, unterscheidet sich von den Tieren: „Die Tiere haben Wissen, aber keine Gerechtigkeit" – sagt der Philosoph Xunzi (313–238 vor Chr.). Er muß sich also so verhalten, wie es seiner Einzigartigkeit und moralischen Würde entspricht. So ist das Tier „im Konfuzianismus, anders als bei den Daoisten und später den Buddhisten, kein Gegenstand eines besonderen Respektes. Respekt ist umgekehrt das Spezifikum, das den Umgang mit Menschen vom Umgang mit Tieren unterscheidet. Das Verhalten zu den Tieren unterliegt im wesentlichen nur der generellen Auflage der Mäßigung, die dem Menschen bei der Nutzung der Dinge der Natur überhaupt gemacht ist. ... Die Tiere sind aber nicht nur kein Gegenstand einer moralischen Verpflichtung, sie sind ... das Gegenbild des Moralischen schlechthin. Die Moral ist das ‚Bißchen' (*Mengzi* 4B19), das den Menschen vom Tier scheidet" (Roetz, 340).

Dennoch spricht man in den „Gesprächen" des Konfuzius (*Lunyu* II, 7) über die Versorgung der Tiere: „Heutzutage verstehet man unter Pietät, sich auf Versorgung zu verstehen. Aber eine Versorgung können sogar Pferde und Hunde erhalten. Worin besteht der Unterschied zur Versorgung der Eltern, wenn man keine Hochachtung besitzt?" Und über die Haltung eines Edlen *(junzi)* zu den Tieren spricht der Philosoph Mengzi (372–289 vor Chr.) wie folgt: „Es geht dem Gebildeten mit den Tieren nun einmal so: wenn er sie lebend gesehen hat, kann er nicht zusehen, wie sie getötet werden, und wenn er sie hat schreien hören, bringt er es nicht über sich, ihr Fleisch zu essen."

4. Anthropologische Grundlagen der chinesischen Ethik

Menschenbild

Der Mensch und die Familie sind zweifelsohne Hauptthemen der chinesischen Moralphilosophie. Durch die zentrale Bedeutung der Familie rückt die Rolle des einzelnen Menschen stark in den Hintergrund. In den chinesischen Traditionen wird der Mensch darüber hinaus nicht als Leib und Seele angesehen, sondern als ein Kontinuum von „Pneumata" *(qi)*, und stellt einen Mikrokosmos, ein Abbild des Makrokosmos dar. Der Begriff der Seele als eines rein geistigen Wesens, das zum Körper im Gegensatz stünde, ist dem chinesischen Denken fremd. Wichtig ist ferner, an dieser Stelle festzustellen, daß die chinesische Konzeption des Menschen ohne einen entscheidenden Einfluß eines religiösen Denkens geformt wurde. Man findet deswegen in den chinesischen Traditionen keine Idee der Erbsünde, oder eine angeborene Schlechtigkeit, die einer von außen kommenden Erlösung bedurfte.

In diesem Zusammenhang stellt Du Weiming fest: „Ein so konzipiertes menschliches Lebewesen ist nicht lediglich ein Geschöpf, das *per definitionem* keine Kenntnis seines ontologischen Existenzgrundes hat. Vielmehr ist der Mensch, als Sohn oder Tochter des Himmels und der Erde (als Empfänger der kosmischen Kräfte in ihrer höchsten Vollkommenheit), die Verkörperung dessen, was im schöpferischen Prozeß des Universums das Feinste und Geläutertste ist." Für jeden Menschen gibt es dementsprechend nicht nur „einen Ort, sondern einen ureigenen Platz. Denn wir alle sind potentiell Hüter, ja Mitschöpfer des Universums. In dieser holistischen Vision vom Menschen scheint eine ontologische Kluft zwischen Schöpfer und Geschöpf fast undenkbar. Es scheint auch keinen Zustand wie nach dem Sündenfall geben zu können und keine Entfremdung im Sinne jenes tief verwurzelten Gefühls des Abgetrenntseins des Menschen von seinem ureigentlichen Ursprung. Auch die Idee vom Menschen als dem Manipulator und Eroberer der Natur scheint ausgeschlossen zu sein. Dieser scheinbar kindliche Glaube an das wohltönende Kontinuum von Himmel, Erde, Mensch und Dingen gründet auf der Kosmologie der ‚großen Harmonie'" (Du Weiming, in: *Max Webers Studie,* 281).

Die erwähnte Einheit des Menschen mit dem Himmel *(tian ren he yi)* und die „große Harmonie" sind Postulat und zugleich idealtypische Synthese der chinesischen Ethik. Diese Ideen stehen im Einklang mit dem Weltbild, sie sind allerdings nicht unkritisch zu betrachten. Beschäftigt man sich mit dem Problem des Verhältnisses zwischen Mensch und Natur im modernen China, zeigt sich nämlich, „daß von einer Einheit des Menschen mit der Natur bzw. einer Ungeschiedenheit von Subjekt und Objekt in China keine Rede sein kann. Die Natur wird kaum weniger als im Westen zum Gegenstand menschlicher Unterwerfung ... Der Auftrag eines jenseitigen Gottes ist hierbei nicht im Spiel; im Gegenteil begünstigt in China gerade der Zerfall des Glaubens an den Himmel die Profanierung der Natur" (Roetz 43). Wie dem auch sei, war die Einheit und Harmonie mit der Natur oder mit dem Himmel stets ein anzustrebendes ethisches Ideal. „Der Natur folgen, das nennt man Dao" – heißt es in dem konfuzianischen Klassiker *Zhongyong* („Maß und Mitte").

Im Daoismus stehen der Mensch und die Gesellschaft nicht in dieser konfuzianischen Weise im Mittelpunkt der Natur. Der Daoismus unternimmt es auch nicht, aus Naturabläufen die menschliche Sozialordnung herzuleiten. Vielmehr kommt es darauf an, die spontane Naturordnung *(ziran)* auf menschliches Denken und Handeln zu übertragen (vornehmlich durch gute Taten, Ritual und Meditation). Der ideale Mensch stört die Natur nicht, er läßt nicht zu, daß man die Natur beeinträchtigt (die berühmte Haltung des „Nicht-Handelns", „Nicht-Eingreifens", *wuwei*), er wird ein Sozius der Natur und bildet mit ihr eine Einheit. Als Mikrokosmos korrespondiert er ohnehin mit dem Makrokosmos; zwischen den beiden gibt es ein System von verschiedenartigen Entsprechungen. So bedienten sich die Daoisten der enstatischen Meditation, um den Mikrokosmos zu „entleeren", damit er frei wird für das Dao („Rückkehr zum Dao"). Der Mensch gilt also im Daoismus als Naturwesen und ist nur der Natur unterworfen. Für ein harmonisches Zusammenleben bedurfte es ursprünglich – meinen die Daoisten – keiner ethischen Normen, es gab eine „natürliche Moralität". Deshalb galt bei den Daoisten die konfuzianische Moral als künstlich, unvollkommen und verlogen. Im Daoismus herrschte ein „ethischer Naturalismus": „Die Gemeinen" – sagt Zhuangzi im Kapitel 29 seines Werkes – „opfern sich für Geld, die Edlen für den Namen. Die Gründe sind verschieden, aus denen sie gegen Gefühl und Natur handeln. Doch gleichen sie einander darin, daß sie alle ihr Ziel dem opfern, was nicht ihr Ziel ist."

Spätestens seit dem 19. Jh. hat sich die chinesische Philosophie den Einflüssen des westlichen Denkens, insbesondere des Sozialismus und des Marxismus geöffnet. Daraus entstand schließlich das maoistische Menschenbild, der „Neue Mensch", das jedoch in neuerer Zeit verworfen und in den Begriff „sozialistische geistige Zivilisation" integriert wurde. Der Mensch wird hier als eine selbstlose Person verstanden, die dem Volke dient. Das Ziel ist, eine „kommunistische" Person zu schaffen, die sich um den Aufbau einer klassenlosen Gesellschaft bemüht.

Menschliche Natur

Innerhalb der chinesischen Philosophie wurde das für die Ethik relevante Problem der Menschennatur *(xing)* immer wieder diskutiert. Es handelte sich dabei um die Frage, ob die Natur des Menschen, seine natürlichen Anlagen, sein „Wesen" gut oder böse seien. Von der Lösung dieser Frage war die Einschätzung der Verantwortlichkeit des Menschen für sein Handeln abhängig. In der chinesischen Philosophie gibt es drei grundsätzliche Haltungen hierzu: a) die menschliche Natur ist gut (Konfuzius, Mengzi); die Güte muß durch Pflege (Selbstkultivierung) erhalten oder wiedergewonnen werden; b) die menschliche Natur ist schlecht (Xunzi), deshalb bedarf sie der Erziehung, der Etikette („Riten"); c) eine gemischte Haltung: die menschliche Natur ist weder gut noch schlecht (Gao Buhai, Wang Yangming), oder sie ist teils gut, teils böse (Wang Chong).

Am Beispiel der Theorien der menschlichen Natur läßt sich nun auf die Tatsache hinweisen, daß die konfuzianische ethische Tradition nicht homogen ist. Sie beinhaltet auch Gegensätze und mehr „Bewegung" als oft angenommen wird. Deutlich werden die verschiedenen Theorien („Sub-Traditionen"), wenn man z.B.

Xunzi und Mengzi vergleicht: 1. Nach Mengzi ist die menschliche Natur gut, nach Xunzi nicht; 2. Mengzi fordert „moralische Regierung", Xunzi Aufrechterhaltung der Ordnung durch Strafe; 3. Mengzi empfiehlt Entfaltung der menschlichen Natur, Xunzi Bindung an die Sitte; 4. Mengzi sieht die Vorbilder in den alten (legendären) Kaisern der Vorzeit, Xunzi in den Königen der modernen Zeit.

In den Worten der Meister klingen diese Theorien, die später verschiedene ethische „Sub-Traditionen" bzw. Schulen hervorgebracht haben, folgendermaßen:

„Mengzi sprach: ‚Die natürlichen Triebe tragen den Keim zum Guten in sich; das ist damit gemeint, wenn die Natur gut genannt wird. Wenn einer Böses tut, so liegt der Fehler nicht in seiner Veranlagung. Das Gefühl des Mitleids ist allen Menschen eigen, das Gefühl der Scham und Abneigung ist allen Menschen eigen, das Gefühl der Achtung und Ehrerbietung ist allen Menschen eigen, das Gefühl der Billigung und Mißbilligung ist allen Menschen eigen. Das Gefühl des Mitleids führt zur Liebe, das Gefühl der Scham und Abneigung zur Pflicht, das Gefühl der Achtung und Ehrerbietung zur Schicklichkeit, das Gefühl der Billigung und Mißbilligung zur Weisheit. Liebe, Pflicht, Schicklichkeit und Weisheit sind nicht von außen her uns eingetrichtert, sie sind unser ursprünglicher Besitz, die Menschen denken nur nicht daran. Darum heißt es: ‚Wer sucht, bekommt sie; wer sie liegen läßt, verliert sie.' Daß so große Unterschiede vorhanden sind, daß manche doppelt, fünffach, ja unendlich mehr besitzen als andere, kommt nur davon her, daß diese ihre Anlagen nicht erschöpfend zur Darstellung bringen" (*Mengzi* VIA6).

Und Xunzi sagt: „Die menschliche Natur ist böse, und was am Menschen gut ist, ist (das Ergebnis) seiner Anstrengungen. Unsere menschliche Natur ist so, daß wir von klein auf an materiellem Gewinn interessiert sind. Läßt der Mensch diesem Interesse freien Lauf, dann kommen Streit und Raub auf, und vorbei ist es mit der (guten Sitte des) dankenden Ablehnens und des höflichen Den-Vortritt-lassens. Von klein auf empfindet der Mensch Neid und Abneigungen. Läßt er diesen Gefühlen freien Lauf, dann kommt es zu zersetzendem und destruktivem Verhalten, und aus ist es mit (der Tugend) der Loyalität und Glaubwürdigkeit. Von klein auf hat der Mensch die Ohr- und Augenlust, die ihn interessiert macht an Wohlklang und Farbenpracht. Läßt der Mensch diesen Gelüsten freien Lauf, dann kommt es zu Ausschweifung und sozialer Unordnung, und vorbei ist es mit den überlieferten Verhaltensweisen, mit Schicklichkeit, feinen Formen und dem ganzen Ordnungsgefüge. Kurz: läßt der Mensch seiner Natur die Zügel schießen, läßt er seinen natürlichen Trieben freien Lauf, dann kommt es unvermeidlich zu Streit und Raub und damit zur Verletzung der Standesgrenzen und Verwirrung des ganzen Ordnungsgefüges und schließlich zu offener Gewalttätigkeit. Aus diesen Gründen muß es unbedingt den veredelnden Einfluß der Lehrer und Gesetze *(fa)* geben, sowie jene Anleitung (zu gutem Verhalten), welche die Kulturtradition und die Regeln der Recht- und Schicklichkeit uns bieten. ... Von diesen Tatsachen her gesehen ist es klar, daß die menschliche Natur (von Haus aus) böse ist, und was an ihr Gutes sich findet, ist (das Ergebnis) menschlichen Bemühens" (*Xunzi* XXIII, 1).

Im allgemeinen überwog in der konfuzianischen Tradition die Auffassung, daß die angeborene menschliche Natur gut sei, und daß die Aufgabe des Menschen darin bestehe, diese gute vom „Himmel" gegebene Natur zu entfalten, um der Gesellschaft und dem Staat nützlich zu sein.

Das Böse

Entsprechend dem chinesischen Welt- und Menschenbild ist das transzendente Böse dem chinesischen Denken fremd, es existiert nicht unabhängig und es ist kein konstituierendes Element der chinesischen Moralvorstellungen. „Das, was man Böses nennt, ist nicht ursprünglich böse" – heißt es in China. Das Böse und das Leid sind Ergebnis der Nicht-Kultivation der guten menschlichen Natur, sie sind das Fehlen der Vollkommenheit. Da der Mensch für die Harmonie des Universums, d. i. die Harmonie von *yin* und *yang* verantwortlich ist, entsteht Disharmonie („Böses" oder Leid), wenn er dieser Verantwortung in seinem Bereich nicht nachkommt. Inbegriff des „Bösen" war in der konfuzianischen Tradition darüber hinaus die Inhumanität (*bu ren,* Unmenschlichkeit).

Bei der Deutung des „Bösen" und des Leidens sucht man im Konfuzianismus nicht so sehr nach persönlicher Schuld als vielmehr nach Bedingungen, die die Disharmonie, d.i. die Abweichung von der goldenen Mitte *(zhongyong)* herbeigeführt haben könnten (wichtige Rolle spielen in diesem Zusammenhang sog. Omina). Im „Buch der Urkunden" *Shujing* heißt es: „Gutes und Böses widerfahren den Menschen nicht ungerechterweise, denn der Himmel sendet Elend oder Glück gemäß menschlichem Betragen."

Die Disharmonie wird durch die Selbst-Kultivation bzw. Erziehung und Rückkehr zu der ursprünglichen guten menschlichen Natur beseitigt. So verstand Mengzi das „Böse" und das Leid als ein Erziehungsmittel: „Wenn der Himmel beabsichtigt, einem Mann ein großes Amt zu übertragen, übt er den Geist mit Leiden und die Sehnen und Knochen mit Mühe."

Im Daoismus sind die Vorstellungen von „Bösem" etwas konkreter. Ein unmoralisches Leben führt zum vorzeitigen Tod und Leid in der Hölle. Krankheit ist ein Zeichen der moralischen Unvollkommenheit des Leidenden. Grundsätzlich also entsteht das „Böse" aus der Ignoranz und den Begierden, die es durch gute Taten, Ritual (u.a. Buße) und Meditation zu beseitigen gilt.

Scham und Sünde

Ein weiteres wichtiges Element der chinesischen Moralvorstellungen ist die Konzeption der Scham, des „Gesichtes" *(mian, lian)*. Die Meinung, die Chinesen handelten gut, um das „Gesicht" zu wahren, es nicht zu verlieren *(shi lian)* und hätten nur Scham („shame society"), aber keine Schuldempfindungen, ist ziemlich verbreitet. Genauso begegnet man der Meinung, daß es in China kein Äquivalent für „Sünde" gibt. Dies stimmt natürlich mindestens teilweise, wenn man die Begriffe strikt nach westlichen Vorstellungen interpretiert.

Zu diesen Auffassungen nimmt Julia Ching folgendermaßen Stellung: „Trotz verschiedener wissenschaftlicher Veröffentlichungen ... hat diese Behauptung ihre Spuren hinterlassen. Ich möchte weitere Zeugnisse gegen diese Auffassung vorbringen, z.B. das der konfuzianischen Klassiker mit Einschluß der Gebete der weisen Könige von einst, die für ihr Volk um Erbarmen flehten und die ‚Sünden' ihrer Untertanen auf sich nahmen. Es gibt auch die wenig bekannte Stelle im *Innehalten der Mitte* und in der *Großen Lehre* über die sittliche Wachsamkeit in der Einsamkeit: Ein Edler Mann wacht über sich selbst auch dann, wenn er allein ist." Julia Ching sagt dann weiter: „ Man hat sogar behauptet, die Chinesen seien nicht dazu veranlagt, sittliche Konflikte durchzumachen, denn es sei in der Literatur wenig von solchen die Rede. Dieses Argument läßt sich vielleicht leichter beantworten. Müssen innere Erlebnisse aufgezeichnet sein, um anerkannt zu werden? Während des Jahrzehnts der Großen proletarischen Kulturrevolution, die um 1964 begann, war in der Literatur auch von romantischen Motiven wenig die Rede. Besagt dies, die Chinesen hätten während dieser Jahre nicht geliebt, oder nicht vielmehr dies, daß sie die Liebe zu einer Privatangelegenheit gemacht haben? Könnte nicht auch durch eine gewisse Zurückhaltung erklärt werden, daß das Motiv des inneren Konfliktes in der chinesischen Literatur verhältnismäßig selten vorkommt? Schweigen ist auch eine eindeutige Antwort" (1979, 360).

Anzumerken ist hier des weiteren, daß man im Daoismus durchaus auf die Idee der Sünde *(su, su hui, zuiguo)* trifft, die als Schmutz, Schuld, Verfehlung, Vergehen, Staub verstanden wird und immer Trennung und Spaltung vom Dao bedeutet. Im daoistischen Kontext läßt sich auch feststellen, daß die Sünden bzw. der Schmutz anscheinend der Kategorie der vererbbaren Sünde *(cheng fu)* angehören. Das bedeutet: Der Mensch trägt noch die Sünden der Vorfahren aus der siebten Generation mit sich und gibt sie sozusagen seinen Nachkommen weiter. Andererseits ist er verpflichtet, für den ganzen Komplex des *cheng fu* Buße zu tun, denn die (daoistisch verstandene) Erlösung impliziert auch die Erlösung der Vorfahren, zu der man aufgrund der Pietät verpflichtet ist. Im Daoismus sind hierfür das Ritual *xie zui* (Ritual der Bitte um Vergebung) und *chan hui* (Ritual des Sündenbekennens) vorgesehen.

5. Ehe und Familie

Die Ehe und die Familie war in China die „durch die Ahnenverehrung ins Jenseitige erhobene Gemeinschaft" (E. Rousselle). Die zentrale Bedeutung der Ehe und Familie in der chinesischen Gesellschaft ergibt sich *de facto* aus dem Ahnenkult. Diese Institutionen waren die wichtigsten Voraussetzungen für den Unterhalt der älteren Generationen und der Verehrung der bereits dahingegangenen. So bestand die wichtigste Aufgabe von Ehe und Familie darin, männliche Nachkommen zu zeugen, um die Fortsetzung des patrilinear orientierten Ahnenkultes, der in der Familie als einer Kultgemeinschaft *(tong zong)* vollzogen wird, zu garantieren. In der Familie werden nach traditioneller Auffassung die Erziehung vermittelt, Gesetze (sog. „Familienregeln", *jiaxun*) festgelegt, Rechtsfälle entschieden und Strafen verhängt. Darüber hinaus war der Mensch entweder Mitglied einer Familie, oder er war heimatlos und ausgestoßen.

Den Daoismus – wiederum im Gegensatz zum Konfuzianismus – hat die Familie und ihr Funktionieren nie interessiert. Aber auch der Kritiker des Konfuzianismus, der Philosoph Mo Di (IV./III. Jh. vor Chr.) scheint das „konfuzianische" Familiensystem abzulehnen. Der französische Sinologe M. Granet scheint also recht zu haben, wenn er sagt: „Wie die Organisation der Familie in den Ritualbüchern [gemeint ist hier vor allem das „Buch der Riten", *Liji*] beschrieben wird, erscheint sie eher als ein Rechtsideal denn als Realität."

Zusammenfassend kann man das traditionelle chinesische Familienideal folgendermaßen beschreiben: „Die Familie, nicht nur als natürliche Gemeinschaft, sondern auch als jene soziale Einheit, die Erziehung, Ernährung und Überleben weitestgehend auf sich gestellt zu sichern hat, ist ein Ort besonderer ethischer Bindung. Das innerfamiliäre Ethos erlegt den Jüngeren die Verpflichtung auf, den Älteren, vor allem den Eltern, achtungsvoll zu dienen und sie über ihren Tod hinaus zu ehren. Die Grundtugend *xiao* verlangt Fürsorge und Folgsamkeit. Allerdings wird die Familie damit nicht zu einem von höheren Normen freien Raum. Nicht nur wird von den Älteren Wohlwollen gegenüber den Jüngeren erwartet. Gegebenenfalls gebietet gerade die Pietät, im Namen der Moral gegen die Eltern Einspruch zu erheben oder sich einem Befehl zu widersetzen. Die in der Familie eingeübten Tugenden sollen auch auf die Rolle des loyalen Staatsbürgers vorbereiten" (Roetz 108).

Das Ehe- und Familienideal hat sich spätestens seit dem Ende des vergangenen Jahrhunderts stark verändert. Eine weitergehende Reform des traditionellen Ehe- und Familiensystems begann schon mit der Gründung der Republik (1912), wurde aber erst durch die Gründung des kommunistischen Staates (1949) vollzogen. Die Reform des Eherechtes gehörte zu den ersten Aufgaben der KP Chinas; das Ehegesetz vom 1. Mai 1950 sicherte z. B. die im traditionellen China undenkbare Freiheit bei der Wahl des Ehepartners zu. Inhaltlich ist die Ehe in der VR China (im Gegensatz zum traditionellen China) eine monogame, dauernde, gleichberechtigte Lebensgemeinschaft zwischen Mann und Frau.

Infolge dieser Veränderungen sind heutzutage weder Ehe noch die Familie in China indiskutabel. Die (Groß)-Familie ist aufgrund der Entstehung eines neuen städtischen, industriellen Gesellschaftssystems ohnehin weitgehend zerfallen. Sie wurde auch durch die neuartigen Ideen aus dem Westen sowie durch die entschlossene Bemühung des kommunistischen Regimes, absolute Loyalität für Staat und Partei an Stelle der Familienloyalität zu verlangen, stark beeinträchtigt. Fachleute behaupten, daß die Krise der heutigen chinesischen Familie sich an dreierlei Aspekten erkennen läßt: der verminderten Sorge für die Alten, den wachsenden Ehescheidungsraten und den zunehmenden außerehelichen Beziehungen. Dennoch haben Ehe und Familie auch in China heute eine große Bedeutung. Sollte einmal die chinesische Familie gänzlich ihren Charakter ändern, wird sich auch der Charakter der chinesischen Zivilisation ändern.

Im Zusammenhang mit dem Ehe- und Familiensystem muß noch auf die Sexualität sowie die Stellung der Frau hingewiesen werden.

Der Konfuzianismus – wiederum im Gegensatz zum Daoismus – tabuisierte den Bereich der *Sexualität*. Unabhängig aber von der Tradition läßt sich sagen, daß die Sexualität in China unbelastet war von Elementen religiöser Natur, sie wurde nicht als sündhaft qualifiziert. Verschiedenen mönchischen, zölibatären oder ähnlichen Lebensformen standen die Chinesen im allgemeinen skeptisch, wenn nicht ablehnend gegenüber.

Über die *Frau* sagt „Das Buch der Riten", *Liji:* „Frau bedeutet die Ähnliche. Sohn bedeutet der Nachwuchs. Die Frau ist also die, die durch Belehrung dem Manne ‚ähnlich' *(ru)* wird, der über dem Aufbau ihrer Pflichten waltet. Darum heißt sie Ehefrau *(fu ren).* Ehefrau ist die dem Manne Unterworfene. Darum hat sie nicht das Recht auf selbständige Entscheidung, sondern die Pflicht zu dreifachem Gehorsam. Zu Hause ist sie dem Vater unterworfen, in der Ehe dem Gatten und nach dem Tode des Gatten ihrem ältesten Sohn. Sie wagt in nichts, ihrem eigenen Kopf zu folgen. Ihre Befehle dringen nicht über die inneren Gemächer hinaus. Ihre Beschäftigung beschränkt sich auf die Zubereitung des Essens. Darum hält sich die Frau den ganzen Tag innerhalb der Tore der Innengemächer auf. ... In ihrer Arbeit kennt sie kein eigenmächtiges Handeln, in ihrem Tun kein eigenmächtiges Werk." Dies war die traditionelle Sicht der Frau.

Im Daoismus dagegen wird das Weibliche „mystisch" als etwas Faszinierendes dargestellt, denn das Dao besaß auch das Attribut des Weiblichen. Zu den klassischen, nicht leicht verständlichen Textstellen gehören hier einige Kapitel aus dem *Daode jing,* wie z.B. Kapitel 6: „Der Geist des Tals stirbt nicht, das heißt das dunkle Weib. Das Tor des dunklen Weibs, das heißt die Wurzel von Himmel und Erde. Ununterbrochen wie beharrend wirkt es ohne Mühe"; oder Kapitel 52: „Die Welt hat einen Anfang, das ist die Mutter der Welt. Wer die Mutter findet, um ihre Söhne zu kennen, wer ihre Söhne kennt und sich wieder zur Mutter wendet, der kommt sein Leben lang nicht in Gefahr."

Im modernen, insbesondere aber im kommunistischen China, hat sich die Rolle der Frau stark gewandelt. Mit den kommunistischen Gesetzen wurde den Frauen eine wesentlich bessere rechtliche Position als je zuvor eingeräumt, was jedoch nicht bedeutet, daß ihre Stellung in der Wertskala der Gesellschaft dieser rechtlichen Position entspricht. Berücksichtigt man die strenge staatliche Geburtenkontrolle, die „Ein-Kind-Politik", die Zwangsabtreibungen und -sterilisationen u. v. m. in der VR China, so kann man sicherlich nicht sagen, daß die Grundrechte der Frauen (genauso wie die Grundrechte des Menschen überhaupt) und ihre Freiheiten im heutigen China garantiert seien.

6. Gesellschaft und Staat. Zwischenmenschliche Beziehungen

Die konfuzianische Tradition hat – im Gegensatz zu der daoistischen, die den Staat eigentlich ablehnt und im gewissen Sinne „anarchisch" ist – ein positives Verhältnis zur institutionalisierten Gesellschaft und zum Staat, der neben der Familie ein weiteres Bezugssystem der traditionellen chinesischen Ethik ist. Die Notwendigkeit des Staates wird im Konfuzianismus unterschiedlich begründet. „Der Konfuzianismus legitimiert die Herrschaft als Voraussetzung für ein materiell abgesichertes, friedvolles und kultiviertes Zusammenleben der Menschen in einer arbeitsteilig organisierten, hierarchischen Gesellschaft. Die politische Macht ist aber nicht um ihrer selbst willen da. Sie hat mit der Sicherstellung des öffentlichen Wohlstandes eine soziale Funktion zu erfüllen und ist (bei Mengzi) der natürlichen moralischen Zweckbestimmung des Menschen verpflichtet. Sie unterliegt deshalb utilitaristischen und moralischen Maßstäben. Machtausübung impliziert soziale Verantwortung und moralische Vorbildlichkeit. ... Unter normalen Bedingungen verdient ein Staat aktive und loyale Mitarbeit. Es ist dann die Aufgabe gerade des Gebildeten, sich in einem Amt zu engagieren und seine Amtspflichten zu erfüllen. ... Der gebildete Staatsdiener ist idealerweise ... ein Sachwalter von Kultur und Moral. Die moralische Autorität des ‚Edlen' ist die loyale Gegenmacht zum Herrscher" (Roetz 150).

Die Ordnung in der Gesellschaft und im Staat sind nach der chinesischen Auffassung – dem Welt- und Menschenbild entsprechend – vom Verhalten des Menschen abhängig. Wenn jeder Mensch den durch die menschlichen Beziehungen verschiedenartig gestalteten Tugenden gemäß handelt, so befindet sich die Gesellschaft auf dem rechten Wege. Dann wird in Familien und Staaten Ordnung herrschen, und die Welt wird in Frieden leben. In den Worten des Philosophen Han Feizi (gest. 233 vor Chr.) heißt es: „Der Untertan soll dem Fürsten dienen, das Kind dem Vater und die Frau dem Mann. Werden diese drei Dinge befolgt, dann ist die Welt in Ordnung, handelt man ihnen zuwider, dann ist die Welt im Chaos." Oder: „Die Ordnung und Stärke (eines Staates) ergeben sich aus der Befolgung der Gesetze; Unordnung und Schwäche (eines Staates) entspringen aus deren Mißachtung."

Idealtypisch gesehen hängt also die bereits erwähnte Einheit zwischen Mensch und Himmel vom menschlichen Verhalten ab. Die konfuzianische Tradition nennt fünf Bereiche, „fünf menschliche Beziehungen" *(wu lun)*, die zu einer stabilen Gesellschaft beitragen können. Es handelt sich dabei um die hierarchisch verstandene Beziehungen zwischen Vater und Sohn, Herrscher und Untertan, Mann und Frau, älterem Bruder und jüngerem Bruder, Freund und Freund. Diese Beziehungen werden auch als „Lehre von den fünf Grundpflichten" bezeichnet. Sie fordert zwischen Eltern und Kindern die Liebe, zwischen Herrschern und Beherrschten das Gerechtsein, zwischen Mann und Frau die Geschlechtertrennung, zwischen Älteren und Jüngeren die Achtung vor dem Alter, zwischen den Freunden die Treue. Das den „fünf Beziehungen" zugrundeliegende hierarchische Denken hat alle seit der Entstehung der Volksrepublik China versuchten egalitarischen Maßnahmen überdauert. Es prägt offensichtlich das Verhalten der Chinesen bis heute.

Die fünf Grundpflichten bzw. Beziehungen werden verwirklicht durch die drei Tugenden: Weisheit *(zhi)*, Menschlichkeit *(ren)* und Tapferkeit *(yong)*. Wie eine Gesellschaft, wo dies verwirklicht ist, aussehen könnte, schildert das „Buch der Riten", *Liji*: „Wenn Eltern und Kinder einander aufrichtig zugetan sind, Brüder in Eintracht leben und Gatten in Harmonie sind: das ist das Gedeihen des Hauses. Wenn die hohen Beamten sich an die Gesetze halten und die niederen Beamten ehrlich sind; wenn der Bereich der verschiedenen Ämter wohl abgegrenzt ist und Fürsten und Beamte einander zum Rechten helfen: das ist das Gedeihen des Staates ...; wenn die Staatsmänner durch Treue einander vollenden und die Leute des Volkes in Eintracht miteinander leben: das ist das Gedeihen der ganzen Welt; das ist die höchste Übereinstimmung mit dem Naturgesetz. Diese höchste Übereinstimmung mit der Natur ermöglicht dauernde Versorgung der Lebenden, Bestattung der Toten und Dienst der Geister und Götter. So entsteht ein umfassendes Zusammenwirken der Arbeiten ohne Verwirrung und Gemeinsamkeit der Handlungen ohne Mißverständnisse, wobei auch die geringste Leistung nicht verlorengeht. ... Nur wer die Übereinstimmung mit der Natur versteht, ist jeder Gefahr gewachsen."

Im Zusammenhang mit der konfuzianischen Auffassung von Staat und Gesellschaft ist es nun interessant, auf die pazifistische Theorie des bereits zitierten Philosophen Mo Di (4.–3. Jh. vor Chr.) hinzuweisen. Mo Di, der mit seiner Schule (Mohisten) zu den Kritikern des Konfuzianismus gehört, ist der Meinung, daß Krieg das größte Verbrechen ist – aber er hält es nicht für unrichtig, ein Land zu verteidigen. „Wenn jemand einen anderen tötet, dann nennen sie es verwerflich und setzen darauf die Todesstrafe. Führt man diese Argumentationsweise fort, so ist einer, der zehn Menschen tötet, zehnmal verwerflicher und hat auch die zehnfache Strafe zu erwarten. Und tötet einer hundert Menschen, so ist er hundertmal verwerflicher und hat hundertfach sein Leben verwirkt. Die Edlen im Reiche erkennen dies alle an, verurteilen solche Handlungsweise und nennen sie verwerflich. Doch wenn in großem Maßstab Verwerflichkeit vorkommt und jemand einen Staat angreift, dann wissen sie es nicht zu verurteilen, loben es sogar und nennen es Rechtschaffenheit. Sie wissen wahrlich nicht, was Verwerflichkeit ist. Deshalb schreiben sie auch Berichte von ihren Kriegen nieder, um sie späteren Generationen zu überliefern. Denn wären sie sich der Verwerflichkeit des Kriegführens bewußt, würden sie das dann auch noch aufzeichnen und ihre verwerflichen Handlungen niederschreiben, um sie späteren Generationen zu überliefern?" (zit. nach H. Schmidt-Glintzer, 124).

7. Elemente der chinesischen traditionellen Moralvorstellungen

Pietät und Alter

In jeder Gesellschaft ruht das gesamte menschliche Benehmen und die Regeln auf einem leitenden Ideal. Das grundlegende motivierende Ideal der chinesischen Tradition heißt *xiao* (Pietät, Kindespietät, Kindesehrfurcht, Kindesliebe). *Xiao* ist das Fundament der Familienleitung, die Kardinaltugend des guten Menschen und

– der konfuzianischen Überzeugung nach – die machtvollste Kraft, um die vom Staat erforderte Ordnung der Gesellschaft aufrechtzuerhalten: „Die Pietät ist die Grundlage aller Tugend, von der alles Wissen ausgeht" – heißt es im Klassiker der Pietät *Xiaojing*, einem Werk aus dem 2. Jh. vor Chr., wo die Kindespietät eine wahre Apoteose erfährt.

In den „Gesprächen" erklärt Konfuzius in insgesamt vier Abschnitten die Bedeutung des Begriffes *xiao*: „Sind die Eltern am Leben, ihnen dienen, wie es sich ziemt, nach ihrem Tod sie beerdigen, wie es sich ziemt, und ihnen opfern, wie es sich ziemt"; „Man soll den Eltern außer durch Erkrankung keinen Kummer machen"; „Heutzutage kindesliebend sein, das heißt (seine Eltern) ernähren können. Aber Ernährung können alle Wesen bis auf Hunde und Pferde herunter haben. Ohne Ehrerbietung: was ist da für ein Unterschied" (*Lunyu* II, 5–7).

In diesem Kontext neigten die Chinesen dazu, die Ehe als das wichtigste Erfordernis für den Unterhalt der älteren Generation und der bereits dahingegangenen Generationen (Ahnenkult) zu betrachten. Die Ehe war also nicht eine Vereinigung von Mann und Frau zur Befriedigung ihrer persönlichen Wünsche, sondern eine Familienangelegenheit. Theoretisch war es die Pflicht der chinesischen Kinder, sich vorbehaltlos dem Wohlergehen ihrer Eltern zu widmen; es war die Pflicht der Frau eines Sohnes, seine vollkommene Hingabe für seine Eltern zu teilen (*Liji* 28, 1).

Pietät ist die Wurzel der Tugend, und keine „Sünde" ist in China größer, als ein dem *xiao* entgegengesetztes Betragen. Mengzi spricht von „fünf Dingen", die man als pietätlos *(bu xiao)* bezeichnet: „die erste Pietätlosigkeit ist, seine Glieder nicht zu regen und darüber die Pflege der Eltern zu vernachlässigen; die zweite Pietätlosigkeit ist, zu spielen und zu trinken und darüber die Pflege der Eltern zu vernachlässigen; die dritte Pietätlosigkeit ist, selbstsüchtig das eigene Weib und die eigenen Kinder zu bereichern und darüber die Pflege der Eltern zu vernachlässigen; die vierte Pietätlosigkeit ist, den Lüsten der Sinne zu folgen und dadurch Schande auf die Eltern zu bringen; die fünfte Pietätlosigkeit ist, sich in Waghalsigkeiten und Streitereien einzulassen und dadurch die Eltern in Gefahr zu bringen" (nach R. Wilhelm, 95).

Bei der Tugend *xiao* handelt es sich also um ein „respektvolles und dienstbereites Verhalten gegenüber den Eltern und Alten in der Familie". Dieses Verhalten beinhaltet Fürsorge, Folgsamkeit und moralische Wachsamkeit. „Bei all dem ist das Eltern-Kind-Verhältnis als Generationsverhältnis zu denken, das nicht an ein bestimmtes Lebensalter gebunden ist" (Roetz, 84).

Aus den chinesischen Vorstellungen über das Leben sowie aus der Pietät ergab sich ferner die traditionelle Haltung zum Alter und zu älteren Menschen. „Es gibt drei Dinge, die auf der ganzen Welt geschätzt werden", – sagt der Philosoph Mengzi –, „der Rang, das Alter und die Tugend. Am Hof kommt der Rang zuerst; im Dorf geht das Alter voran; aber unter den Generationen, und wenn es sich darum handelt, das Volk zu führen, sind diese beiden zusammen der Tugend nicht ebenbürtig" (Mengzi II/2. Kap. 2/6).

Die Konfuzianer betrachteten die richtige Haltung zu den Älteren auch als ein Zeichen der Bildung. So heißt es in dem klassischen Werk „Maß und Mitte" (*Zhongyong* II, 1): „Wer seine Person bilden will, darf es nicht unterlassen, seinen Eltern zu dienen. Wer seinen Eltern dienen will, darf es nicht unterlassen, die Menschen zu erkennen. Wer den Menschen kennen will, darf es nicht unterlassen, den Himmel zu erkennen."

Auf diesen ethischen Fundamenten gelang es dem Konfuzianismus in der Kaiserzeit, die Gesellschaft weitgehend im Sinne einer Aufwertung des Alters auszurichten. Dies ergab sich u. a. aus dem schon in der frühesten Staatslehre formulierten Auftrag an den Herrscher, für das Wohlergehen seiner Untertanen zu sorgen, besonders aber den Waisen und Verwitweten, den kinderlosen Alten, den Armen usw. seine Unterstützung angedeihen zu lassen, nach dem Vorbild der legendären Zeit, wo „die Alten ihrem Ende in Ruhe entgegensehen konnten" *(Liji)*. Diese Ethik, die von dem Herrscher die Versorgung der Alten verlangte, dürfte aber – wie die Experten meinen – aus mohistischen und buddhistischen (d. h. nicht ausschließlich konfuzianischen) Quellen gespeist gewesen sein. Der Philosoph Xunzi sagte: „Die Not ist Ungemach, der Streit ist Unglück. Um beiden zu entgehen, gibt es daher nur eins: eine klare Einteilung der Gesellschaft. [Andernfalls] tyrannisieren die Starken die Schwachen, die Intelligenten ängstigen die Dummen, die Unteren widerstreben den Oberen, und die Jungen verhöhnen die Alten. ... Ist das der Fall, so widerfährt den Alten und Schwachen das Unglück mangelnder Pflege, und den Starken das Unheil mörderischen Kampfes" (*Xunzi* 6, 113 f.).

Maßstab und Vorbild

Da die Familie, der Staat und die Gesellschaft ihre Grenzen hatten, mußte vor allem die Familienmoral, die die ganze chinesische Gesellschaft durchdrang, durch weitere Regeln bzw. höhere Instanzen verstärkt werden. Welche Instanzen bzw. Vorbilder waren dies? Grundlegend scheint in der chinesischen Ethik die Überzeugung zu sein, daß Sittlichkeit und Moral auf die gute, vom „Himmel" gegebene, menschliche Natur gründen, daß eben in ihr der Maßstab für das menschliche Handeln liegt, denn – wie Konfuzius sagt – „es hängt von uns ab, ob wir Menschlichkeit (*ren*, d. h. das wahre, vollkommene Menschtum) erreichen". Deshalb heißt es in der „Großen Lehre" (*Daxue* XI): „Was der Himmel anordnet, wird Natur genannt. Was mit der Natur übereinstimmt, wird der rechte Weg genannt, was auf den rechten Weg weist, wird Unterweisung genannt."

Der Himmel und das Dao, wie immer sie auch in den einzelnen Traditionen verstanden wurden, waren die großen – man möchte sagen kosmischen – Prinzipien oder Instanzen, an denen man das ganze menschliche Handeln orientieren sollte. Es gab aber auch andere, konkretere Maßstäbe, Vorbilder und Ideale. Über der Ebene der Vorschriften für die Familienbeziehungen gab es in China ein Corpus von ethischen Lehren, das für die Elite bestimmt war, die eine literarische Bildung empfing und dadurch ausersehen war, zu regieren und die kulturellen Entwicklungen zu leiten. Diese Überlieferung war direkt durch das Leben und die Aussprüche von Konfuzius inspiriert. Der Meister selbst verkörperte das Ideal, nach dem alle gebildeten Männer ihr Benehmen regeln sollten. Das Stichwort ist hier *junzi*, ein Begriff, der ursprünglich (vor Konfuzius) den Fürstensohn, den Adligen, also wie in Europa einen Mann von edlem Blut bedeutete. Nach Konfuzius war jemand ein Edler, der den Charakter besaß, den ein Edler haben sollte, ohne Rücksicht auf das Blut. *Junzi* also war traditionell das Vorbild, das zu erreichen die Chinesen gelehrt und nach dem in China die Leute eigentlich bis heute beurteilt werden. *Junzi* das ist der vornehme Mensch, Edelmann, Mensch der Tugend, der ideale Mensch, der stets seinem Stande gemäß handelt.

Diese starke Betonung der moralischen Vortrefflichkeit gilt als der große Beitrag von Konfuzius zur chinesischen Sozialethik. Der Edle war verpflichtet, seinen eigenen Charakter zu pflegen und zu vervollkommnen; ebenso wichtig war es aber, daß er wie sein Meister seinen Charakter, wenn immer tunlich, in den Dienst des Staates stellte. So dienten die Gebildeten als Beamten und regierten die ungebildete Masse (der „gemeinen" – auch im ethischen Sinne – Menschen, *xiao ren*). Dabei sollte in der Theorie das moralische Beispiel und nicht Zwang ausschlaggebend sein.

So hatte in China die gebildete Elite als vorzüglichste moralische Verpflichtung die Selbstvervollkommnung (Selbstkultivierung), um als sittliche Vorbilder dienen zu können. Die konfuzianische Selbsterziehung, die Selbstkultivation unterschied sich in ihrer Bezogenheit auf die Gesellschaft stark von der Aszetik und den Meditationsübungen der buddhistischen Praxis und von den Praktiken des religiösen Daoismus, wo das Ideal der „wahre Mensch" *(zhen ren)*, der „Heilige" *(sheng ren)* oder auch „Unsterblicher" *(xian ren)* hieß. Diese Ideale erlangte man durch religiöse Praxis, Alchemie, Meditation, gute Taten u. a.

Insgesamt läßt sich sagen, daß der Weg, ein Vorbild im Leben zu verwirklichen oder auch dem „Himmel" und dem Dao zu „folgen", in China immer Selbstbeherrschung bedeutete. Es handelte sich dabei um eine reinigende, befreiende Entwicklung, um Abstreifung der Begierden, gleichgültig, ob man diese als Kunstprodukte oder als Naturgegebenheiten aufgefaßt hat, unabhängig auch davon, ob man zur Natur zurückzukehren hoffte, wie im Daoismus, oder die Natur zu erheben trachtete, wie im Konfuzianismus.

Die zu erlangende moralische Vollkommenheit war in der konfuzianischen Tradition zusammengefaßt in dem Begriff *ren*, den man als Güte, Liebe, Mildtätigkeit, Freigebigkeit, Menschlichkeit, Humanität u. a. übersetzen kann. Es handelt sich hierbei – nach der konfuzianischen und neokonfuzianischen Tradition – um eine moralische Qualität, die den Menschen im Prozeß der Selbstkultivierung zum wahren und vollkommenen Menschen macht. Die Tugend *ren* ist allumfassend, so daß sie allen anderen Tugenden sowie den fünf Beziehungen *(wu lun)* zugrunde liegt und sie beinhaltet. Wer *ren* verwirklicht hat, hat eine ganze Reihe von anderen Tugenden, u. a. die Klugheit oder Weisheit *(zhi)*, die Tapferkeit *(yong)*, die Gerechtigkeit *(yi)*, die wiederum bei der Verwirklichung von „fünf Beziehungen" *(wu lun)* unerläßlich sind.

In den „Gesprächen" des Konfuzius wird die Tugend *ren* wie folgt beschrieben: „Yen Yuan fragte nach der Menschlichkeit *(ren)*. Der Meister (Konfuzius) sprach: ‚Sich selbst überwinden *(ke ji)* und zur Etikette [den Riten, *li*] zurückkehren *(fu li)*, das ist Menschlichkeit *(ren)*. Würde man eines Tages sich selbst überwinden und zur Etikette zurückkehren, so würde sich dadurch die ganze Welt der Menschlichkeit zuwenden. Menschlich zu sein kann nur von einem selbst ausgehen – wie denn von anderen?' Yen Yuan fragte: ‚Darf ich nach den einzelnen Schritten fragen?' Der Meister sagte. ‚Was nicht der Etikette entspricht, das sieh nicht an! Was nicht der Etikette entspricht, das hör nicht an! Was nicht der Etikette entspricht, das sprich nicht aus! Was nicht der Etikette entspricht, das setze nicht in Bewegung!'" (*Lunyu* XII, 1).

In einem anderen chinesischen Text heißt es über das *ren*: „Was bedeutet aber *ren*? *Ren* heißt Sorge und Liebe für die Menschen, Achtung und Friedfertigkeit ohne Zank, Bewahrung der menschlichen Beziehungen in Zuneigung und Abneigung, das Herz ohne Niedertracht und Haß, die Gedanken ohne heimliche Mißgunst, die Empfindungen ohne Eifersucht und Neid, die Willensrichtung ohne innere Verdüsterung, die Handlungen ohne Hinterlist und Ungerechtigkeit, der Lebenswandel ohne Abwege und Gesetzwidrigkeiten, so daß das Herz die Gedanken zu beruhigen, die Empfindungen zu glätten, die Willensrichtung in Harmonie zu bringen, die Handlungen abzumessen und den Lebenswandel zu veredeln vermag, bis schließlich eine gleichmäßige Veredelung, eine harmonische Ordnung ohne Widerstreit entstehen kann. Einen solchen Zustand nennt man *ren.* Die Menschen regeln ihre Gesinnungsregungen durch deren Zurückführung auf das *ren.* Das Erhabene des *ren* ruht im Himmel, denn der Himmel ist *ren.*"

Tugend und Sitte

Tugend im allgemeinen, *de,* ist ein sittliches, den Riten, der Etikette entsprechendes Verhalten. Das chinesische Zeichen dafür könnte als Tüchtigkeit, Verdienstlichkeit und Tugend übersetzt werden. Außer der schwer faßbaren Tugend *ren,* auf die die konfuzianische Tradition Nachdruck legt, können die zahlreichen chinesischen Tugenden im allgemeinen mit den Begriffen der westlichen Moral in etwa wiedergegeben werden, wie z. B. Gerechtigkeit, Rechtschaffenheit, Zuverlässigkeit, Mäßigkeit, Unbestechlichkeit, Lernbegierde, Wissen, Glaubwürdigkeit. Zu den Tugenden gehört in China auch Ehrerbietung *(jing),* Ehrfurcht *(gong),* Treue *(xin),* Loyalität *(zhong)* u. v. a.

Zur Gerechtigkeit *(yi)* ist hier anzumerken, daß sie sicherlich als einer der „Kardinalbegriffe" der chinesischen Ethik gilt. Die Ethik der konfuzianischen Tradition kennt jedoch keine jenseitige Gerechtigkeit, da es keine Jenseitsvorstellung gibt, die der unserer abendländischen entspräche. Ersatz für die jenseitige Option sind Ruhm und Ehre im Diesseits als Lohn der Tugend. „Der Mann von hohem Streben oder vollkommener Tugend wird nicht auf Kosten der Tugend das Leben suchen. Er würde sogar sein Leben opfern für die Erlangung der Tugend" *(Lunyu* XV, 8).

In China werden die verschiedenen Tugenden gern „gruppiert", in bestimmte sich auch überschneidende Reihen eingeordnet. So gibt es – wie gesagt – die „fünf Beziehungen" *(wu lun).* Darüber hinaus spricht man z. B. von den „fünf moralischen Regeln", zu denen Respekt, Großzügigkeit, Vertrauen, Verständnis oder Feingefühl und Güte oder Fürsorge gehören. Man spricht auch von „vier Grundtugenden", die sich aus Höflichkeit, Gerechtigkeit,

Ehrlichkeit, Schamhaftigkeit zusammensetzen. Es gibt des weiteren die „acht wichtigen Moralregeln", d.h. Treue *(zhong),* Pietät *(xiao),* Menschlichkeit *(ren),* Liebe *(ai),* Vertrauen *(xin),* Gerechtigkeit *(yi),* Harmonie *(ho),* Friede *(ping).*

Darüber hinaus spricht man in der chinesischen Ethik vom *li,* das ähnlich umfassend wie die Begriffe *de* und *ren* ist. Seine Bedeutung reicht von den schwerwiegendsten religiösen Zeremonien zu den Kleinigkeiten der täglichen Etikette. *Li,* das ursprünglich nicht für den allgemeinen Gebrauch bestimmt war, denn es bestand eine Trennung zwischen dem Adel (dem Edelmann) und den „Gemeinen" *(xiao ren),* bezeichnet Riten, Anstand, Sitte, Norm, Regel, Richtschnur des menschlichen Benehmens in allen sozialen Umständen, einfach all das, was die Chinesen von Kindheit an zu beobachten gelehrt werden und was ihr Betragen weitgehend formt. Konfuzius selbst war eine Autorität über *li,* und die Schule, die sich entwickelte, um seine Lehren zu verbreiten, legte großes Gewicht auf *li,* so daß drei konfuzianische kanonische Schriften ausschließlich von *li* handeln *(Zhouli, Yili, Liji).*

In den Konfuzius zugeschriebenen Worten wird das *li* wie folgt beschrieben: „Die Sitte *(li)* richtet sich nach dem Geziemenden, die Einzelheiten richten sich nach der Gewohnheit. Die Sitte dient dazu, die Abstufungen von Näheren und Fernen festzusetzen, das Zweifelhafte zu entscheiden, das Übereinstimmende und Verschiedene zu unterscheiden, Recht und Unrecht klarzumachen. Sitte ist, daß man andere nicht durch Lügen zu erfreuen sucht, daß man nicht in seinen Worten verschwenderisch ist. Die Sitte überschreitet nie die Schranken, macht keine Übergriffe, wünscht keine plumpe Vertraulichkeit" (*Liji* 27,2). Die Sitte *(li)* ist zusammen mit anderen Tugenden das Fundament der sozio-politischen Ordnung: „Entfernt man sich nur einen Augenblick von den Riten, so ist nichts als Grausamkeit und Anmaßung nach außen die Folge" – heißt es im *Liji.*

Der funktionelle Zweck von *li,* der in diesen Textstellen ausgedrückt ist, wird in zahllosen Regeln bestätigt. Die bereits erwähnten „fünf Beziehungen" *(wu lun)* stehen hier an der ersten Stelle. Über die grundlegende Bedeutung von *li* sagt Carsun Chang, daß durch die Riten und Gebräuche *(li)* der Mensch jeden Augenblick an das gemeinsame Leben gebunden werde. Er empfinde aber diese Bindung nicht als einen lästigen Druck, weil er in jene von der Familie aus seine persönliche Gesinnung hineinlegt und sie als ein unentbehrliches Stück seines eigenen Lebens versteht. Zugleich werde von hier aus aller Willkür ein fester Widerstand geboten und das Leben über die Zufälligkeit einer augenblicklichen Stimmung emporgehoben. Damit seien die Riten und Gebräuche ein Hauptmittel der moralischen Erziehung. Sie bildeten Dämme und Barrieren, welche die Leidenschaften bändigten.

Goldene Regel, Harmonie und Mitte

Nach der konfuzianischen Tradition gehören zur Entfaltung der (guten) moralischen Natur des Menschen Bildung und Festigung des Herzens, Pflege der menschlichen Natur, Selbstprüfung, Selbstaufsicht und Selbstüberwindung (Selbstkultivierung). Unerläßlich ist dabei – wie aus den entsprechenden moralphilosophischen Schriften hervorgeht – die Verwirklichung der Idee von *zhong shu*, d.h. des Grundsatzes, den anderen gegenüber so zu handeln, als ob man es sich selbst tue, oder wie es im *Lunyu* XIV, 36 heißt: „Vergelte das Böse mit Gerechtigkeit und belohne Gutes mit Gutem." Und in dem Werk *Zhongyong* („Maß und Mitte", 13) sagt der Meister: „Wohlwollen und Fairness *(zhong shu)* sind vom Dao nicht weit entfernt. Was man selber nicht angetan bekommen möchte, das soll man anderen nicht antun."

Ein sehr überzeugendes, für heutige Zeiten angewandtes Beispiel eines solchen Verhaltens gibt in seinem Werk der chinesische Jurist T. C. Cheng: „Ich wünsche nicht, daß andere mein Land überfallen; daher überfalle ich die Länder anderer nicht. Ich wünsche nicht, daß andere meine Familie schädigen; daher schädige ich die Familie anderer nicht. Ich wünsche nicht, daß andere mir Unrecht tun; daher füge ich andern kein Unrecht zu. Ich wünsche nicht, daß andere meine Rechte in irgendeiner Art verletzen; daher verletze ich die Rechte anderer in keiner Weise. Ich wünsche nicht, daß andere in entwürdigender Weise über meine Landsleute sprechen; daher spreche ich nicht entwürdigend über die Landsleute anderer. Ich wünsche nicht, daß andere meine Religion angreifen; daher greife ich die Religion anderer nicht an.

Ich wünsche nicht, daß andere vom Gründer meiner Religion unehrerbietig sprechen; daher spreche ich nicht unehrerbietig vom Gründer der Religion anderer. Ich wünsche nicht, daß andere wider mich sündigen; daher sündige ich nicht wider andere. Ich wünsche nicht, daß mich andere verleiten, Böses zu tun; daher verleite ich andere nicht, Böses zu tun." Cheng meint, daß diese Regeln sich auch in einer positiveren Weise anwenden lassen, und gibt folgendes Beispiel: „Ich wünsche nicht, daß andere mir lieblos begegnen; daher will ich gegen andere nicht lieblos sein. Ich wünsche nicht, daß mir andere in der Not ihre Hilfe versagen; daher will ich meine Hilfe andern nicht versagen, wenn sie sie benötigen. Ich wünsche nicht, daß andere meinen Leiden gegenüber gleichgültig seien; daher will ich den Leiden anderer gegenüber nicht gleichgültig sein."

Harmonie und Mitte sind wohl die bekanntesten Tugenden Chinas. Nach chinesischer Auffassung, die im *Zhongyong* zum Ausdruck kommt, ist „die Mitte das große Fundament der Welt. Die Harmonie ist der von der Welt erreichte Weg. Läßt man Mitte und Harmonie zur Entfaltung kommen, dann finden Himmel und Erde darin ihren festen Stand, und alle Dinge gedeihen dort." Die Mitte bedeutet aber nicht eine mechanische Gleichheit. Carsun Chang sagt, sie verlange einen festen Punkt, von dem aus man die verschiedenen Seiten erfassen und würdigen lassen könne. „Es ist die Sachgemäßheit, welche jeder Aufgabe ein bestimmtes Maß und Ziel setzt. Jedenfalls bedeutet diese ‚goldene Mitte' nicht eine bloße Mittelmäßigkeit, ein Sich auf einer mittleren Höhe halten, wie es bei den Epikureern geschah. Auch in die Weltanschauung reicht das Streben, die Hauptunterschiede möglichst auszugleichen. Natur und Mensch werden hier nicht auseinandergerissen, sondern sie wahren einen Zusammenhang. Das Geistige steht über dem Sinnlichen, aber beides verbindet sich zu Einer Welt."

Anders verstanden die „goldene Mitte" die Daoisten. Im Kapitel 3 seines Werkes sagt Zhuangzi, einen ethischen Relativismus und Opportunismus predigend: „Tust du etwas Gutes, so meide den Ruhm! Tust du etwas Schlechtes, so meide die Strafe! Mache das Mittelmaß zur Richtschnur."

Allgemeine Menschenliebe

Bei dem klassischen konfuzianischen Verständnis des Grundsatzes, den anderen gegenüber so zu handeln, als ob man es sich selbst tue, gibt es verschiedene, hierarchisch zu verstehende Stufen, d. h. die Haltung den anderen gegenüber wird je nach dem Stand differenziert. Dies unterscheidet sich von der vom Mo Di vertretenen Idee der „allgemeinen Menschenliebe", wo es keine Stufen oder Grade gibt und die Regel lautet: „Liebe den anderen wie sich selbst." Mo Di war der Überzeugung, daß der Himmel alle Wesen gleich liebt, also ist „gleiche" Liebe der Wille des Himmels. Der Mensch soll sich diesen zum Vorbild nehmen. Die Hauptideen dieser Lehre, die auf den Tugenden *ren* und *xiao* gründet, schildert Mo Di wie folgt: „Angenommen, im Reiche würden alle einander lieben und jeder würde den anderen lieben wie sich selbst. Gäbe es dann noch pietätloses Verhalten? Wenn man seinen Vater, seinen älteren Bruder und seinen Fürsten wie sich selbst ansieht, auf wen könnte man dann seine pietätlosen Gefühle richten? Gäbe es einen Mangel an liebevoller Güte, wenn man seinen jüngeren Bruder, seinen Sohn oder seinen Untergebenen wie sich selbst ansieht? Denn wohin sollte man diesen Mangel an liebevoller Güte wenden? Dann werden Pietätlosigkeit und Mangel an liebevoller Güte aufhören zu bestehen. ... Wenn man im Reiche gegenseitige Liebe aller stiften kann, dann werden die Staaten sich untereinander nicht angreifen, die Familien sich gegenseitig nicht verderben, und es wird keine Diebe und Räuber geben, und Fürsten und Untertanen, Vater und Sohn, sie alle werden kindliche Liebe und liebevolle Güte pflegen können. ... Denn wenn sich im Reiche alle gegenseitig lieben, dann wird es wohl geordnet sein; wenn sie sich aber untereinander hassen, dann wird Verwirrung herrschen. ... Man muß die Menschen unbedingt zur Liebe ermahnen."

Erziehung, Vollkommenheit und Heil

Da es im Konfuzianismus um die Erlangung des vollen Menschtums geht und die Mittel dazu das Wissen, um das, was recht ist und Übung des Gelernten sind, ist das Problem der Ethik letzten

Endes ein Problem der Erziehung (R. Wilhelm). Je nach Überzeugung bezüglich der menschlichen Natur (gut oder böse) betonte man unterschiedliche Aspekte der Erziehung und des Weges zur Vollkommenheit. Menzius nennt das Wissen um Recht und Unrecht eine allgemeine unterscheidende Eigenschaft aller Menschen. Er spricht, wie später auch Wang Yangming (1472–1529), von der Kenntnis des Guten *(liang zhi)* und der Fähigkeit zum Tun des Guten *(liang neng)*, was selbstverständlich auf dem Weg zur Vollkommenheit entscheidend ist. Xunzi betont die Unerläßlichkeit der geistig-ethischen Bemühungen durch Riten und Musik *(li yue)* und machte sie zur Grundlage für einen Wandel der – nach ihm bösen – menschlichen Natur.

Unabhängig aber von den Voraussetzungen, wurde in China auf die Erziehung von alters her großer Wert gelegt. Das Ziel der Erziehung war – wie das Ziel des Menschen – die Vollkommenheit. Man erlangte „Heil", indem man ein moralisch vollkommener Mensch zu werden versuchte; das war gleichzeitig der Weg, dem Himmel zu dienen. In dem in der Song-Zeit (960–1278) entstandenem Neo-Konfuzianismus, der sowohl daoistische wie auch buddhistische Elemente in seine Philosophie aufgenommen hat, hieß es, die eigene Natur sei wahr und wirklich, man brauche nicht außerhalb seiner selbst zu suchen; man könne also selbst seine eigene Natur zur höchsten Entfaltung bringen. So ist der Konfuzianismus – wie Richard Wilhelm sagt – einem Weg zu vergleichen, den jeder gehen kann, wenn er will, und den jeder so weit geht, als seine Natur es zuläßt. Das Ziel, das man auf diesem Weg erreicht, ist einfach die Erlangung des vollen Menschtums, der ursprünglichen Güte der menschlichen Natur. Man erwartete Gesundheit, als Lohn für die Tugend, langes Leben, Wohlstand und einen guten Namen nach dem Tod. Individuelle Mystik und Askese (so wie sie z. B. die Daoisten und Buddhisten verstehen) sind der konfuzianischen Tradition fremd. Mittel zur Erlangung des vollen Menschtums waren Wissen um das, was recht ist, und Übung des Gelernten (Selbst-Kultivierung), also nicht Erlösung von der Welt, sondern Integration in die Gesellschaft und in die Welt, die voll affirmiert werden.

Auch im Daoismus gewann die Verwirklichung der menschlichen Natur große Bedeutung, denn das allumfassende Dao

„wohnt" im Menschen. Indem man das Leben in Harmonie mit der Natur lebt, kann man die wahre menschliche Natur verwirklichen und die Vereinigung mit dem Dao erlangen. Nach der daoistischen Tradition hat die Gesellschaft und die Zivilisation den Menschen beständig von der ursprünglichen Natürlichkeit *(ziran)* entfernt, deshalb ist es nötig, daß der Mensch sich allen bewußten Strebens enthält *(wuwei)*, um auf einem intuitiv-meditativem Weg das Dao zu erreichen.

Aufmerksamkeit verdient in diesem Kontext die daoistische Überzeugung, daß die Herauslösung des Menschen aus der Natur und der (von den Konfuzianern stets gepriesene) „Prozeß der Zivilisation" die eigentliche Ursache allen Übels in der Welt seien. Für die Konfuzianer ist der „Ruin des tradierten Ethos" die Ursache des Übels. Deshalb befürworten sie – anders als die Daoisten, die die Rückkehr zur natürlichen Ursprünglichkeit predigten – eine neue „Fundierung der Tugend" (Roetz, 70). Die beiden Traditionen unterscheiden sich also gerade in der Haltung zur Zivilisation und zur Erziehung.

8. Ethik und Gebote des Daoismus

Die moralischen Vorstellungen des Daoismus sind in verschiedenen Aspekten deutlich anders als die des Konfuzianismus. Die konfuzianischen Tugenden der Menschlichkeit *(ren)* und Gerechtigkeit *(yi)*, die aktive Wohltätigkeit, Loyalität u. a. Tugenden wären nach dem daoistischen Verständnis unnötig, wenn die Menschen ihr Verhalten nach der natürlichen Ordnung orientieren würden, so wie es in dem grundlegenden daoistischen Werk *Daode jing* 38 heißt: „Der Mensch von höherer Tugend ist nicht tugendhaft; deshalb besitzt er Tugend. Der Mensch von niederer Tugend verliert niemals die Tugend; deshalb hat er keine Tugend. Der Mensch von höherer Tugend handelt nicht; deshalb gibt es nichts, das er nicht vollbrächte. Der Mensch von niederer Tugend trachtet zu handeln; deshalb passiert es, daß er nichts vollbringt. Der Mensch von höherer Menschlichkeit sucht zu handeln; aber er findet keinen Anlaß zu handeln. Der Mensch von höherer Gerechtigkeit sucht zu handeln, und er findet Gründe für das Handeln. Der Mensch der Riten sucht zu handeln und, da er keinen Widerhall findet, krempelt er die Ärmel hoch und ergreift die Menschen. Wenn man das Dao verloren hat, hält man sich an das De. Wenn man das De verloren hat, hält man sich an die Menschlichkeit. Wenn man die Menschlichkeit verloren hat, hält man sich an die Gerechtigkeit. Wenn man die Gerechtigkeit verloren hat, hält man sich an die Riten. Die Riten sind nur ein dünner Überzug aus Loyalität und Vertrauen – und der Beginn der Anarchie." Die (streng konfuzianisch) verstandenen Riten sind also ein Gegenteil des daoistischen Ideals, nämlich der engsten Form der Verbindung mit der Natur, der Spontaneität, wie das *ziran* häufig übersetzt wird. Der Philosoph Zhuangzi schildert im Kapitel 9 seines Werkes den daoistischen idealen „Zustand" folgendermaßen: „Zur Zeit, als die Menschen noch nicht verdorben waren, lebten sie zu Hause, ohne zu wissen, was sie tun sollten, spazierten sie umher, ohne zu wissen, wohin sie gingen. Sie aßen und tranken vergnügt, klopften sich auf den Bauch und wanderten heiter umher. Ihr Können beschränkte sich auf diese Dinge. Doch als die (konfuzianischen) Weisen mit ihren rituellen Verrenkungen und ihrer Musik auftraten und darauf abzielten, die Haltungen in der ganzen Welt zu reglementieren, als sie anhuben, ihre Tugend herauszustellen, in der Hoffnung, damit die Geister zu gewinnen, da begannen die Menschen sich um der Liebe zur Wissenschaft willen anzustrengen und um des Reichtums willen zu streiten, und es gab kein Halten mehr. Darin liegt der Irrtum der Weisen."

Der religiöse Daoismus operierte mit der Idee der Unsterblichkeit als höchste Stufe der Vollkommenheit und predigte, daß Unsterblichkeit und Erlösung mit guten Taten und ethischen Geboten verbunden sind. Der Daoismus hat diese an sich alte chinesische Idee nur neu formuliert und gab auch sehr konkrete Hilfe, um die Vollkommenheit zu erlangen, d. h. um seine Gläubigen auch im Alltag zur Erlangung der Vollkommenheit zu führen. So kennt der Daoismus z. B. die fünf allgemeinen Gebote *(daojiao wujie)* und die zehn guten Taten *(shi shan)*. Sie sollen nun betrachtet werden, da sie die Art und Weise, in der man im Daoismus (im Unterschied zum Konfuzianismus) die Moralvorstellungen artikulierte, deutlich machen.

Die fünf Gebote sind im Buddhismus als die *pancasila* bekannt.

Nach einem daoistischen liturgischen Text *(Zhaijie lu)* handelt es sich bei den fünf Geboten des Daoismus um folgende: 1. Man darf kein lebendes Wesen töten; 2. Man darf sich nicht gierig mit Weintrinken abgeben; 3. Man darf nicht mit dem Munde „ja" und mit dem Herzen „nein" sagen; 4. Man darf weder stehlen noch rauben; 5. Man darf nicht unzüchtig sein.

Zu den zehn guten Taten gehören nach demselben Text: 1. Pietät und Gehorsam Vater und Mutter gegenüber; 2. Loyalität und Dienstbereitschaft dem Herrscher und dem Lehrer gegenüber; 3. Mitleid und Gütigkeit den zehntausend Dingen (Wesen) gegenüber; 4. Geduldig die Gemeinheit ertragen; 5. Durch Mahnung und Einspruch Böses abwenden; 6. Selbstverzicht und Erlösung (Befreiung) der Armen; 7. Lebewesen freilassen, die Dinge (Wesen) pflegen und Obstbäume pflanzen; 8. Am Rande des Weges Brunnen graben, Bäume pflanzen, Brücken bauen; 9. Was anderen nützt fördern, was ihnen schadet beseitigen und die, die noch nicht erleuchtet sind, belehren; 10. Die Bücher und die Vorschriften der ‚drei Kostbarkeiten" (des daoistischen Kanons) rezitieren, beharrlich Weihrauch verbrennen und Opfer darbringen.

Wenn man diese fünf Gebote und die zehn guten Taten praktiziert, werden Unglück und Katastrophen abgewendet und dauerndes Glück herbeigeführt, heißt es weiter in dem Text.

Die daoistischen Gebote stehen selbstverständlich in Zusammenhang mit traditionellen chinesischen (später als „konfuzianisch" bezeichneten) Moralwerten. Im Buch *Zhuangzi,* Kapitel IV *(Renjianshi)* werden die Grundlagen dieser Werte genannt: „Zwei große Gebote gibt es auf Erden. Das eine ist das Gebot der Natur, das andere ist das Gebot der Pflicht. Die Liebe des Sohnes zu seinen Eltern ist Gebot der Natur; sie läßt sich nicht aus dem Herzen reißen. Der Gehorsam des Beamten gegen seinen Fürsten ist die Pflicht, die uns, wohin wir gehen, zur Seite bleibt. Groß nenne ich die Gebote, weil man sich ihnen nirgends auf der ganzen Welt entziehen kann. Darum zeigt sich die höchste Kindesliebe darin, daß man sich im Dienst der Eltern befriedigt fühlt, ganz unbekümmert um die äußeren Umstände, und völlige Treue darin, daß man sich im Dienst des Fürsten befriedigt fühlt, ganz unbekümmert um die Sendung, die wir zu vollbringen haben." In einem daoistischen Werk aus dem 2. Jhr. n. Chr., *Xiangerzhu,* heißt es dazu: „Die Gebote sind die Tiefe, das Dao ist das Wasser, der Mensch ist der Fisch. Wenn der Fisch die Tiefe verläßt und sich vom Wasser entfernt, so stirbt er. So ist es mit dem Menschen, der die Gebote nicht hält und das Dao nicht bewahrt. Das Dao verläßt ihn und er stirbt."

Die zehn guten Taten, die an sich nur eine Weiterentwicklung der fünf Gebote sind, sind auch im Buddhismus bekannt. Sie sind eine Mischung von konfuzianischen, buddhistischen und traditionellen chinesischen Vorschriften, deren Praktizieren vor allem die zehn bösen Taten *(shi e)* verhindert und bei der Sammlung der Verdienste helfen soll. „Wenn die zehn schlechten Taten *(shi e)* entfernt sind, kommen die zehn guten Taten *(shi shan)* von selbst. Wenn dies Entfernen und Kommen seinen Höhepunkt erreicht, wird man mit Dao und dem Wahren eines sein" – heißt es im *Zhaijie lu.*

9. Das chinesische Ethos

Um die traditionelle chinesische Ethik und Moralvorstellungen zusammenfassend zu charakterisieren, möchte ich mich der Worte des hier schon zitierten chinesischen Philosophen Carsun Chang bedienen, die dem einzigartigen Werk *Das Lebensproblem in China und in Europa* entnommen sind, das er zusammen mit dem deutschen Philosophen Rudolf Eucken (1846–1926) herausgegeben hat. Chang charakterisiert das chinesische Ethos im Kontext des Welt- und Menschenbildes wie folgt: „Der Himmel erscheint als eine wohlwollende Macht, welche den Saaten ihren Segen spendet, bei Verfehlungen des Menschen aber Vorzeichen und Unwetter sendet und ihn damit zur Erfüllung seiner Pflichten anhält. Die Religion als Weltmacht entbehrt demnach einen persönlichen Charakters, es entsteht keine ausgesprochene Religiosität. Was hier an religiösem Leben erscheint, das ist dem Familienleben eng verbunden, das durch seinen Ahnenkult den einzelnen Menschen in innere Zusammenhänge bringt und treue Verehrung von ihm erwartet. Von der Familie aus wird das ganze soziale und staatliche Leben gestaltet. Die Kindespflichten mit ihrer Ehrfurcht erscheinen als die Wurzel aller echten Moral. Dieser

Wurzel ethischer Gesinnung entspricht das Verhältnis des Menschen zum weiteren Kreise seiner Umgebung. ... Es soll nicht sowohl das Recht des einzelnen rücksichtslos durchgesetzt als eine verständige Ausgleichung der Interessen erstrebt werden. ... Der Mensch wird an erster Stelle auf seine natürlichen Empfindungen gestellt und auf ihre Hilfe angewiesen. ... Eigentümlich ist der chinesischen Lebensgestaltung das Verhältnis der Zeiten zueinander, es besteht hier eine schroffe Kluft zwischen der modernen Art und der chinesischen. Jene hat das Streben immer mehr auf die Zukunft gerichtet, von ihr erwartet sie eine unablässige Erhöhung. Aber immer mehr geraten wir damit in die Gefahr, die Gegenwart der Zukunft aufzuopfern und das eigene Leben zu einer bloßen Vorstufe echten Lebens herabzusetzen, wir verfallen einem rastlosen, oft sinnlosen Jagen und Hasten. Der Chinese dagegen sucht die Vergangenheit in die Gegenwart hineinzuziehen und diese möglichst zu erweitern, er hat mehr Ruhe und Festigkeit des Lebens, er sieht das Leben nicht von der Zukunft, sondern von der Vergangenheit her. Zugleich erklärt sich die Ehrfurcht vor der Tradition, die Hochschätzung überkommener Wahrheiten, worauf dieses Leben ruht. Auch dürfen wir dabei der eigentümlichen Arbeit des Landlebens mit seiner engen Verbindung der Geschlechter gedenken; die Pflege und Verbesserung des Bodens ruht nicht bloß auf dem einzelnen Augenblick, sondern auf dem Fortgang der Zeiten, verschiedene Geschlechter wirken zusammen, und jeder Punkt darf sich dabei als Glied einer großen Kette fühlen" (132–134).

In den Augen von Carsun Chang hat das traditionelle chinesische ethische System vier Vorzüge (Vorteile) und vier Nachteile: „Die Ethik Kungtses mit ihrer Pflicht, Kinder zu haben und die Vorfahren in Ehren zu halten, schuf ein starkes Familienleben und damit den Grundpfeiler des chinesischen Volkes. Sie wies jedem seine bestimmte soziale Stellung, als Herrscher, Untertan, Eltern, Kinder, Lehrer, Schüler usw. an und entwickelte in jedem das Gefühl für seine Pflichten als Glied im Gesamtorganismus. Vom konfuzianischen Standpunkt ist das Gesetz nur ein Hilfsmittel der Moralität. Die Sittlichkeit besitzt im praktischen Leben größere Macht als die gesetzliche Verordnung. Es wird viel Wert auf Selbstzucht gelegt und der materielle Genuß verachtet." Diesen vier Vorzügen stellt Chang vier Nachteile gegenüber: „Jeder ist zu stark an die Familie gebunden, so überwiegt der Familiengedanke den Staatsgedanken. Jeder bleibt in der Gesellschaft bloß ein Teil des Ganzen, so fehlt ihm eigene Initiative und Selbständigkeit. Die sozialen Grundlagen wurzeln in der Sittlichkeit, darum fehlt der Geist der Gesetzesbeobachtung. Die traditionellen Pflichten dieser Ethik beschränken die Bewegungs- und Gedankenfreiheit des praktischen Lebens, dadurch wird die schöpferische Kraft gehemmt" (117f.). Nichtdestoweniger lehre die chinesische Ethik, daß Entscheidungen über Recht und Unrecht im eigenen Inneren liegen. Sie mache unabhängig von äußerer, d.h. religiöser oder weltlicher Autorität und führe zu starkem Selbstverantwortlichkeitsgefühl, zu eigenen Überzeugungen und zu Willensfähigkeit. In dieser Bedeutung der Charakterbildung liegt, nach Carsun Chang, der bleibende Wert der Ethik in China. Es ist eine Ethik der „maßvollen und weisen Lebensbejahung". Der Mensch bildet den Mittelpunkt allen Strebens und das Ziel aller Wünsche. Echtes Glück liegt in der Zufriedenheit des Menschen mit seinem eigenen moralischen Verhalten.

Schluß

Zum Schluß sei noch einmal der chinesische Intellektuelle Zhou He zitiert. Er äußert die Hoffnung, daß die traditionellen chinesischen Werte zur Lösung der vielfältigen, hier nicht direkt angesprochenen Probleme der Gegenwart (Geburtenregelung, Abtreibung, „Ein-Kind-Familie", Arbeitsmoral, Haltung zu den Älteren, Freiheit, Demokratie, Menschenrechte, Toleranz usw.) beitragen werden: „Obwohl die Modernisierung ein neues Ethiksystem hervorbringt und ein solches auch fordert, bedeutet dies dennoch nicht, daß alle traditionellen moralischen Maßstäbe veraltet und darum zu beseitigen sind. In der Tat zeigen viele Entwicklungsstudien, daß traditionelle Werte gut in moderne Werte aufgenommen werden können und daß ein völliger Bruch mit der Tradition nicht nur unmöglich, sondern auch schädlich ist. ... Es gilt außerdem, daß, macht man allein die Modernisierung für alle moralischen Probleme in der heutigen Welt verantwortlich, man dadurch von persönlichen Bemühungen, gute Werte zu behalten und ein neues System moralischer Werte zu erstellen, ablenken kann. Die moralische Verwirrung und die Herausforderungen in China sind zeitbedingt, und durch unsere Anstrengungen können wir sie schließlich überwinden" (Zhou He, 112f.).

Einige heutige chinesische Moralphilosophen sind der Überzeugung, daß die chinesische Ethik von großer Bedeutung nicht nur für die Modernisierung und den sozio-ökonomischen Aufbau Chinas ist, sondern auch von universaler Bedeutung für die Gestaltung menschlicher Gesellschaft überhaupt. Die chinesische Ethik (beider Traditionen, des Konfuzianismus und des Daoismus) kann aber vor allem China anspornen, mit Klugheit und Weisheit die sog. Modernisierung anzutreiben, sie kann – angesichts der Leere, die sich nach dem Zerfall der Werte des Sozialismus und Marxismus einstellte – als geistige Kraft dienen.

Literatur

1. Quellen

Dschuang Dsi [Zhuangzi], Das wahre Buch vom südlichen Blütenland. Aus dem Chinesischen übertragen und erläutert von Richard Wilhelm, Düsseldorf/Köln 1969. Neue Übersetzung: Zhuangzi. Das klassische Buch daoistischer Weisheit. Erstmals in vollständiger Übersetzung, hrsg. u. kommentiert von Victor H. Mair, Frankfurt a. M. 1998. Siehe auch: Zhuangzi. Auswahl, Einleitung und Anmerkungen von Günter Wohlfart, Stuttgart 200.

Hsün-tzu [Xunzi] ins Deutsche übertragen von Hermann Köster, St. Augustin – Nettetal 1967.

Kungfutse [Konfuzius], Gespräch. Lun Yü. Aus dem Chinesischen übertragen und erläutert von Richard Wilhelm, Düsseldorf/Köln 1955.

Laotse [Laozi], Tao te king. Das Buch des Alten vom Sinn und Leben. Aus dem Chinesischen übertragen und erläutert von Richard Wilhelm, Düsseldorf/Köln 1957.

Laotse, Tao Te King [Laozi, Daodejing]. Die Seidentexte von Mawangdui 500 Jahre älter als andere Ausgaben. Hrsg. von Hans-Georg Möller, Frankfurt a. M. 1995.

Li Gi [Liji], Das Buch der Sitte. Über Kultur und Religion des alten China. Aus dem Chinesischen übertragen und erläutert von Richard Wilhelm, Düsseldorf/Köln 1958.

Mo Ti [Mo Di], Von der Liebe des Himmels zu den Menschen. Aus dem Chinesischen übersetzt und herausgegeben von Helwig Schmidt-Glintzer, München 1992.

Mong Dsi (Mong Ko) [Mengzi], Aus dem Chinesischen verdeutscht und erläutert von Richard Wilhelm, Jena 1921.

2. Darstellungen

A. B. Chang Ch'un-shen [Zhang Chunshen], Dann sind Himmel und Mensch in Einheit. Bausteine chinesischer Theologie, Freiburg/Basel/Wien 1984

F. T. Cheng, China, das Werk des Konfuzius. Chinesisches Wesen im Lichte des Westens, Zürich 1950.

J. Ching, Konfuzianismus und Christentum, Mainz 1989.

J. Ching, „Der religiöse Sinn der Chinesen", in: Concilium15 (1979) 358–361.

R. Eucken und C. Chang, Das Lebensproblem in China und in Europa, Leipzig 1922.

A. Forke, Die Gedankenwelt des chinesischen Kulturkreises, München/Berlin 1927.

J. Gernet, Christus kam bis nach China. Eine erste Begegnung und ihr Scheitern, Zürich/München 1984.

M. Kaltenmark, Lao-tzu und der Daoismus, Frankfurt a. M. 1981.

S. Krieger / R. Trauzettel (Hg.), Konfuzianismus und die Modernisierung Chinas, Mainz 1990 (Schriftenreihe des Internationalen Instituts der Konrad-Adenauer-Stiftung, Bd. 20).

Lexikon der Religionen, Begründet von F. König. Unter Mitwirkung zahlreicher Fachgelehrter hrsg. von H. Waldenfels, Freiburg/Basel/Wien 1987.

Max Webers Studie über Konfuzianismus und Taoismus. Interpretation und Kritik. Hg von W. Schluchter, Frankfurt a. M. 1983.

B. Mensen (Hg.), China, sein neues Gesicht, St. Augustin – Nettetal 1988.

K.-H. Pohl / A. W. Müller (Hg.), Chinese Ethics in a Global Context. Moral Bases of Contemporary Societies. Sinica Leidensia 56, Leiden – Boston 2002.

H. Roetz, Die chinesische Ethik der Achsenzeit. Eine Rekonstruktion unter dem Aspekt des Durchbruchs zu postkonventionellem Denken, Frankfurt a. M. 1992.

Sun Longji, Das ummauerte ich. Die Tiefenstruktur der chinesischen Mentalität, Leipzig 1994.

M. M. Thomas, „Das Problem der christlichen Ethik in asiatischer Perspektive", in: Handbuch der christlichen Ethik, Bd. 1, Freiburg – Gütersloh 1979, 2. Aufl., 362–277.

Wang Zhengping / Zhou Zhongzhi, Xiandai lunlixue [Moderne Ethik], Beijing 2001.

Zhou He, „Moralische Herausforderungen in China", in: China heute (St. Augustin) X (1992) 102–113.

Das Ethos des Judentums

von Dieter Vetter

1. Weltverständnis

Mensch und Welt

Aus dem Zusammenklingen der beiden ersten Kapitel der Hebräischen Bibel soll vernommen werden, welche *Aufgabe* dem Menschen in der Schöpfung zugedacht ist: Er darf sie gerade nicht mit der Unempfindlichkeit und Gleichgültigkeit eines Inhabers von Verfügungsgewalt gebrauchen (Gen 1,26.28); er muß vielmehr sein Herrscheramt so vollziehen, daß sich darin Gottes segnendes Handeln (1,28) weiter in der Schöpfung auswirken kann, indem der Mensch als Gottes Sachwalter – „in unserem Bild nach unserem Gleichnis" (1,26) – sie „bedient" und „hütet" (2,15). Er muß in Gottes Auftrag das Werk der Schöpfung weiterführen. Er beeinflußt es positiv durch seine guten Taten und negativ durch vermessene Praktiken und durch Versäumnisse. In die *Schöpfungsordnung* aber darf er nicht eingreifen: Das Verbot über „Mischung/Kreuzung" (Lev 19,19) erklärt die Verbindung von Heterogenem als gegen die göttliche Ordnung gerichtet. Eine andere biblische Bestimmung warnt: die Änderung der Schöpfungsordnung bewirke „Verheiligung", mache „untauglich" (Dtn 22,9), zerstöre folglich die Beziehung zu Gott.

Mit der Herrschaft über die Tiere (Gen 1,28) ist dem Menschen auch ihr *Schutz* aufgegeben. Der Rechtsgrundsatz, der Tiere vor Schaden bewahren helfen soll (Lev 24,18), erhält sein Gewicht von jener anderen Vorschrift im Bundesbuch her, die dem Menschen gebietet, auch dem Tier in seiner Not beizustehen (Ex 23,4f., vgl. Dtn 22,4.6). Dem Tier, das in die Arbeitsgemeinschaft der Menschen einbezogen ist, darf der Mensch keine Anstrengung abverlangen, die es überfordert (Dtn 22,10), oder gar das

Recht auf Nahrung verweigern (25,4); vielmehr gilt: „Es ist ihm (d.h. dem Menschen) zu essen verboten, bevor er seinem Vieh Futter gegeben hat" (bBer 40a). Er muß dem Anspruch des Tiers auf einen Ruhetag Geltung verschaffen (Ex 20,10; 23,12; Dtn 5,14). Am Tier soll der Mensch dergestalt Liebe üben, als handele es sich um eine Schuld gegenüber Gott (Dtn 25,4; Ps 147,9; 104,14.27; bHUL 7b); er darf sogar die Schabbatverbote außer acht lassen, um Schmerzen des Tieres zu lindern (bShab 128b). In der *Schöpfungsgemeinschaft* mit den Tieren ist der Mensch der Empfangende. Innig sprechen die Weisen von diesem Verhältnis, in dem der Mensch für sein eigenes Verhalten Vorbilder von den Tieren erhält. R. Jochanan (3. Jh.) sagte: „Wenn nicht die Tora gegeben wäre, so könnten wir (von den Tieren) lernen" (bEr 100b mit genauen Beispielen).

Daß der Mensch den Schöpfer nur ehren kann, wenn er auch sein Werk achtet, ist in der biblischen und nachbiblischen jüdischen Tradition fest verankert und in der biblisch-talmudischen Ethik in klaren Vorschriften zum Schutz der „Natur" geformt. Sie alle finden ihre Begründung im Vorbild Gottes selbst. Die Weisen aktualisierten die konkreten ökologischen Vorschriften der Bibel; sie berücksichtigten die Struktur des natürlichen Haushalts in Raum und Zeit und die Interaktionen unter Tieren und Pflanzen sowie die Beziehungen zwischen diesen. Der Vegetation galt die besondere Aufmerksamkeit: „Allein vom Anfang der Schöpfung der Welt war Gott nur mit dem Pflanzen beschäftigt (Gen 2,8). So sollt auch ihr, wenn ihr in das Land kommt, euch zuerst mit nichts anderem als mit dem Pflanzen beschäftigen" (WaR XXV, 19,23). Die Pflicht des Menschen, seinen Schöpfer durch die Tat nachzuahmen [1], drückten die Weisen in einer Fülle von Ermahnungen und Weisungen zum Schutz der natürlichen Umwelt des Menschen aus. Sie sollten die Gefährdung des Landanbaus und des Waldes durch Viehzucht abwehren, die Nutzung von Wasserquellen, des Fischbestandes im Meer Tiberias sowie des Bodens regeln [2] oder das Verbot, den Baumbestand zu vernichten, tief einprägen: „Das Leben des Menschen hängt vom Baum ab" (Sif Dev 20,19). Das Verbot: „Verdirb nicht ihren (einer belagerten Stadt) Baumbestand" (Dtn 20,19) erhoben die Gelehrten zur Grundbestimmung. Sie untersagt jedes mutwillige oder leichtfertige Zerstören der Schöpfung, sei es Mißbrauch von Holz (bShab 129 a), Vergeudung von Wasser (bYev 11 b), das Abschneiden von Olivenzweigen (bBQ 81 a) oder das Abhauen von Pflanzen (mBQ VIII, 6).

Die Forderung, daß der Mensch seine natürliche Umwelt und seinen Körper als Gottes Schöpfung ehre, bildet eine Einheit in den überlieferten Lehren des Judentums. Die bedienend-hütende Einstellung zur geschaffenen Welt (Gen 2, 15) erreicht der Mensch danach nur, wenn er auch seinen Körper als von Gott geschaffenes und darum zu achtendes und zu bewahrendes Werk behandelt – ihm die nötige Pflege nicht entzieht[3] und seine Kraft nicht durch ungesunde Ernährung, durch übermäßiges Essen und durch die ständige Aufnahme von Genußgiften raubt[4]. Die Bedeutung des Geschöpfes Mensch veranlaßte die Lehrer schon früh, den Zusammenhang von menschlicher Gesundheit und Umwelt zu erforschen und Gesetze zu formulieren, die das Gleichgewicht in der Natur erhalten und dadurch Krankheiten verhindern sollen[5].

Die jüdische Einstellung zur Welt

Unter dem Einfluß der rabbinischen Lehre entwickelte sich im Judentum eine partiell-asketische Haltung allem Geschaffenen gegenüber. Sie wurzelt in Israels Heiligung durch den heiligen Gott[6]. Die Rabbinen entdeckten im biblischen Heiligkeitsbegriff die Doppelheit von Weltabgelöst- und Weltverbundensein. Sie deuteten den göttlichen Auftrag an Israel zur Heiligung als Pflicht, sich von den Bräuchen, vom Denken und Handeln der nichtjüdischen Völker im Umgang mit den Gütern der Schöpfung abzusondern: „‚Ihr sollt heilig sein' – abgesondert sollt ihr sein" (Sifra Lev 19, 2 und 20, 7). Zugleich unterstrich die rabbinische Erklärung die andere Seite der Heiligung – die ungeteilte Hingabe an den Willen Gottes, die im Medium der Geschichte, in den Beziehungen zwischen den Menschen Lebensgestalt annehmen soll: „Wenn ihr von den Völkern abgesondert seid, siehe, so gehört ihr mir (meinem Namen)" (Sifra Lev 20, 26); „Ich sonderte euch aus von den Völkern, daß ihr vor mir dientet" (TO und TPsJ zu Lev 20, 26). Auf diesem Fundament bildeten die Weisen die relativenthaltsame Einstellung zu allen Lebensbereichen aus, den öffentlichen (Wirtschaft, Gesellschaft, Staat) und privaten (Ernährung, Geschlechtsleben, Familie).

Die Berufung zum „heiligen Volk" (Ex 19,6; Dtn 7,6) verpflichtet das Judentum auf das Lebensverhältnis des Dienstes zum heiligen Gott. Die Bestimmung zum Abgesondert- und Auserwähltsein bedeutet, daß Erwählung nichts anderes als Auftrag ist[7] und folglich ohne Erfüllung des Auftrags gleichsam nur negativ besteht[8]. Die Rabbinen betonten, daß Israel, als Mose ihm die Tora (die Weisung zum Leben) Gottes am Sinai verkündete, antwortete: „Alles, was ER geredet hat, wir tuns" (Ex 19,8), sich also seinem Herrn gegenüber ganz auf das Lebensverhältnis des Dienstes verpflichtete, indem es dem Tun den Vorrang gab (24,7). Der spezifische jüdische Lebensweg (Halacha, das „Religionsgesetz") umfaßt, formt und prägt – ganz im Sinn der in der „schriftlichen Tora" begründeten Lebensordnung (Lev 18,5) – das jüdische Leben total. Die jüdische Haltung zur Welt klammert kein Lebensgebiet asketisch aus; sie überläßt aber auch kein Gebiet sich selbst anti-asketisch. Die Halacha beansprucht das jüdische Volk uneingeschränkt, nicht jedoch die anderen Völker.

2. Der Mensch

Würde und Aufgabe

„Gott schuf den Menschen in seinem Bilde, im Bilde Gottes schuf er ihn, männlich, weiblich schuf er sie" (Gen 1,27). Die Wortwiederholungen in dichter Folge betonen: Der Mensch ist geschaffen worden im Bild Gottes. Davon leiten sich die Würde des Menschen und seine Aufgabe ab. Denn das Menschendasein hat seinen ihm vom Schöpfer gegebenen Wert und Sinn nicht einfach darin, da zu sein. Der Mensch hat von Gott sein Dasein *und* die Weisung (Tora). Sie wird als Lebenshilfe verstanden: „Groß ist die Tora; denn sie gewährt Leben dem, der sie befolgt" (mAv VI, 7). Die Allgegenwart der Gebote erinnert den Menschen allenthalben an seine Pflicht vor Gott und gegenüber den Mitmenschen (Sifra Lev 19,1 ff.). Das Übergewicht der Verbote gegenüber den Geboten drückt ein Grundverständnis zwischenmenschlichen Verhaltens im Judentum aus: An dem, was sie nicht tun dürfen, lernen die Menschen die sittliche Tat. Alle Wege zum Guten beginnen mit der Abkehr vom Bösen (Hi 28,28).

Doch hatten bereits die Rabbinen beschlossen[9], daß die Bewahrung des Lebens die Erfüllung aller Gebote verdrängt:

„Es gibt nichts, was der Rettung des menschlichen Lebens entgegensteht, ausgenommen drei Dinge: Götzendienst, Unzucht und Blutvergießen" (tShab XV, 17). Der Grund für diese Norm lautet: „Der Mensch soll durch die Satzungen der Tora leben, nicht aber soll er infolge derselben sterben" (bYom 85b zu Lev 18,5). So wie der Mensch sein eigenes Leben schützen soll, so muß er sich um die Rettung anderer sorgen und das Leben des Mitmenschen und damit die Gemeinschaft vor zerstörendem Haß bewahren.

Verantwortung

Die Fähigkeit, das Gute, das Gott will, auch zu wählen, spricht die jüdische Bibel dem Menschen als seine Lebensaufgabe zu (Dtn 30,15.19). Der Wille Gottes erfordert diese Freiheit des menschlichen Willens. Bereits in der zu Beginn des zweiten Jahrhunderts v. Chr. verfaßten hebräischen Schrift des Jeschua ben Sira heißt es: „Wenn du willst, wirst du die Gebote halten, und Einsicht ist da, seinen (Gottes) Willen zu tun" (Sir 15,15ff.). Die Rabbinen erkannten die Freiheit des Menschen als seine Verantwortung. Der Hauptbeleg stammt von R. Akiba (gestorben um 135): „Alles ist (von Gott) vorhergesehen, aber die freie Wahl (die Vollmacht zur Selbstentscheidung) ist (dem Menschen) gegeben" (mAv III, 16). Zwar ist der Abstand, der den Menschen von Gott trennt, unaufhebbar; aber dem Menschen ist die Annäherung geboten: „R. Chanina (um 225) hat gesagt: Alles liegt in der Hand des Himmels (d.h. Gottes) mit Ausnahme der Gottesfurcht" (bBer 33b; bMeg 25a; bNid 16b). Die Tora bleibt der Wegweiser; aber der Mensch muß sich mit seiner Vernunft frei entscheiden, seinen Willen im Willen Gottes zu begründen. Die Weisen verdeutlichten dies am Ringen zweier entgegengesetzter „Triebe", deren Einfluß der Mensch zwar ausgesetzt, denen er jedoch nicht hilflos ausgeliefert sei; vielmehr könne er in eigener Verantwortung darüber entscheiden, welchem von beiden „Trieben" er jeweils folgen will (QohR IV, 13). R. Chanina b. Papa (um 300) lehrte: „Wenn du sagen wolltest, der böse Trieb sei nicht in deiner Gewalt, so sagt die Schrift lehrend: ‚Er ist dir anvertraut' (so zu Jes 26,3). Ferner habe ich dir längst in der Tora geschrieben (Gen 4,7): Du sollst über sie (die Sünde) herrschen" (BerR XXII, 4,6). Die Rabbinen wurden nicht müde zu betonen, daß der Mensch seine Freiheit recht nur in Verantwortung gebrauchen kann. Akiba drückte es plastisch aus: „Alles wird auf Pfand gegeben und ein Netz ist ausgebreitet" (mAv III, 17). Resch Lakisch (um 250) ging über die Auffassung hinaus, der zufolge der Mensch Gott Rechenschaft schuldig ist: Er unterstrich, daß Gott dem Bereitwilligen hilft: „Will sich einer verunreinigen, so eröffnet man (d.h. Gott) ihm dazu die Möglichkeit. Will einer rein sein, so unterstützt man ihn dabei" (bYom 38b).

Das Judentum bestreitet nicht die Neigung des Menschen zur Sünde (Ps 51,7; Gen 6,5; 8,21) und erst recht nicht die menschlichen Möglichkeiten zu Taten der Sünde: „Welches ist der fremde Gott im Menschen? (Ps 81,10). Der böse Trieb" (bShab 105b). Doch seine Weisen lehren: „Solltest du aber sagen: Warum hat der Heilige, gesegnet sei er, den bösen Trieb geschaffen ... (Gen 8,21) – und wer kann ihn in einen guten verwandeln? Der Heilige, gesegnet sei er, sagt darauf: Du selbst machst ihn böse" (ARN 17). Nach der rabbinischen Vorstellung kann zwar das Handeln des Menschen negativ beurteilt werden, nicht aber „der böse Trieb"; im Gegenteil, die Rabbinen erkannten ihm die schöpferische Leistung im göttlichen Plan zu, ohne die es weder Familie noch Fertigkeiten und Handel gäbe (BerR IX; 1,31; MTeh IX, 1).

Leiden

Obwohl die Geschichte des jüdischen Volkes eine Geschichte der Leiden ist, läßt sich in ihr als Eigentümliches der übermächtige Lebenswille der jüdischen Gemeinschaft und der einzelnen erkennen. Er verhindert Gleichgültigkeit und Entsagung gegenüber der Welt. Weil es Gottes Schöpfung ist, erkannte das Judentum im Leiden nie die Grundform des Daseins, wohl aber Gottes Anruf an den Menschen, ein Schaffender nach seinem Willen zu sein: „Wenn der Mensch sieht, daß Leiden über ihn kommen, so untersuche er seine Handlungen ... Hat er sie untersucht und nichts (Verwerfliches an ihnen) gefunden, so suche er den Grund seines Leidens in Vernachlässigung des Torastudiums ... Wenn er (auch) hier nichts gefunden hat, so sind es sicherlich Züchtigungen der Liebe" (bBer 5a), die er in Liebe annehmen soll. Gott liebt die willig Leidenden und festigt die Gemeinschaft mit ihnen. Wer am Herzen lauter ist, erfährt, daß Gott gut zu ihm ist. Darum leiteten die Rabbinen dazu an, im Leiden einen Grund zum Gotteslob zu erkennen: „Nicht sollt ihr es mit mir machen, wie es die andern in den (nichtjüdischen) Ländern zu machen pflegen. Wenn Gutes über sie kommt, dann ehren sie ihre Gottheit ..., und wenn Strafe über sie kommt, dann fluchen sie der Gottheit ... Aber wenn ich über Israel Gutes bringe, so sagen sie Dank, und wenn ich über sie Leiden bringe, sagen sie Dank" (MekhY Ex 20,23; vgl. SifDev 6,5; bBer 5a; 60b). Der Schöpfer vernimmt jedes Dasein seiner Geschöpfe, schaut auf alle alle Zeit. Daran knüpften die Rabbinen ihre Hoffnung, wenn sie den Menschen auferlegten: „Jeder ist verpflichtet, für das Schlechte (Gott ebenso) zu preisen, wie er für das Gute (Gott) preist" (mBer IX,5).

Unter das unvermeidbare Leiden soll sich der Mensch beugen, weil es ihn zur Umkehr bewegt (mYom VIII,8; tYom V,6ff.). Die Rabbinen lehrten Demut im Leiden als Ergebung in Gottes Liebe (SifDev 6,5; bBer 5a; bSan 101a). Der das Leben gibt, trägt es auch in allem Leid. In solchem Vertrauen wird Ergebung zum Dienst an Gott (MekhY Ex 12,1; bBer 32a; bBM 85a). Von hier aus ist auch der Rat zu verstehen, dem Unrecht, das einem im persönlichen Leben angetan wird, nicht mit Gewalt entgegenzutreten (bMeg 28a; bYom 23a), und die Mahnung, behebbare Übel unter allen Umständen zu vermeiden: „Stets gehöre der Mensch zu den Verfolgten und nicht zu den Verfolgern" (bBQ 93a; vgl. 92b).

Sterben und Tod

Seit der ersten Gebotsübertretung (Gen 3) gehört der Tod zur Geschichte der Menschen, die sich gegen den Willen Gottes auflehnen (SifDev 32,32). Die Israeliten empfingen mit der Tora die

Gelegenheit, durch gehorsame Erfüllung der Weisung zum Leben die Macht des Todes zu überwinden (WaR XVIII, 15, 1). Aber sie gaben die Chance preis (ShemR XXXII, 23, 20). Da jeder Mensch die Verantwortung für sein Tun und sein Unterlassen selbst trägt, verursacht er durch seine Sünde auch den eigenen Tod (Dtn 24, 16; bAZ 5a). Mit Adams Sünde ist zwar der Tod in die Welt gekommen, aber keine ererbte Notwendigkeit zu sündigen (BerR XVI, 2, 17). Die Mehrheit der Rabbinen akzeptierte *den natürlichen Tod* eines Menschen *als Gottes Ratschluß* (SifDev 32, 1), sah im vorzeitigen Tod jedoch die Strafe Gottes für die Sünde des einzelnen (mAv IV, 22). Nach dieser Ansicht beschleunigt die Sünde den Tod, verursacht ihn aber nicht. Der Sünde Adams aber lasteten einige Weise an, das schlechte Beispiel habe dem menschlichen Geschlecht die Neigung zur Sünde vermittelt [10]. Mit solchen Gedanken versuchten die Lehrer des Judentums, die Gefahr abzuwehren, die aus einer Lehre vom Tod als Gottes Ratschluß hätte erwachsen können: Die Verantwortung der einzelnen durfte durch sie nicht geschwächt werden.

Ein wichtiger Aspekt der Überlieferung integriert den Tod in die Schöpfungsordnung. In einem Exemplar der Tora R. Meirs hatten Spätere eine Randglosse des Meisters gefunden, die das hebräische Wort für „sehr" (Gen 1, 31) in das lautähnliche für „Tod" vertauschte. Vielleicht wollte R. Meir nur sagen, auch der Tod sei gut, weil mit dem Tod das schuldvolle Handeln der Menschen aufhöre (Ber R IX, 1, 31). Maimonides (1135–1204) aber verstand ihn anders. Er interpretierte Genesis 1, 31 in dem Sinn, daß der Tod „gut ist für den dauernden Bestand des Seins und für den Fortbestand der seienden Dinge in der Aufeinanderfolge", und behauptete, daß R. Meirs Ausspruch genau diesen Gedanken äußere [11]. Es ist keineswegs auszuschließen, daß R. Meir zehn Jahrhunderte vor Maimonides lehrte: Der Tod ist gut, weil er das Werden anderer Generationen ermöglicht; er ist der Preis, den jedes Leben für eine neue Geburt bezahlen muß. Darum ist *der Tod* ein notwendiger und auch zu bejahender *Teil der Schöpfungsordnung.*

Belebung der Toten

Das jüdische Volk erwartete das Reich Gottes auf Erden stets als geschichtlich-reale Erlösung des ganzen Israel aus aller Knechtschaft. Aber würde sie nur die beim Anbruch der messianischen Herrschaft Lebenden erreichen? Die Hoffnung auf die Auferwekkung von den Toten begegnete dem sich verzögernden Kommen des endzeitlichen Erlösers: „Und viele, die am Boden des Staubes schlafen, erwachen, diese zu Leben in Weltdauer und diese zu Schmach und zu Schauder in Weltdauer" (Dan 12,2). Damit war der Durchbruch zur Rede vom „ewigen Leben" der einzelnen und von der individuellen Vergeltung nach dem Tod vollzogen. „Die Belebung der Toten" (mBer V,2) wurde eine Hauptlehre des pharisäisch-rabbinischen Judentums. Sie äußert das Vertrauen in Gottes Schöpferhandeln, das auch die Toten in ihrer leiblich-seelischen Existenz umfaßt: „Du bist mächtig in Ewigkeit, Herr! Die Toten belebst du, stark in Hilfe. Die Lebenden erhältst du in Liebe, die Toten belebst du in großem Erbarmen" (2. Benediktion des Achtzehn-Bittengebets).

Den Vergeltungsbegriff bzw. das Verantwortungsprinzip: „mit dem Maß, mit dem ein Mensch mißt, mißt man (d. h. Gott) ihm" (R. Meir in bSan 100a), vereinigten die Rabbinen mit der Auferstehungserwartung: In der „kommenden Welt" erfreuen sich die Menschen ihrer guten Taten bzw. leiden wegen ihrer schlimmen Taten und Unterlassungen in „dieser Welt" (TanB, Pekudey § 7 zu Ex 38,21; mAv IV,22; bEr 22a). Den überspannten Träumen von der Glückseligkeit der Gerechten in der „kommenden Welt" traten die Rabbinen schroff entgegen (bBer 34b).

Wenn auch die jüdischen Religionsphilosophen über die Totenbelebung verschiedener Ansicht waren, so stimmten sie doch – bis auf Maimonides [12] – darin überein, daß jeder für seine Taten verantwortlich sei und darum die Körper-Seele-Einheit der menschlichen Person unteilbar sein müsse. Im modernen Judentum verstehen auch traditionelle Kreise den Glauben an die Auferweckung weniger wörtlich; sie sehen in ihm vielmehr eine Bezeugung, daß von Gott das endgültige Heil für den einzelnen abhängt.

3. Der verwirklichende Mensch

Handlungsgrund

Die Rabbinen preisen Gott, der die Israeliten „mit Geboten umringt hat" (bMen 43 b). Sie betrachten die Allgegenwart der Gebote als ein Vorrecht und in gewisser Weise auch als Schutz, der den Menschen stets an seine Pflicht vor Gott und gegenüber den Mitmenschen erinnert (Sifra Lev 19, 1 ff.). Sie lehren, jede Gebotserfüllung als Anlaß zu ergreifen, durch die Segnung Gottes mit und zu allem die rechte Stellung zu „unserem" Gott zu gewinnen: Die Benediktion vor dem Tun soll den Sinn des Vollziehenden zu dem rechten Bewußtsein sammeln, in dem das Gebotene erfüllt sein will. So gereicht die Handlung zur Heiligung dessen, der sie erfüllt. „Gesegnet seist du, Adonai, unser Gott, (König der Welt,) der uns geheiligt hat durch seine Gebote und uns geboten hat" (bBer 11 b). Werke der Heiligung kann nur vollbringen, wer die von den Werken Gottes ausgehende Heiligung in sich aufnimmt (Lev 19, 2; 18, 5). Der Verwirklichende muß lernen, mit dem eins zu werden, was er tun soll. Darum ergänzt die erzählende Überlieferung (Aggada), die „das Herz des Menschen nach sich" ziehen will (bYom 75 a), das feste System der Gehvorschriften (Halacha), die dem Leben Maß und Grenze setzen. Gebietet dieses das Handeln, so erinnert jenes an den Sinn allen Erfüllens. Die Aggada zielt auf die Umwandlung des Vollbringenden: „Ob man viel oder wenig tut, wenn man nur sein Herz auf den Himmel richtet" (bBer 17 a); „alle deine Handlungen geschehen um Gottes willen" (mAv II, 12). Halacha und Aggada sind im talmudischen Schrifttum aufeinander bezogen, damit das überlieferte Judentum vor gesetzlicher Erstarrung wie vor religiösem Wildwuchs bewahrt werde. Erst beide zusammen machen deutlich, daß die jüdische Gehorsamspflicht in die Wechselbeziehung zwischen Gott und Mensch eingebunden ist und daß ethisches und religiöses Leben unausschmelzbar zusammengehören.

Die in der biblischen und talmudischen Literatur begründete Scheu, die Gottesbeziehung theologisch-systematisch zu erfassen[13], relativierte stets die Macht von Glaubenssätzen in der Geschichte des Judentums. Gewicht im jüdischen Dasein erhielt kein Dogma, das ja nur in der Abhebung von der konkreten Situation gebildet werden kann, vielmehr wurden alle Kräfte darauf konzentriert, die Spuren der Gegenwart Gottes in der Geschichte wahrzunehmen, damit der Mensch ihnen folge (Dtn 10,12; 11,22; 26,17; 30,16). Das Wesentliche der Frömmigkeit geschieht in der Erfüllung des Gottesgebotes (mAv IV, 11; bHul 141 a); in ihr hat Gott dem Menschen den Gehalt seines Lebens gegeben: „Wahret meine Satzungen und meine Rechtsgeheiße, als welche der Mensch tut und lebt durch sie" (Lev 18,5). Die Halacha ist der in Talmud und Kodifikationsliteratur vorliegende Kommentar zur Bibel, fortgeschrieben durch jene Antworten, die rabbinische Autoritäten in Form von Sendschreiben oder Rechtsgutachten erteilten; er unterscheidet das jüdische Volk von allen modernen Nationen, aber auch von allen anderen Religionen. Indem er sich auf das gesamte jüdische Leben erstreckt, unterscheidet das Recht des Judentums nicht zwischen „religiösen" und „weltlichen" Daseinsbereichen. Es wird als Schöpfung Gottes, nicht der Menschen aufgefaßt (mAv I, 1). Darum ist nicht Macht Recht, sondern Recht ist Macht, die von Gott kommt (ShemR XXX,21,1).

Doch kann und soll der Mensch das Recht verwirklichen. Von ihm muß es auch verantwortet werden. Es verpflichtet nach traditionellem Verständnis Juden überall und immer, mit Ausnahme derjenigen Gesetze, die „außerhalb des Landes" (Israel) keine Geltung haben oder die an die Existenz des souveränen jüdischen Staates gebunden sind. Jedoch gebietet eine Vorschrift den Diasporajuden die Anerkennung des fremden Staatsgesetzes, falls es nicht den religiös-sittlichen Gesetzen des Judentums widerspricht (bGit 10b). Das jüdische Recht vereinigt Strenge und Milde; damit spiegelt es die beiden Handlungsweisen Gottes wider, der Liebe gewährt und ahndet (Ex 20,5f.; Jdc 5,31). Die Rechtspraxis muß zwischen strengem Anspruch und gütigem Nachgeben eine Mittellinie finden, um dem Grundsatz zu genügen, daß Gott um des Menschen willen das Recht gab, nicht aber den Menschen wegen des Rechts erschuf: Der Mensch soll dadurch leben, nicht aber sterben (bSan 74a auf der Grundlage von Lev 18,5). Die talmudischen Gelehrten ließen sich von dem in Altisrael entwickelten Sinn für soziale Gerechtigkeit leiten[14], als sie das Recht entsprechend den veränderten Bedingungen ausgestalteten, um zugunsten der wirtschaftlich Schwachen einen Ausgleich bei Interessenkollisionen zu erreichen.

Lernbares und erfüllbares Tun

In der Lehre vom „Maß des Guten" zeigten die Rabbinen einen Zusammenhang auf, der ihnen wichtig war: daß Gottes Wege diejenigen sind, die der Mensch suchen soll. Die Erfahrung, daß Gott das Gute in reicherem Maße mißt als die Strafe (SifBam 5,15; Sifra Lev 5,17), wird zugleich zum Grundsatz allen menschlichen Handelns: „Du mußt wohl sagen, das Maß des Guten (der Güte) sei größer als das Maß der Strafe" (bSan 100a–b; bYom 76a, vgl. MekhY Ex 16,14). Die Tora, d.h. die Lehre der Tat und der Entscheidung in Pentateuch und seiner verbindlichen rabbinischen Auslegung, galt den Weisen als lernbar (Lev 10,11), jedes ihrer Gebote als Forderung Gottes, die der einzelne zu erfassen und sich zu eigen zu machen vermag; er muß sich nur stetig um Einsicht in die Tora bemühen und in ihr den Willen Gottes aufspüren, um realisieren zu können, wie abscheulich Sünde und Verderbtheit in den Augen Gottes sind (bHul 44b; ARN 2; tYev IV,7). Der Weg zur Tora, zum Verstehen der göttlichen Weisung, mag lang und schwierig sein; aber der dazu entschlossene und bereite Mensch kann ihn beschreiten und meistern; ihm wollten die Weisen dabei helfen durch die Entfaltung eines Katalogs von Handlungen, die sie freilich ebenso einfach wie bestimmt nur als „Worte, Dinge" kennzeichneten, die erlernbar und erfüllbar sind. „Die Tora aber wird erworben durch achtundvierzig Dinge" (mAv VI,6). Eine Verheißung beschließt diese Liste: „Groß ist die Tora; denn sie gewährt Leben dem, der sie befolgt, in dieser und in der kommenden Welt" (ebd. VI,7). Die kürzeste Fassung jüdischer Ethik stammt von Hillel, der 100 Jahre vor der Zerstörung des Heiligtums zum Vorsitzenden des Sanhedrin bestellt worden war (bShab 15 a): „Was dir verhaßt ist, das tu auch deinem Nächsten nicht. Das ist die ganze Tora, alles andere ihre Auslegung. Geh hin und lerne!" (ebd. 31 a). Hillel hatte damit ein Sprichwort aus der griechischen Philosophie, das sich schon im Buch Tobit 4, 15 fand, zur Richtschnur geprägt, mit deren Hilfe der Mensch die Liebe zum Nächsten in die Tat umsetzen sollte.

Einheitliches Leben

Die jüdische Bibel leitet sittliche, rechtliche und religiöse Vorschriften ungeschieden von der einheitlichen Willensoffenbarung Gottes her. Alles, was in der Neuzeit in einzelne Sonderbereiche eines geteilten menschlichen Daseins zerfällt, faßt der Aufruf an das jüdische Volk in einem ungetrennten Leben vor Gott zusammen: „Ihr sollt heilig werden, denn heilig bin ICH, euer Gott" (Lev 19, 2, vgl. 11, 44; 20, 7.26). Dem einzelnen im Gottesvolk gilt die religiös-sittliche Forderung, seinen Teil in der göttlich-menschlichen Wechselbeziehung durch die Nachahmung Gottes zu realisieren (Mi 6, 8). Den Einfluß dieser Lehren in der Erziehung zum sittlichen Handeln [15] verstärkte die Bestimmung: „Alle Rede, die ich euch gebiete, wahrt sie im Tun, füge nichts hinzu, streiche nichts davon!" (Dtn 13, 1).

Wie stark auch das jüdische Schrifttum von sittlichen Forderungen durchdrungen ist, so gewiß weist es auch auf die Wurzel aller Ethik hin; Sittlichkeit läßt sich nicht von der Gottesbeziehung lösen. Allein aus ihr wächst die Kraft, zu den „Gedrückten, die nicht wieder bedrücken", zu gehören, „die ihre Schmähung anhören und sie nicht erwidern, die aus Liebe (zu Gott) handeln und über Leiden sich freuen" (bShab 88 b; bGit 36 b), die im persönlichen Leben dem erlittenen Unrecht nicht mit Gewalt entgegentreten: „Wer nachgiebig ist (d. h. vom eigenen Willen absieht), bei dem geht man (d. h. Gott) über alle seine Sünden hinweg" (bMeg 28 a; bYom 23 a), die „zu den Verfolgten und nicht zu den Verfolgern" zählen (bBQ 93 a) und sich „einen Sattel" auflegen, wenn ihre Mitmenschen sie „einen Esel nennen" (ebd. 92 b). Die jeden Tag neu das Ziel verfolgen: „Imer sei der Mensch gottesfürchtig im Geheimen und bekenne die Wahrheit und spreche die

Wahrheit aus im Herzen", bitten im Morgengebet: „So sei es denn von dir ausgehender Wille, Ewiger, unser Gott und Gott unserer Väter, daß du uns in deiner Lehre (Tora) geübt sein lassen und an deine Gebote uns anschließen mögest. Laß uns nicht zu Sünde kommen, nicht zu Übertretung und Missetat und nicht in Versuchung". Sie wissen um die Quelle ihrer Kraft: „Nicht auf unsere Frömmigkeitserweisungen (Bewährungen) gestützt, schütten wir unsere Bitten vor dir aus, sondern gestützt auf dein großes Erbarmen. Was sind wir, was ist unser Leben, was unsere Liebe, was unsere Frömmigkeit, was unsere Hilfe, was unsere Kraft, was unsere Stärke, was sollen wir vor dir sprechen, Ewiger, unser Gott und Gott unserer Väter!"

4. Das Dasein des Menschen

Ernährung

Als Folge wie als Vorbedingung der Heiligung[16] bewirkt der Grundsatz der Reinheit (Lev 16,19; Ez 36,23–25) eine relativ asketische Praxis in allen wichtigen Bereichen des jüdischen Lebens. In der Ernährung veranlaßt er die Menschen, zwischen dem „Makligen", dem „Nicht-Eßbaren", und dem „Reinen", dem „Eßbaren", zu unterscheiden (Lev 11,46f.). Diese Weisung ist mit der Warnung verknüpft: „Bemakelt euch nicht durch sie (die makligen, nicht-genießbaren Tiere), daß ihr durch sie maklig würdet" (V. 43). Sie wird von Gottes Forderung hergeleitet: „Denn ICH bin euer Gott: Heiliget euch und werdet heilig, denn heilig bin ich" (V. 44; vgl. V. 45). Juden sollen ihre Speisen als „Nahung" (korban, „Opfer"), ihren Tisch als „Altar" betrachten und ihre Mahlzeiten als gottesdienstliche Handlung heiligen. Die zum Genuß erlaubten Tiere müssen allen Anforderungen entsprechen, die beim Korban vorgeschrieben sind, durch den sich Israel während des Tempelbestandes Gott zu nahen suchte (Lev 1–10). Auch bei der täglichen Ernährung sollen Juden die Herrschaft des einzigeinzigen Gottes anerkennen; darum müssen sie die gleichen Bestimmungen hinsichtlich vollständiger Fehlerlosigkeit, die schon der Tempelgottesdienst verlangte, in der Auswahl, beim Schlachten und Zubereiten der Tiere zum Genuß beachten. Die Speisegebote stellen ein notwendiges Mittel zur Erfüllung der Aufgabe dar: „Denn ein heiliges Volk bist du IHM, deinem Gott" (Dtn 14,2).

Geschlechtsleben

Die rabbinische Haltung zur Sexualität vereint Gegensätze: Sie betont strenge Selbstbeherrschung und entzieht sich zugleich jedem radikal-asketischen Anspruch. Sie weist eine Sexualität zurück, die von Vernunft und Willen unkontrolliert, d.h. verantwortungslos realisiert wird. Der Mensch soll seine Fähigkeit zur freien Entscheidung (mAv III, 16) auch im Gebrauch seiner Geschlechtlichkeit bewähren. Als den Weg dorthin verordnen die Rabbinen eine relative Enthaltsamkeit: „Wer sich von der Unzucht scheidet, der wird heilig genannt" (WaR XXIV, 19,2). Auf den Grundlagen der sexualethischen Satzungen in der Tora [17] und der prophetischen Kritik an sexuellen Ausschweifungen [18] schufen die Lehrer des Judentums ein Geflecht von Bestimmungen, die – weil sie sich an Vernunft und Willen richten – den Menschen in die Lage versetzen sollen, sein Geschlechtsleben innerhalb dieses Orientierungsrahmens zu beherrschen und zu entfalten. Die Trennung des Gottesvolkes von seiner Umwelt (Ex 19,5f.; Dtn 7,6; Num 23,9) hatte schon die biblische Sexualethik in einen schroffen Gegensatz zu den Sitten der Völker gestellt (Lev 18,3.30; Dtn 18,9). Die Rabbinen bauten sie zu einem dichten Schutzwall um das jüdische Dasein aus. Sie warnen vor den Formen der Sexualität, wie sie unter den anderen Völkern geübt worden seien [19]. Nach den rabbinischen Sexualvorschriften fordert der heilige Gott Israels die Absonderung seines Volkes von derartigen Handlungen und gebietet ihm stattdessen, das Zusammenleben von Mann und Frau zu heiligen, das in seinem Dienst steht und nicht verletzt werden darf [20]. Die Verbote für die inkriminierten Handlungen sollen in zweifacher Richtung wirken: Sie sollen das Überleben der jüdischen Gemeinschaft um ihres weltgeschichtlichen Auftrags willen (MekhY Ex 19,5f.) vor den Folgen des gleichgeschlechtlichen und des geschlechtlichen Umgangs mit Tieren schützen und den Schalom in den sozialen Beziehungen (bBer 17a) dadurch bewahren helfen, daß sexuelle Leidenschaft nicht Konflikte in der eigenen und in der Ehe und Familie des anderen verursache.

Ehe und Familie

Aus der Ebenbildlichkeit des geschaffenen Menschen mit seinem Schöpfer (Gen 1,26–28) erschließen die jüdischen Weisen die Verpflichtung zur Ehe als der Gründung einer Familie: „Der Mann soll nicht ohne die Frau und die Frau nicht ohne den Mann und beide nicht ohne die Schechina (Gegenwart Gottes) sein" (BerR XXII, 4, 1). Die Eheleute sind für die Familienplanung verantwortlich: „Es soll sich niemand der Fortpflanzung enthalten, es sei denn, daß er bereits Kinder hat" (mYev VI, 6; tYev VIII, 4). Die Rabbinen sehen den Zweck des Ehe- und Geschlechtslebens mit der leiblichen Fortpflanzung durchaus noch nicht als erfüllt an; sie gestehen der zur Liebesbeziehung gehörenden Freude von Mann und Frau ihren natürlichen Anteil am Leben der Menschen zu (bNed 15 b; bNid 71 b). Partielle Abstinenz fordert die Menschen heraus, nicht alles jederzeit zu tun, was sie physisch und psychisch tun können. Die teilweise, aber regelmäßige geschlechtliche Enthaltsamkeit aber kann auch ihre Liebesbeziehung bereichern – durch eindringliche Erwartung und Neubeginn (bNid 31 b). Erst Mann und Frau gemeinsam verdienen die Bezeichnung „Mensch" (BerR VIII, 1, 26). Dieser ganze Mensch muß dazu beitragen, die Menschheit zu erhalten und den Zusammenhang zwischen den Generationen zu bewahren.

Die Familie ist im jüdischen Dasein der selbstverständliche Ort, an dem die Überlieferung des Judentums an die Kinder und Kindeskinder weitergegeben wird (Dtn 6, 7.20–25; Ex 12, 26 f.; 13, 14–16). Nur die Gemeinschaft der Verwirklichenden ermöglicht die Zusammengehörigkeit der Generationen. Religiöse und sittliche Unterweisung ihrer Kinder ist Aufgabe der Eltern, wie es zu ihrer Verantwortung zählt, für die körperliche und geistige Entwicklung der Nachkommen, auch für ihre Vorbereitung auf einen Beruf zu sorgen[21]. Das elterliche Handeln steht im Judentum in hohem Ansehen. Schon die Tora band Israels Fortbestand im Land der Verheißung an die Ehrung von Vater und Mutter (Ex 20, 12; Dtn 5, 16). Die Rabbinen legten die Glücklichpreisung von

Psalm 106,3 auf die Zuwendung von Mutter und Vater zu ihren Kindern aus: „Ist es möglich, jederzeit Wohltat zu üben? Dies erklärten unsere Lehrer in Javne ...: Das ist, der für seine unmündigen Söhne und Töchter treu sorgt" (bKet 50a). Die Autorität der Eltern geschieht, indem sie sich um das Wohl der Kinder kümmern; ihre Vollmacht ist nicht unbegrenzt; die Gebote setzen ihr Grenzen – wie sie den Gehorsam beschränken, der von den Kindern gegenüber den Eltern gefordert wird. Auf Gott können sich Eltern nicht mit Vorrang berufen. Sie sind gemeinsam mit ihren Kindern Gottes Geschöpfe (Ps 103,13; 123,2). Gott aber wirkt in den Realitäten und begründet den von Menschen stets gefährdeten Zusammenhalt der Generationen (Ps 90). Auf ihn richtet sich in den äußersten Spannungen zwischen Alten und Jungen die Erwartung, „daß er umkehren lasse der Väter Herz zu den Kindern, der Kinder Herz zu ihren Vätern" (Mal 3,24).

Stellung der Frau

Auf jüdische Frauenfragen wirkten stets auch die Sitten der israelitischen Umwelt und die Prozesse in den nichtjüdischen Gesellschaften ein, unter deren Einfluß Juden im Laufe ihrer Geschichte gerieten. Wie bei der Mehrheit des jeweiligen Umfeldes stören Ungleichgewichte die Rechtstellung der jüdischen Frau in der Vergangenheit und in der Gegenwart; ihr Zeugnis auf religiösen Dokumenten ist unzulässig [22], auch kann sie keinem Rabbinatsgericht angehören [23]. Dennoch würde ein Urteil, das jüdische Frauen vornehmlich als Benachteiligte darstellte, das von der Tradition geforderte Dasein verzeichnen. Die Bestimmungen der jüdischen Tradition sichern seit dem Altertum die Lage der Frauen mehr als anders geprägte Zivilisationsmodelle. Bereits die biblische Überlieferung bewahrt das Verlangen von Frauen nach gerechter und gleichberechtigter Behandlung, als die Gesellschaft sie ihnen vorenthielt (Num 27,1–11; IIReg 4,1–13). Die rabbinische Auslegung erneuerte die Forderung in veränderter gesellschaftlicher Situation [24]; sie ließ die fünf Töchter des Zelofchad den Grundsatz der Gleichberechtigung in einem wichtigen Fall formulieren: „Wo wir wie Söhne angesehen werden, so wollen wir auch wie Söhne erben" (BemR XXI,27,1, vgl. TanB § 8 zu Num

27,1) und vom göttlichen Wort bekräftigen: „Die Töchter Zelofchads haben Recht, denn der Heilige, gesegnet sei er, stimmte mit ihrer Rede überein" (TanB § 9 zu Num 27,7; BemR XXI,27,7), die Frauen aber Gott preisen, der die Menschen liebt und die Männer dabei nicht bevorzugt: „Gottes Liebe ist nicht gleich der Liebe eines sterblichen Vaters, der seine Söhne seinen Töchtern vorzieht; er, der die Welt geschaffen hat, erstreckt seine Liebe auf all seine Kinder. Seine liebende Barmherzigkeit gehört allen seinen Werken" (SifBam 27,5).

Nach rabbinischer Rechtsauffassung sind Frauen gegenüber allen Satzungen des Zivil- und Kriminalrechts Männern gleichgestellt (bQid 35a). Von allen an festgesetzte Zeiten gebundenen Geboten sind Frauen befreit (mQid I,7). Aber sie haben das Recht, alle diese Gebote auszuüben und vor ihrer Erfüllung den vorgeschriebenen Segensspruch zu sprechen. Daher sind prinzipiell auch Frauen im öffentlichen Gottesdienst zur Toravorlesung zugelassen (tMeg IV,11); jedoch schränkten die Rabbinen das ursprüngliche Recht der Frauen auf aktive Mitwirkung beim öffentlichen Gottesdienst ein. Zwar schien man sie im Altertum zur Toralektion aufgerufen zu haben, um sie zu ehren; jedoch verzichteten sie auf die Ausübung ihres Rechtes der Sitte gemäß „wegen des Respekts, der der Gemeinde gebührt" (bMeg 23a, vgl. I Kor 14,34); das Toravorlesen einer Frau hätte nach antikem Empfinden bedeutet, daß der Gemeinde Männer für diese öffentliche Funktion fehlten. Obwohl Frauen zu jeder Zeit volle Mitglieder des Bundesvolkes waren (Jos 8,35), kannte sie das biblische und rabbinische Judentum nicht als Trägerinnen öffentlicher gottesdienstlicher Ämter, weil es sich abgrenzte gegen heidnische Gestirn- und Fruchtbarkeitskulte mit ihren Priesterinnen und der Tempelprostitution. Frauen sind verpflichtet zum Achtzehn-Bitten- und zum Tischgebet nach der Mahlzeit, auch zum Anbringen der Mesusa, einer Kapsel, die am rechten Türpfosten der Zimmer eines jüdischen Hauses befestigt wird und eine Inschrift aus der Tora auf einer Pergamentrolle enthält (mBer III,3). Dagegen entfällt für sie die Pflicht zum Torastudium (bQid 34a)[25].

In allen Bestimmungen über das Verhalten der Kinder gegenüber den Eltern sind Frau und Mann ebenso gleichgestellt[26] wie in den Vorschriften über Schabbat- und Festfeier[27]. Das jüdische

Ehe- und Familienrecht[28] setzt die gegenseitigen Rechte und Pflichten der Partner fest. Die Trauungsurkunde (mQid I, 1) muß mit Einwilligung der Frau geschrieben werden (bQid 19a) und den Namen von Mann und Frau erwähnen[29]. Der seit der Spätantike gebräuchliche Ehevertrag (Ketubba) hält die sittlichen und sozialen Pflichten des Mannes gegenüber der Frau fest, insbesondere die Verpflichtung, sie in Ehren zu halten (bKet 10a; 56a). Auf die Ehrung der Frau legt das Judentum höchsten Wert: Sie leitet den häuslichen Betrieb (Prov 31, 10–31), ist für die Durchführung der Speisevorschriften und für das Anzünden der Schabbatlichter verantwortlich; sie erzieht die Kinder (Prov 1, 8). Die Ehrung der Frau strahlt auf das jüdische Familienleben aus; die Gestaltung des Schabbat nach dem Brauchtum in orthodoxen Familien läßt es als besonders innig erscheinen. Daß Frauenehrung auch sozial verwirklicht werden müsse, wurde bereits in talmudischer Zeit geboten: „Wie ein Mensch Sorge trägt für die Ehre seiner Witwe, so soll er auch Sorge tragen für die Ehre seiner geschiedenen Frau" (yKet XI, 34b, 50).

Das Recht der jüdischen Frau auf Selbstbestimmung schließt seit talmudischer Zeit den Geschlechtsverkehr und die Schwangerschaft ein. Die Ruhezeiten im Leben einer Frau[30], die sie durch ein Tauchbad in der Mikwe beendet (mMiq I, 7), lassen das rabbinische Modell erkennen: Die Frau allein bestimmt darüber, ob und wann sie zur geschlechtlichen Vereinigung bereit ist. Vergewaltigung in der Ehe verwarfen bereits die talmudischen Weisen (bEr 100b). Ihre Entscheidung, die Frau nicht zur Fortpflanzung zu verpflichten (mYev VI, 6; bYev 65b), sicherte das Recht der Frau, sich für oder gegen eine Schwangerschaft zu entscheiden. Geburtenkontrolle übt die jüdische Frau seit der Antike durch den Gebrauch von Verhütungsmitteln beim Geschlechtsverkehr (bYev 100b), Geburtenverhinderung sogar durch den „Becher der Unfruchtbarkeit" (tYev VIII, 4), ein antikes Mittel zur Sterilisierung (bYev 65b).

Lebenserhaltung hat in der jüdischen Ethik Priorität. Die Rabbinen leiteten die Pflicht, menschliches Leben in Gefahr zu retten (pikkuach nefesch), aus Lev 19, 16 her. Diese Norm hebt sogar sämtliche Schabbatgebote auf (mYom VIII, 6) und setzt alle rituellen Befolgungen (bHul 10a), die Speisevorschriften eingeschlossen, außer Kraft; denn „außer Götzendienst, Unzucht und Mord geht nichts über die Lebenserhaltung" (bKet 19a). Diese elementare Satzung zieht das rabbinische Recht auch bei der Erörterung des Problems heran, ob ungeborenes Leben vernichtet werden dürfe. Danach ist Abtreibung erlaubt, wenn der Fötus das Leben der Mutter in Gefahr bringt, „weil das Leben der Mutter dem des Kindes vorgeht" (mOhal VII, 6).

Erziehung

Wie hoch das Judentum die Erziehung der Kinder einschätzt, zeigt der dichte biblische Zusammenhang zwischen der Grundforderung der Liebe zu Gott und der Weisung: „Es seien diese Reden, die ich heuttags dir gebiete, auf deinem Herzen, einschärfe sie deinen Kindern, rede davon, wann du sitzest in deinem Haus und wann du gehst auf den Weg, wann du dich legst und wann du dich erhebst" (Dtn 6, 4 f. 6 f.; vgl. 11, 19; 31, 12 f.). Das Verhalten der Eltern soll die Kinder zu Fragen veranlassen, so daß die Antworten aus dem Leben der Erwachsenen kommen [31]. Dabei folgt die Tradition in ihrer Vorstellung von Erziehung dem Vorbild Gottes, der bei der Übergabe der Tora an Mose nicht mit „Seiner", sondern „ihm mit *einer* Stimme antwortete" (Ex 19, 19) und sich auf diese Weise auf die geistige Fähigkeit und Auffassungskraft des Menschen einstellte [32]. Entsprechend lautete der didaktische Grundsatz der Rabbinen: „Dem Verständnis des Kindes angemessen lehrt es der Vater" (mPes X, 4).

Davon, wie Eltern bei der Weitergabe der Weisung zum Leben (Tora) auf ihre voneinander verschiedenen Kinder [33] eingehen, hängt es ab, ob sie einmal „gute Bürgen" für sie vor Gott sein werden. Als die Israeliten die Tora empfingen, habe Gott zu ihnen gesagt: „Bringet mir gute Bürgen, daß ihr sie (die Tora) auch haltet, wenn ich sie euch gebe." Die Erzväter, alle Propheten, die das Volk nun nannte, habe Gott aber zurückgewiesen: „Sie stehen nur für sich selbst ... Ihr müßt mir sichere Bürgen stellen, wenn ich euch die Tora geben soll. So mögen, sprachen die Israeliten, unsere Kinder unsere Bürgen sein. Diese nehme ich an, sprach Gott, sie sind mir gute Bürgen für euch, ich will euch die Tora geben (Ps 8, 3)" (MShir I, 4). Der Midrasch veranschaulicht die Erwartung, die das Judentum dem glaubwürdigen alltäglichen Entscheiden und Handeln der Eltern sowie der treuen Verwirklichung des Gotteswillens im Leben der ganzen jüdischen Gemeinschaft für die Erziehung der Kinder beimißt.

5. Das Zusammenleben der Menschen

Recht und Gerechtigkeit

Gerechtigkeit ist in der jüdischen Bibel und Traditionsliteratur nie nur ein ethischer oder sozialer, sondern immer zugleich ein religiöser Ausdruck. Er weist auf Gott hin als den Ursprung der Einheit von rechtem Urteil und rechtem Handeln [34]. Gott hat „Recht" und „Gerechtigkeit" auf Erden in der Geschichte seines Volkes Israel eingesetzt [35]. Die Gott Nachfolgenden sollen und können das ihnen Eingepflanzte zur Frucht bringen [36]. Das Wortpaar, aber auch der Ausdruck „Gerechtigkeit" allein, wurde zu einem der biblischen und talmudischen Grundbegriffe, die das Verhältnis zwischen Gott und Mensch umschreiben: „Du nennst Gott gerecht, so sei auch du gerecht" (SifDev 11,22), – so entfaltet der Midrasch die menschliche Auswirkung des Handelns Gottes. Der Mensch erfährt Liebe und Gerechtigkeit als Gebendes und Gebietendes von Gott her (Jes 5,1f.16). Die Erkenntnis Gottes weist ihm die Wege, die er gehen soll (Gen 18,19; Mi 6,8).

Den „Gerechten" (Zaddik) wie den „Frommen" (Chassid, wörtlich „Liebevollen") kennt das Judentum nur in dem Menschen, der die ihm von Gott verordnete Pflicht gegenüber den Mitmenschen erfüllt. Sie fällt unter das Gebot der Gerechtigkeit und ist nicht schon verwirklicht, wenn einer den Eingriff in das Recht des anderen unterläßt oder verhindert. Gerechtigkeit fordert mehr als ein *soziales* Gebot, nämlich tatbereit die Gleichheit des anderen anzuerkennen (Lev 24,22). Auch als Feind bleibt er der Mitmensch (Ex 23,4; Prov 25,21). Der Nächste darf nicht dem ungewissen Wohlwollen seiner Nebenmenschen überlassen sein; er hat ein gottgewolltes Anrecht auf beistehende Gerechtigkeit (Ex 23,6; 22,25f.). Dieses *Menschenrecht* schärft der Midrasch ein, wenn er Gott sprechen läßt: „Der Große und der Kleine sind vor Gott gleich" (ShemR XL, 31, 1.2).

Die von Gott gewollte Gerechtigkeit erwächst aus der Liebe. Allein sie bewahrt vor der Selbstgerechtigkeit des Richters, der „zu einem sagte: Nimm fort den Splitter zwischen deinen Augen" und zur Antwort erhielt: „Nimm fort den Balken zwischen deinen Augen" (bBB 15b).

Die Gemeinschaft und der Schalom

„Schalom" bezeichnet positiv den Zustand, der für jemanden genug befriedigend ist (Gen 37, 14; Ps 38, 4). In diesem Sinn gehört Schalom zum alltäglichen Leben der Menschen. Ohne ihn kann eine Gemeinschaft nicht sein. Dennoch erfährt sie diesen äußeres und inneres Genüge umschließenden Zustand nie ohne seine mögliche Gefährdung (ISam 20, 7.21; IIReg 4, 26). Zwischen Gruppen und einzelnen resultiert der Schalom aus Vereinbarungen und vertraglichen Leistungen[37]. Die gewaltfreie Lösung eines Konfliktes durch Versöhnungsbereitschaft und Versöhnung geschieht nicht anders als durch Unterwerfung der einen Partei unter die andere um der Lebenserhaltung willen (Gen 32 f.).

Die frühen Lehrer des Judentums erforschten die Ursachen von gesellschaftlichen Konflikten. Sie suchten nach Wegen, soziale Übel zu beheben und gemeinschaftszerstörende Kämpfe zu verhindern. Der Friede sollte nicht nur ein Fernziel bleiben, sondern – wenigstens in Grenzen – realisierbar werden. Als Richtlinie für das Verhalten von Juden in einer multikulturellen Gesellschaft ordneten die Weisen an: „Wenn in einer Stadt Nichtjuden und Israeliten sind ..., so besucht man die Kranken der Nichtjuden und die Kranken der Israeliten, tröstet die Trauenden der Nichtjuden und die Trauernden der Israeliten, begräbt die Toten der Nichtjuden und die Toten der Israeliten ... um des Friedens willen" (yAZ I, 39c, 49, vgl. bGit 61a; 62a).

Die jüdischen Weisen sahen in der Rechtspflege ein wichtiges Friedensinstrument (MekhY Ex 21, 1 ff.). Zwar mußten sie einsehen, daß nicht immer Frieden zwischen streitenden Parteien dem Gerichtsurteil folgte; dennoch stimmten sie im Prinzip dem Anspruch zu, daß die Welt auf Gerechtigkeit, Wahrheit und Frieden bestehe (mAv I, 18). Aus der Einsicht: „Wo Recht (herrscht), ist ja kein Frieden, und wo Frieden (herrscht), ist ja kein Recht", ergab sich für sie die Notwendigkeit, beides miteinander zu vereinigen. Um den Frieden sicherer erreichen zu können, forderte man: „Es sei Gebot, einen Vergleich anzustreben" (bSan 6b, vgl. ySan I, 18b, 1; tSan I, 2ff.). Parteien, die dazu bereit seien, jagten dem Frieden nach und stifteten Frieden zwischen den Menschen (bSan 6b).

Solidarbürgschaft

Die Bürgschaftsidee hält im Judentum die Bereitschaft wach, für das öffentliche Wohl mit Kräften zu sorgen und hingebungsvoll für andere tätig zu sein (bSan 99b; DevR I, 1, 13). Sie wurzelt in alter Überlieferung, in der die soziale Verantwortung durch den Rechtsbegriff der Solidarbürgschaft begründet wird: „Alle Israeliten bürgen füreinander" (Sifra Lev 26, 37)[38]. Ihre Tradition hat die jüdische Gemeinschaft zur gegenseitigen Verantwortung erzogen. Seit jeher begreift sie darum die geschwisterliche Nächstenliebe nicht nur als Privatpflicht, sondern auch als Gesamtaufgabe der Gemeinschaft. Eine lange Geschichte sozialer Institutionen belegt dies. Jeder muß zu den öffentlichen sozialen Aufgaben seinen Anteil beitragen[39]. Der traditionelle Ausdruck für Wohltätigkeit und Almosen-Geben ist mit dem biblischen Wort „Gerechtigkeit" (Zedaka) identisch, in dem die Bedeutung „Wohltun" anklingt (Prov 10, 2; 11, 4–6.18f.; 12, 28; 13, 6). Die Rabbinen anerkannten den sozial Bedürftigen als ebenbürtiges Glied der Gemeinschaft durch ihre Forderung: „Auch ein Armer, der selbst von der Wohltätigkeit lebt, soll einem noch Ärmeren Wohltaten erweisen" (bGit 7b). Sie bildeten jenes eigentümliche Ethos der Wohltätigkeit als der „Gerechtigkeit" aus: sie soll dem notleidenden Bruder zu seinem Anteil an den Gütern der Schöpfung verhelfen, der ihm von Rechtes, weil von Gottes wegen zusteht. Es handelt sich also nicht um eine freiwillige Gabe des „reichen Mannes", der großzügig „Almosen" spendet. Wie für jede Tat, die am Mitmenschen geübt werden soll, so gilt im Judentum auch für die Wohltätigkeit der Grundsatz: Die sozial Schwächeren haben Anspruch auf sie. Maimonides bewertete das Geldalmosen als niedrigste von insgesamt acht Stufen der Wohltätigkeit und bestimmte als höchste Stufe, den Verarmten durch Darlehen oder durch Arbeitsbeschaffung zur Selbständigkeit und damit zur Unabhängigkeit von milden Gaben zu befähigen.

Mitleidensfähigkeit

In der Geschichte des jüdischen Volkes hat sich die Erfahrung des Leidens mit einer anderen verbunden – mit jener der Befreiung aus dem Leid (Ex 3,7 f.). Die jüdische Erfahrungswirklichkeit, daß Gott in das Dasein und Leiden seiner Geschöpfe verwickelt ist (Ex 3,7.9), begründete im jüdischen Volk ein tätiges Gedächtnis: es eint „soziales" und „religiöses" Handeln (vgl. 23,12 mit 31,17). Das eigene Leid lehrte das jüdische Volk, die Beziehung zwischen Gott und Mensch in der Wechselbeziehung von Mensch zu Mensch verwirklichen und in der Mitleidensfähigkeit bewähren zu müssen: „Dein Knecht und deine Magd, dir gleich" (Dtn 5,13–15). Leiden birgt für den Leidenden die Gelegenheit in sich, mitleidsfähig zu werden, indem es seinem Bewußtsein das Problem des anderen enthüllt (Lev 19,33 f.). Im Mit-Leiden verwandelt der Mensch den Neben-Menschen in seinen Mitmenschen: „Halte lieb deinen Genossen, dir gleich" (V. 18). Die jüdische Bibel hat das Verhältnis zum leidenden Mitmenschen als unverrückbares Maß der Liebe zu Gott (Dtn 6,5) erklärt (24,12 f.).

In der jüdischen Tradition kennzeichnen den Umgang mit dem Leiden nicht so sehr die sinngebenden Antworten auf die Schreie: Warum? Wie lange noch? Menschliche Not und Qual gestalteten sich für das Judentum mehr *zur Frage an den Menschen* als an Gott. So erlebten die Betroffenen alle Widrigkeiten als sie aufrüttelnde Ereignisse von Gott her (Thr 1,5). Die Überlieferung leitet Menschen dazu an, sich durch ihr Leiden herausfordern zu lassen (3,40): Das Leiden hört auf, nur Leiden zu sein, wenn es den Menschen zur Kraft erzieht, zur Überwindung des Leides (Hi 36,15). Was sich dem Sinn des Lebens entgegenstellen will, wird zum Anstoß, Verantwortung im sozialen Handeln zu ergreifen.

Der Mensch – obwohl Gott nicht ebenbürtig und auf seine Barmherzigkeit angewiesen (Ex 34,6; Ps 103,8) – ist fähig, zwischen gut und böse zu entscheiden (Dtn 30,15–19); er ist begrenzt frei: *sein Betätigungsfeld sind die abwendbaren Übel.* Daher ist auch der einzelne für die sozialen Leiden in der Gesellschaft rechenschaftspflichtig. Der jüdische Leidensweg bildete das Gemeinschaftsbewußtsein aus (Dtn 24,17 f.).

Die soziale Frage ist demnach ein wesentlicher Bestandteil der jüdischen Religion. Der Mensch ist Schuldner seines Mitmenschen. Im Bedürftigen tritt er dem „Eigentümer der Wohltat" gegenüber (Prov 3,27): „Beraube nimmer den Schwachen, weil er schwach ist" (Prov 22,22), andernfalls wird ihm genommen, was er von Gott hat: Das Recht, als Mitmensch zu leben (V. 23). Wo Bibel und talmudisches Schrifttum zahlreich die Schuldigkeit gegen den Bedürftigen in positiven Satzungen gestaltet, ist ausdrücklich der Fremde miteinbezogen[40]. Die jüdischen Weisen führten aus: „Fremdlinge seid ihr bei mir, das will sagen: Macht euch zu Menschen nicht, die selbst alles gelten sollen" (Sifra Lev 25,23). Gepriesen wird derjenige, der den Weg zu seinen bedürftigen Mitmenschen geht und dadurch Menschenleben schafft: „Ein Gerechter ist die Grundlage der Welt"[41].

6. Gleichheit und Gleichberechtigung aller Menschen

Menschenrechte

Die verschiedenen modernen Erklärungen von der Gleichheit und Gleichberechtigung aller Menschen wurzeln in dem von der jüdischen Bibel bereiteten Boden. Das Wort von der Menschenschöpfung „im Bilde Gottes" spricht hier dem Menschen seine Würde zu und zugleich seine Aufgabe in der Welt. Jedem einzelnen eignet seine unverlierbare Beschaffenheit: „Deshalb ist nur ein einziger Mensch erschaffen worden, um dich zu lehren, daß, wenn einer eine Person vernichtet, es ihm die Schrift (d.h. Gott) anrechnet, als hätte er die ganze Welt vernichtet, und wenn einer eine Person erhält, es ihm die Schrift anrechnet, als hätte er eine ganze Welt erhalten" (mSan IV,5).

Nach der jüdischen Bibel beginnt die Verwirklichung der Menschenrechte mit der Anerkennung des anderen Menschen – und zwar des durch seine ethnische, kulturelle und religiöse Besonderheit oder durch seine soziale Stellung von der Umgebung unterschiedenen Menschen (Ex 22,20; Dtn 10,17–20).

Die grundsätzliche Rechtsgleichheit aller Menschen in allen Dingen führt die Hebräische Bibel unmittelbar auf Gott selbst zurück: „Einerlei Recht sei euch, gleich der Gast (Fremde), gleich der Sproß, denn ICH bin euer Gott" (Lev 24,22); ausdrücklich schließt sie in dieser Regelung Einheimische und Fremde zusammen und gebietet die Pflicht gegen den Fremden als unbedingte Menschenpflicht (Num 15,15f.; vgl. 35,15). Zu voller Aufnahmebereitschaft für die Fremden, die sich in Babylon der jüdischen Gemeinde angeschlossen hatten, entschieden sich die Rückkehrer aus dem Exil: Der Fremde soll in dem Stammbereich, in dem er siedeln will, bei der Landverteilung berücksichtigt werden, d.h. als Gleicher unter Gleichen in diesem Stamm aufgehen (Ez 47,21–23). Die Forderungen in der jüdischen Bibel an den Umgang des Menschen mit dem Menschen suchen den einzelnen zu bewegen, jede Verletzung des anderen, insbesondere jede Schädigung des sozial Schwächeren, zu unterlassen. Sie verbieten der Rechtsgemeinde eine parteiische Rechtsprechung zugunsten der wirtschaftlich und gesellschaftlich Einflußreichen und verpflichten sie auf den Schutz des Armen (Ex 23,1–9; Dtn 16,18–20). Sie verteidigen gegen Unterdrückung die in Not Geratenen (Ex 22,21–23; Dtn 10,18) und den Fremden (Ex 22,20; 23,9.12; Dtn 10,18), wahren im Handels- und Geschäftsverkehr die Interessen der Machtlosen (Ex 22,24.25f.; Dtn 24,10–13) und im Arbeitsverhältnis die der Abhängigen (Dtn 24,14f.); sie schließen in die Menschenrechte den Sklaven ein (Ex 21,2–11; Dtn 15,12–18). Seine Ebenbürtigkeit wurde rechtlich verbürgt (Ex 21,26f.), vor allem aber dadurch hervorgehoben, daß Gott um des Sklaven (d.h. um des lohnabhängigen, arbeitsmüden Menschen) willen den Tag der Ruhe und Erholung gebot (Ex 20,10; 23,12; 31,17; Dtn 5,14f.). Darum ist der wöchentliche Feiertag, der Schabbat, ein Menschenrecht! Nach der jüdischen Tradition sind die Menschenrechte nicht zuerst Eigenrechte, sondern das Recht des Mitmenschen, mit seinem Leben zum Leben der Gemeinschaft dazuzugehören (Ex 23,4–9; Dtn 23,8).

Die Rabbinen verknüpften die Gedanken von der Ebenbildlichkeit, der Freiheit, der Würde und der unverwechselbaren Individualität mit denen des Friedens zwischen den Menschen und der Verantwortung des einzelnen für die dem Menschen anvertraute Welt (mSan IV, 5). Nach dieser im talmudischen Schrifttum weiter ausgeführten Vorstellung liegt es beim einzelnen Menschen, ob die Welt „gerichtet" oder „gerettet" wird (tQid I, 13; bQid 40 a.b). Diese Verantwortungslehre hat das Judentum geprägt. Der Mensch begegnet mit seinem gehorsamen Tun Gott selbst und hofft, daß er sich seiner Bemühung, Gottes Willen zu verwirklichen, nicht versagen werde. In diesem Tun konnte Hillel dem Menschen die volle Verantwortung für den Frieden auferlegen: „Sei von den Jüngern Aharons, den Frieden liebend und nach Frieden strebend (dem Frieden nachjagend, vgl. Ps 34, 15), die Menschen liebend und sie hinführend zu Tora" (mAv I, 12). Wie Hillel den Mitmenschen im Blick hat, unabhängig von seiner religiösen, kulturellen und ethnischen Herkunft, so unterscheiden auch andere frühe Gelehrte die Menschen nicht nach ihrer Abstammung, sondern danach, ob sie Frieden stiften oder nicht (bYom 71 b). Die Gott Nachfolgenden sollen „Bauleute" (bBer 64 a) am Werk des Friedensreiches sein. Durch ihr Tun soll schon jetzt und hier die messianische Endzeit als Wirklichkeit erfaßt werden. Dieses Friedensziel umfaßt die ganze Skala menschlicher Beziehungen – in der konkreten Alltagssituation zwischen einem Menschen und seinem Nächsten ebenso wie zwischen einem Volk und einem anderen. So bringt das Judentum die Vorstellung eines universalen Friedens hervor.

Die Gelehrten waren sich darüber einig, daß Israel, nachdem es seine Wohngebiete in Kanaan in Besitz genommen hatte, nur noch Verteidigungskriege hätte führen dürfen, nicht aber Angriffskriege zur Erweiterung des Herrschaftsgebietes, wie es die Davididen taten (mSot VIII, 7; bSot 44 b). Sie verwarfen jede Verherrlichung des Krieges und erklärten die Waffen des Mannes als seine Schande (mShab VI, 4; bShab 63 a). Sie begründeten ihren Abscheu so: Wären Waffen wirklich Schmucksachen, dann würden sie nicht in der messianischen Zeit abgeschafft werden! Sie entzogen dem Triumph über Israels Feinde die Grundlage. Zur Errettung aus dem Schilfmeer sagten sie: „Es war keine Freude vor Gott über den Untergang der Gottlosen" (MekhY Ex 15,1). Der Überlegenheit setzten sie das Mitgefühl entgegen: „Die Dienstengel wollten ein Lied anstimmen, da sprach der Heilige ... zu ihnen: Mein Händewerk ertrinkt im Meer, und ihr wollt ein Lied anstimmen?" (bMeg 10b). Wenn sie auch den Kampf zur Verteidigung des heiligen Landes als „gebotenen Krieg" ethisch gebilligt hatten, untersagten die Weisen dennoch jeden Versuch, es mit Gewalt zurückzuerobern (bKet 111a, unter Anspielung auf Ex 13,18; 14,8; Jer 27,22).

7. Der Eine Gott und die Menschheit

Das Eigentümlichste am überlieferten Judentum ist der Ausschließlichkeitsanspruch seiner Gottesbeziehung (Ex 20,3). Gottes Eifer verlangt von seinem Volk, daß es die innige Verbundenheit mit dem Gott Israels wahrt und ihm allein dient (Lev 26,12; Dtn 11,13ff.; Ex 19,4–6). Als Unduldsamkeit gegen Andersgläubige, als Fanatismus und Menschenhaß ist dieser heilige Eifer gänzlich mißverstanden: „Graule dich nicht vor einem Edomiter, denn dein Bruder ist er. Graule dich nicht vor einem Ägypter, denn Gast warst du in seinem Land" (Dtn 23,8). Der ausschließliche Dienst an Gott muß sich in der gerechten Treue und liebevollen Sorge zwischen den Menschen äußern (Ex 22,21–23.25f.). Die radikale inhaltliche Intoleranz richtet sich ganz und gar auf die jüdische Gemeinschaft, die Ebenbildlichkeit und „Heiligkeit" des einzigen Gottes verwirklichen soll (Gen 1,26f.; Lev 11,44; 19,2; 20,7f.26), macht aber keineswegs das Heil der Völker von ihrer nationalen, religiösen und kulturellen Auflösung abhängig, bindet es nicht an die Aufnahme in das Judentum. Das Netz der Gehvorschriften (Halacha), das den jüdischen Lebensweg umspannt, beansprucht das jüdische Volk uneingeschränkt, nicht jedoch die anderen Völker. Enge nach innen und Weite nach außen bedingen hier einander. Wie klar die jüdischen Lehrer gerade am Fremden den Menschen, als Glied der Menschheit erkannten und dem eigenen Volk ins Bewußtsein einprägten, bekunden ihre Ausführungen über die Noachiden. Sie werden dadurch bestimmt, daß sie die sieben elementaren Vorschriften als Gottes Gebote befolgen, zu denen sich Noach nach seiner Errettung aus der Sintflut für sich und seine Nachkommen verpflichtete[42] und die das menschliche Zusammenleben sichern sollen. Durch die Annahme der noachidischen Gesetze hat die ganze Menschheit an dem fordernden Willen des Gottes Israels teil. Die Ausläufer der Noachiden begegnen in der universalen Vorstellung: „Die Gerechten unter den Völkern haben Anteil an der kommenden Welt" (tSan XIII, 2). Sie gewann Übergewicht in der Tradition (bSan 105 a) und entkrampfte das Verhältnis zwischen Juden und Nichtjuden, die nun nicht mehr nach ihrer ethnischen und religiösen Zugehörigkeit, sondern an den „sieben noachidischen Geboten" für das friedliche Zusammenleben in der Menschheit gemessen werden.

Nach Israels umfassender Vision werden zwar „in den letzten Tagen" die historisch-existentiellen Spannungen zwischen Partikularismus und Universalismus aufhören; die Harmonie zwischen den einzelnen und zwischen den Völkern unter der gerechten Herrschaft des Schöpfers beseitigt aber durchaus nicht den Partikularismus; vielmehr gewährleistet sie jedem Volk die besondere Stellung und Beziehung zu dem Gott Israels in der eigenen religiösen Gestaltung (Mi 4, 4 f.). Die Völker strömen zum Gottesberg, damit Gott selbst sie „in seinen Wegen unterweise" und sie „auf seinen Pfaden gehn", und beugen sich unter den Schiedsspruch des göttlichen Richters (Jes 2, 1–4; Mi 4, 1–4). Er richtet seine Gerechtigkeit in Israel auf (Jes 11, 1–5), läßt allen Streit im Gottesvolk verschwinden, der aus mißverstandenem Partikularismus zwischen Ephraim und Juda wuchert (11, 13), und stiftet Frieden zwischen Israel und den Völkern und unter den Weltmächten; ihre Besonderheit bleibt unberührt, und zwischen ihnen wird Israel als „ein Segen im Innern des Erdlands" (Jes 19, 23–25) stehen.

Anmerkungen

Die Abkürzungen für das biblische und talmudische Schrifttum sind entnommen:
Theologische Realenzyklopädie, Abkürzungsverzeichnis, zusammengestellt von Siegfried Schwertner, Berlin/New York 1976.

[1] Zu Lev 11,44f.; 20,7.26, vgl. Sifra zu Lev 19,2.
[2] mBQ VII,7; bBQ 79b–80a.81a; mAr IX,8.
[3] Zur Körperhygiene WaR XXXIV,25,39; bSan 17b; bShab 50b; bHul 105a.
[4] Zur Zurückhaltung beim Essen bHul 84a; bShab 140b.
[5] bBQ 82b; mBB II,8.9; Yalq 184; bBM II,8.
[6] Ex 22,30; Lev 11,44f.; 19,2; 20,7.
[7] Ex 19,5–8; 20,2–17; Lev 20,26; Dtn 7,6–11; 14,3ff.; 26,16–19; Jes 41,8ff.; 42,1ff.6ff.; 43,20f.; 49,6.
[8] Ex 20,5; 34,7; Dtn 7,10; Hos 1,6–9; Am 3,2; Ez 20,5ff.
[9] Nach bSan 74a geschah dies um 120 in Lydda.
[10] bShab 55b; 146a; bBB 17a; bAZ 22b.
[11] Mose ben Maimon, Führer der Unschlüssigen, A. Weiß (Hg.) Hamburg 1972, 3. Buch, Kapitel 10, 59f.
[12] Mose ben Maimon, a.a.O., 2. Buch, Kapitel 27, 175ff.; 3. Buch, Kapitel 54, 361ff.
[13] Ex 33,12–23; ShemR XXIII,15,1; XL,33,12.
[14] Dtn 21,1ff.; mSot IX,6; Jes 58,6f.; Jer 22,16; mAv III,7.
[15] Ps 15; 24,3–6; Jes 33,14–16; Mi 6,6–8; Ez 18,5ff.
[16] Ex 19,6; 22,31; Lev 11,44f.; 19,2; 20,7f.26; Dtn 14,2.
[17] Lev 15,19; 12,2; 15,2.16; 18; Dtn 23,18.
[18] Hos 1–3; Am 4,1ff.; Jes 3,16ff.; Jer 2,23ff.; Ez 16.
[19] Vgl. bPes 113b zur gleichgeschlechtlichen Liebe, BerR LX,20,15 zum Analverkehr, Sof 21 zu inzestuösen Handlungen, bShab 33b; bAZ 2b zur käuflichen Liebe; bAZ 22b zum Geschlechtsverkehr mit Tieren.
[20] mKer I,1 auf der Grundlage von Lev 18,6–23.
[21] bQid 29a; MekhY Ex 13,13; mSot III,4; bKet 49b.
[22] Sif zu Dtn 19,17; mShevu IV,1.2; bBQ 88a; mRHSh I,8.
[23] Ex 18,13–26; Dtn 1,13–18; mSan I,3.6; IV,4; bSan 17b.
[24] Zum Erbschaftsrecht mBB VIII,3; bBB 119a; 120a; 122b.
[25] Die Frage, ob Frauen die Tora studieren sollen, beantworteten die Rabbinen unterschiedlich: Ben Assai (um 110) erkannte ihre Verpflichtung, R. Elieser (um 90) dagegen lehnte sie ab (ySot III,19a,3; bYom 66b; bQid 29b). Nach Maimonides (Mischne Tora, Hilchot Talmud Tora I,13) sollten die Frauen zwar die schriftliche Tora lernen, jedoch nicht die mündliche.
[26] Ex 20,12; 21,15.17; Lev 19,3; Dtn 5,16; 27,16; Prov 15,20; 17,25; 19,26; 20,20; 28,24; 30,11.17; mPea I,1; bQid 30b; 31b; bKet 103a; Maimonides, Mischne Tora, Hilchot Mamrim VI,1.3; Schulchan Aruch, Jore Dea 240 § 1; 241 § 9.
[27] Ex 31,13.17; 12; 23,14ff.; 34,18.22f.; Dtn 16.
[28] 3. Ordnung der Mischna Seder Naschim mit fünf Traktaten.
[29] Schulchan Aruch, Eben ha-Eser 32 § 4.
[30] Für die Dauer der Menstruation Lev 15,19–24; 18,19; 20,18 und für weitere sieben anschließende Tage in der rabbinischen Verschärfung mNid II,1–4; X,8; bNid 72b; 73a sowie nach der Geburt eines Kindes Lev 12,1–5; mNid III,1–7; IV,4–V,1.
[31] Dtn 6,20ff.; Ex 12,26f.; 13,14f.; mPes X,4.

[32] „Mit der Stimme, die Mose ertragen konnte", so Tan zu Ex 19,19.
[33] Vgl. die Ausführung über die zwei Söhne in der Haggada schel Pesach.
[34] IReg 10,9; Jes 9,6; Jer 23,5; 33,15.
[35] Jes 1,27; 28,17; 33,5; Jer 9,23; Ps 99,4.
[36] Jes 5,7; Am 5,7.24; 6,12.
[37] Zu Schalom Dtn 20,10f.; ISam 7,14; IReg 2,5; 5,4.26, zum Verb in kausativer Modifikation mit der Bedeutung „befrieden" Dtn 20,12; Jos 10,1.4; 11,19; IISam 10,19; IReg 22,45.
[38] Dieser alte Satz begegnet immer wieder: bSan 27b; bShevu 39a; bRHSh 29a; MShir I,3; Yalq zu Prov 6,1.
[39] bBB 8a; Maimonides, Mischne Tora, Hilchot Mattenot Anijim IX,12; Josef Karo, Schulchan Aruch, Jore Dea 25b.
[40] Ex 22,20; Num 15,16; Lev 19,34; 24,22; 25,23.35; Dtn 10,18; 14,29; 16,14; 24,17; Ps 39,13; BemR VIII,5,6.
[41] MekhY Ex 15,1; Prov 10,25; bYom 38b.
[42] „Sieben Gesetze wurden den Noachiden auferlegt: Die Rechtspflege, (das Verbot der) Gotteslästerung, des Götzendienstes, der Unzucht, des Blutvergießens, des Raubes und (des Genusses) eines Gliedes von einem lebenden Tiere" (bSan 56a–b; tAZ VIII,4.6; bAZ 64b zu Gen 9,1–7).

Literatur

L. Baeck, Das Wesen des Judentums, Wiesbaden 1978.

Sch. Ben-Chorin, Jüdische Ethik, Tübingen 1983.

A. Daum, Halacha aktuell I–II, Frankfurt/Main 1992.

Sch. Daum, Rabbinische Weisheiten zum Pentateuch I–III, Basel 1985–1988.

R. Gradwohl, Grundgesetze des Judentums, Stuttgart [3]1984.

J. Halevi, Der Kusari, (1853) Zürich 1990.

R. M. Herweg, Die jüdische Mutter. Das verborgene Matriarchat, Darmstadt 1994.

A. J. Heschel, Gott sucht den Menschen. Eine Philosophie des Judentums, Neukirchen-Vluyn 1980.

A. J. Kolatch, Jüdische Welt verstehen, Wiesbaden [2]1997.

E. Lévinas, Ethik und Unendliches, Wien 1992.

P. Navè Levinson, Einblicke in das Judentum, Paderborn 1991.

J. J. Petuchowski / C. Thoma, Lexikon der jüdisch-christlichen Begegnung, Freiburg i. Br. 1989.

L. Trepp, Die Juden. Volk, Geschichte, Religion, Hamburg 1992.

D. Vetter, Rabbinische Lehren, in: ders. Das Judentum und seine Bibel. Gesammelte Aufsätze, Würzburg/Altenberge 1996, S. 11–226.

ders., Die Wurzel des Ölbaums. Das Judentum, Kleine Bibliothek der Religionen 5, Freiburg 1996/2003.

ders., Religion und Nation im Judentum. Anspruch und Wirklichkeit, Frankfurt/Main 2000.

Das Ethos des Christentums

von Franz Furger

1. Der Ausgangspunkt im Selbstverständnis des Glaubens

Konkretes Ethos ist stets der lebendige Ausdruck von Weltanschauung und persönlichem Selbstverständnis. Christliches Ethos macht davon keine Ausnahme: Es ist Ausdruck des in der biblischen, also jüdisch-christlichen Tradition wurzelnden heilsgeschichtlichen Glaubens. Gott hat den Menschen als Krönung seiner guten Schöpfung geschaffen und ihm die ganze Welt, alle Pflanzen und Tiere zu treuen Händen anvertraut, zu deren wie zu des Menschen eigenem Nutzen. Obwohl der als Paar wie als Volk stets gemeinschaftlich verstandene Mensch in überheblicher Vermessenheit diese seine grundlegende Abhängigkeit leugnete und selber „sein wollte wie Gott" bzw. selber „Gut und Böse erkennen" und damit den sittlichen Maßstab bestimmen wollte (Gen 3), hat Gott ihn nicht – was ja konsequent gewesen wäre – ins Nichts fallen lassen. Vielmehr hat er ihn erhalten, obwohl seine Existenz nun mühsam und für Bosheit, gerade auch gegenüber seinen Mitmenschen, anfällig wurde. Ja Gott hat ihn sogar, zunächst in den herausragenden Patriarchen Noach, Abraham, Isaak und Jakob und dessen Söhnen, wie dann in dem von diesen stammenden zwölfstämmigen Volk in eine trotz aller Wechselfälle zielstrebige Heilsgeschichte gestellt. Diese Geschichte sollte für das auserwählte, durch Mose aus der ägyptischen Gefangenschaft in ein gelobtes Land geführte und durch die Propheten entgegen immer neuem Abfall auf Kurs gehaltene Volk zum Kommen des Messias führen, dessen Verheißung es ist, die ursprüngliche Schöpfung wieder herzustellen und sie so zu erfüllen.

In Jesus von Nazareth, dem Sohn einfacher Leute, der nach einer kurzen und aufrüttelnden öffentlichen Tätigkeit im Konflikt mit den Behörden die Hinrichtung am Kreuz erlitt, haben die Jünger diesen Messias, den Christus als den menschgewordenen

Gottessohn erfahren, der – Gottes Willen bis zum Letzten treu – vom Tod aber auferstand und eben so die Schöpfungsordnung in ihrer ursprünglichen Dynamik wiederhergestellt und von neuem in ihr Recht gesetzt hat. Das von ihm verkündete Gottesreich, das – obwohl in seiner Erfüllung noch ausstehend – unter dem Doppelgebot der Gottes- und Nächstenliebe doch schon angebrochen ist, ist damit die Herausforderung für die Lebensgestaltung all jener, die sich über das Zeugnis der ersten Jünger im Glauben auf diesen Jesus als Christus eingelassen haben und so eine über die Welt und durch die Jahrhunderte sich ausbreitende Glaubensgemeinschaft, die Kirche bilden. In dieser Gemeinschaft verstehen sie Zeugnis und Mitwirkung am Aufbau des Gottesreiches als eine unbedingte Verpflichtung aus dem Glauben für die Gestaltung der eigenen Existenz und der Menschheitsgemeinschaft als ganzer. Christliches Ethos umfaßt daher sowohl das Ensemble von Handeln und Gestalten in Welt und Gesellschaft, als auch die reflektierte Aufarbeitung der dieses bestimmenden Regulative, Normen und Entscheidungskriterien in einer theoretischen Ethik. Auf dem Fundament einer jahrhundertelangen Entwicklung steht es heute in der Herausforderung einer weltanschaulich pluralistischen, aber zugleich global zunehmend vernetzten Gesellschaft. Darin versteht sich christliches Ethos nicht nur als ein faktisch mitprägender Teil von Weltethos, sondern weiß sich auch vom Evangelium, der Botschaft Jesu her zu solcher Mitgestaltung verpflichtet.

2. Das zwiespältige Erscheinungsbild des christlichen Ethos

Christliches Ethos versteht sich als Grundlage eines Glaubensverständnisses. Danach stellt die wirkkräftige Heilszusage Gottes als Gabe an den Menschen stets zugleich auch eine zwingend daraus sich ergebende Aufgabe an den Menschen dar. Ein Glaube ohne Werk der Liebe wäre folglich ausdrücklich ein „toter Glaube" (Jak 2,26). Das Vorhandensein solcher Mahnungen in der Urkirche zeigt jedoch schon, daß dieses christliche Ethos sich offenbar nicht allein von seiner heilsgeschichtlichen Grundlage her bestimmen läßt. In der Jetztzeit des zwar angebrochenen, aber in seiner Fülle noch ausstehenden Gottesreiches ist auch dessen Ungenügen gegenüber dem Ideal des Evangeliums stets mit zu bedenken.

Wo immer die konkrete Ausprägung von Ethos dargestellt, analysiert und beurteilt wird, zeigt sich ein oft genug erschreckender Unterschied zwischen Theorie und Praxis, zwischen Ideal und Wirklichkeit. Unfair ist es dann, in Vergleichen das Ethos verschiedener Religionen „seitenverkehrt" gegenüberzustellen, die Wirklichkeit des einen mit den idealen Zielvorstellungen des anderen zu konfrontieren. Das Ergebnis solcher Unfairneß ist der Aufbau falscher Gegensätze, die stets auf Kosten der Menschlichkeit gehen. Blindheit aber, die nur in Überheblichkeit enden kann, wäre es, sich der defizienten, die eigenen Ideale verfälschenden Wirklichkeit nicht zu stellen. Für Christen, die sich und ihre Kirchen von ihrem heilsgeschichtlichen Glauben her „in statu viae", also noch auf dem Weg zur Vollendung wissen, die Anfechtung der Ideale durch das Böse also kennen müßten und daher aus dem Glauben selber wachsam zu sein hätten, wäre solche Blindheit erst recht verfehlt. Ein Nachdenken über christliches Ethos ohne Blick auf all seine Verderbtheit wäre daher schlichte Selbsttäuschung. Sie zu benennen, ist also nichts anderes als Pflicht theologisch wissenschaftlicher Redlichkeit.

Zwar ist es ohne Zweifel ein einseitiges Zerrbild, wenn K. Marx im Blick vor allem auf das Christentum von der Religion als dem „Opium des Volkes" oder C. Amery hinsichtlich der technologiebedingten Umweltzerstörungen unserer Zeit von den „gnadenlosen Folgen des Christentums" redet. Nicht weniger ist es auch ein Vorurteil, dem Christentum eine gemeine Leib-, Sexual- und Frauenfeindlichkeit zu unterstellen. Dennoch gibt es im Verlauf der Christentumsgeschichte kaum ein ethisches Bezugsfeld, für welches nicht solche menschenunwürdigen und daher die Glaubwürdigkeit des Evangeliums schwer beeinträchtigenden Verkrümmungen vorgekommen sind und als solche von der Kirchenleitung nicht in jedem Fall hinreichend als Abweichungen entlarvt wurden.

Das wohl traurigste Kapitel solcher Verirrungen ist die Sicherung der von Jesus so dringend angemahnten Einheit im Glauben unter seinen Jüngern durch Mittel gewaltsamer Repression. Die

Einheit in Liebe, also in Respekt und Toleranz gegenüber unterschiedlichen Kulturen, Ausdrucksweisen und Meinungen wurde dabei mit kleingläubiger, aber oft genug auch machtinteressierter Vereinheitlichung von Formulierungen im Bekenntnis wie bei der Gottesdienstgestaltung vertauscht. Was schon im 4. Jh., also noch keine hundert Jahre nach dem Ende der Christenverfolgung dem heiligen Martin von Tours nicht gelang, nämlich das Todesurteil über den Abweichler Priscillian zu verhindern, artete später aus in die Ketzerverfolgungen der Kirche, in die Inquisition mit ihren Foltermethoden oder Verbrennungen von Ketzern und Hexen und bleibt bis heute spürbar in zahlreichen Verdächtigungen, Verleumdungen und Denuntiationen im Namen einer Rechtgläubigkeit, welche die Glaubwürdigkeit der christlichen Botschaft stets neu in Frage stellt.

Aber nicht nur in dieser Hinsicht wurde die dem christlichen Ethos zentrale Einheit im Zeichen des Liebesgebots im Namen des Christlichen selber pervertiert. Der eng mit dem Glauben verbundenen Friedensverkündigung widerfuhr oft Ähnliches. Zwar haben Kirchenleitungen wie die Theologie das Übel, daß auch christlich gewordene Völker und Staaten ihre Interessenkonflikte mit Waffengewalt zu lösen suchen, immer wieder einzudämmen versucht. Waffenfreie Zeiten, die Theorien vom gerechten Krieg, Initiativen zur Vermittlung usw. stellen solche Versuche dar. Sie mußten allerdings insofern begrenzt bleiben, als man zeitbedingt im Krieg lange eine Art unausweichliches Schicksal, ähnlich einer Naturkatastrophe sah, das als Prüfung hinzunehmen sei. Wesentlich schlimmer als diese erst in neuester Zeit überwundene Engführung war aber, daß Kirchen oft genug ihre durchaus weltlichen Interessen mit den kriegführenden Völkern und Regierungen verbanden bzw. diese ihre politischen Zielsetzungen mit Glaubensargumenten legitimierten und so dem Waffengang eine höhere Weihe zu geben versuchten. Die amtskirchlich unterstützten und teilweise sogar betriebenen Kreuzzüge wie die vielen Konfessionskriege geben dafür erschreckende Beispiele.

Weniger eindeutig den Christen als solchen zuzuordnen sind ferner die Irrwege im ökologischen Bereich. Denn obwohl nach der jüdisch-christlichen Tradition die technologische Nutzung der Umwelt dem Schöpfungsplan Gottes entspricht, und nicht wie im alten Griechentum mit dem Frevel des Prometheus, der den Göttern das Feuer stahl, erklärt wird, so ist das „Untertanmachen der Erde" (Gen 1,28) nicht als Freipaß zur Ausbeutung, sondern als Aufforderung zu einer pfleglichen Verwaltung zu verstehen. Es stimmt, daß die geordnete Kulturarbeit der christlichen Mönche seit der Spätantike eine Ermöglichungsbedingung für die technologische Entwicklung der Moderne darstellt. Aber gerade diese Leistung steht doch im Zeichen eines ebenso menschenfreundlichen wie umweltgerechten Umgangs mit der gesamten Schöpfung. Erst die anthropozentrische Aufklärung, welche der menschlichen Vernunft bzw. dem exakt wissenschaftlichen Verstandesdenken einen exklusiven Vorrang einräumt und die Welt erklären und brauchen will, „als ob es Gott nicht gäbe", bringt jenes technologische Denken hervor, aus dem die industrielle Revolution folgt. Erst hier beginnt die schrankenlose Nutzung der Ressourcen (Energie, Rohstoffe), welche die Zerstörung der Umwelt einleitet, aber eben darin – von wenigen Ausnahmen wie vielleicht im Calvinismus (M. Weber) abgesehen – häufig auf eine kritische Reserve bei den Kirchen trifft. Gerade in Zeiten technologischer Fortschrittseuphorie war so Zurückhaltung als Devise eher bei Christen zu finden.

Dagegen bedingt der erst vom christlichen Abendland ausgehende weltweite Entdeckungsdrang mit seinen Beutezügen in andere Kontinente und deren schließliche Kolonisierung zusätzlich neue schwere Bedenklichkeiten. Die Entdeckungsreisen des 16. Jh. begannen neben ihren durchaus materiellen Interessen stets auch im Zeichen der Ausbreitung des christlichen Glaubens. Und die Ausbeutung der Eingeborenen stand oft genug in Verbindung mit Zwangstaufen, die dann allenfalls das nackte Leben zu retten erlaubten. Der Verlust der eigenen Kultur, die Dezimierung der Indios durch eingeschleppte Krankheiten und Kriege im heutigen Lateinamerika wie die systematische Ausrottung der Indianer in Nord-Amerika zum Teil sogar durch europäische Christen, die als Freikirchler ihre Heimat und ihren Glauben verlassen mußten, der Einsatz der so verlorenen Arbeitskräfte durch aus Afrika importierte und muslimischen Sklavenjägern abgekaufte Schwarze – solche Phänomene sind die traurige Bilanz all dieser Verirrungen. Dennoch darf selbst dies nicht einfach pauschal dem christlichen Ethos angelastet werden. Denn seit Beginn der kolonisatorischen Aktivitäten haben sich auch engagierte Christen gegen die Unmenschlichkeiten der Conquistadoren gewandt. Die Initiativen eines Bartolome de las Casas zum Schutz der Indios hatten dieses Ziel ebenso wie die Bemühungen der spanischen Völkerrechtstheologen, welche in den sog. „Leyes nuevas" von 1542 sogar einen gewissen menschenrechtlichen Schutz für die Indios erreichten. Daß diese Gesetze allerdings schon fünf Jahre später ausdrücklich als „den spanischen Interessen abträglich" aufgehoben wurden, zeigt in schonungsloser Offenheit, wie wenig christliches Ethos realpolitisch selbst im Reich der „katholischen Könige" Spaniens auszurichten vermochte. Die Aufhebung des um die Interessen der Indios besonders besorgten Jesuitenordens (man denke an die dafür errichteten Schutzzonen, die „Reduktionen") auf den massiven Druck von Kolonialregionen durch Papst Clemens XIV. im Jahr 1773 bestätigt den gleichen Befund, entschuldigt die Kirche aber nicht von einer schwächlichen Komplizenschaft mit der politischen Macht gegen die Menschlichkeit.

Weitere Beispiele für solche komplizierten Vermengungen von genuin christlichem Ethos mit einer diesem entgegenwirkenden, sich aber trotzdem christlich nennenden Realpolitik oder einem entsprechenden Zeitgeist lassen sich leicht finden. Das verzögerte gesellschaftspolitische Engagement von Christen in der sozialen Frage des 19. Jh., weil man der sozialen Not der Industriearbeiter in caritativer Einzelhilfe glaubte begegnen zu können, gehört ebenso dazu, wie eine dem antik-platonischen Umfeld und in keiner Weise der biblischen Sicht sich verdankende Leib- und Sexualfeindlichkeit, welche die Gottesbeziehung mit einer eng asketischen Weltflucht verband und die Weltgestaltung so den jeweils Herrschenden überließ bzw. dadurch zu deren Komplizen wurde. Die Widerstände gegen die Rezeption der Menschenrechte, die genuin christlichem Ethos zutiefst entsprechen und seit dem II. Vatikanischen Konzil trotz früherer Ablehnung auch von der katholischen Kirche ausdrücklich als integrierender Teil des christlichen Ethos anerkannt wurden, dürften für solche Verfälschungen nur das bedeutsamste Beispiel darstellen. Weitere ließen sich finden. Wichtig ist für eine Reflexion über das christliche Ethos hier aber nicht die Vollständigkeit, sondern das ehrliche Eingeständnis solcher Verkrümmungen, wichtig ist auch die Frage nach deren Gründen. Denn wenn die christliche Botschaft die Menschenfreundlichkeit Gottes verkündigt und unter den Menschen weiterzugeben verlangt, dann muß in Anbetracht solcher Abirrungen um der eigenen Glaubwürdigkeit willen die Frage nach deren Ursachen gestellt werden.

3. Die inkarnatorische Dimension: das Absolute im geschichtlichen Ausdruck

Christliches Ethos ist begründet im Verständnis des Menschen, christliche Anthropologie versteht den Menschen gemäß der biblischen Tradition als die von Gott als sein Ebenbild geschaffene, aber nur im mitmenschlichen sozialen Verbund existierende Persönlichkeit. Seinen Schwerpunkt hat christliches Selbstverständnis des Menschen aber darin, daß Gott in Jesus Christus selber sich zur Vollendung des Menschseins in die Heilsgeschichte einläßt und Mensch wird. Diese heilsgeschichtliche Dynamik ist jedoch infolge der sich in der Geschichte fortsetzenden mutwilligen Selbstüberheblichkeit des Menschen, in seinem sündigen Wie–Gott–Sein–Wollen stets gebrochen. Christliche Heilsgeschichte ist so immer Erlösungsgeschichte, in welcher die Menschwerdung Gottes erst über das Kreuz zur Auferstehung und schließlich zur eschatologischen Vollendung findet.

Die Christen als einzelne, aber auch deren Glaubensgemeinschaft, die Kirchen, stehen so in diesem Spannungsfeld von „schon und noch nicht", das man theologisch als „eschatologischen Vorbehalt" bezeichnet. Sie stehen damit unter dem Anspruch des Liebesgebotes, das die in Gott gegründete endzeitliche Harmonie anfänglich vorwegnehmen und zu erfüllen beginnen soll; aber sie müssen sich dabei stets ihres Ausgesetztseins an die Sünde bewußt sein. Das Ganze besitzen sie „erst im Fragment" (H. U. v. Balthasar), es ist erst das Angeld, noch nicht das volle Erbe (Eph 1,14).

Versucht man nun die genannten Irrwege im christlichen Ethos, die ja nicht bloß als Abweichungen aus menschlicher Schwäche gegenüber Begierden, Trieben und unkontrollierten

Neigungen wegerklärt werden können, sondern von offiziellen Lehrinstanzen, wenn auch selten direkt vertreten, so doch gedeckt wurden, auf einen Nenner zu bringen, so entdeckt man: Sie begannen fast immer dort, wo dieser unbedingte Glaubensanspruch Jesu, des menschgewordenen Gottessohnes, in einen innerweltlichen Absolutheitsanspruch umgedeutet wurde.

Etwas geriet in Vergessenheit: Daß das von Jesus angekündigte, in ihm schon angebrochene, aber hinsichtlich seiner Vollendung noch ausstehende Gottesreich wie Jesus selber, das im Stall geborene Kind einfacher Eltern, das schließlich den Tod in der Hinrichtung am Kreuz findet, im Zeichen der „Entäußerung" (griechisch: kenosis) steht. Wo die Kirchen sich im Besitz der vollen Gottesherrschaft wähnten, d.h. ihre eigene Hinfälligkeit zu übersehen begannen, verfielen sie zugleich der Gefahr, ihren geistlichen Wahrheitsanspruch auch mit innerweltlichen Machtmitteln durchsetzen zu wollen. Die in eschatologischer Fülle verheißene Liebes- und Friedensbotschaft des Evangeliums, deren Verkündigung stets auch das Bemühen um bestmögliche Verwirklichung in Zeit und Geschichte wachrufen sollte, kippte dann um in intolerante Ausgrenzung und bald danach leicht in Gewalttätigkeit. Gegen dieses Syndrom der zwar dem Evangelium völlig fremden, aber mit der geistlichen Unbedingtheit dieser Botschaft dennoch gegebenen Versuchung, muß deshalb als erstes die ethische Forderung nach radikaler Gewaltlosigkeit in allen Dimensionen der Verkündigung und Glaubensverwirklichung erhoben werden.

Diese Forderung nach unbedingter Toleranz und damit nach dem Verzicht auf innerweltliche Machtmittel für die Durchsetzung von Glaubenswahrheiten und -werten bedeutet freilich in keiner Weise schon einen Wertrelativismus und so den Verzicht auf religiös begründete ethische Wahrheit als solche. Wo immer aber Glaubenswahrheit zu Mitteln innerweltlicher Machtanwendung greifen läßt, gibt sie sich selbst auf. Ihr Anspruch darf sich allein im Zeugnis, das u.U. bis zur Annahme des eigenen Todes gehen kann, bestätigen. D. h.: Ihre Glaubwürdigkeit hat sich in der unbedingten Gewaltlosigkeit der Annahme des Kreuzes, „das den Juden ein Ärgernis und den Heiden eine Torheit" (1 Kor 1,23) ist, zu erweisen. Ob und wie sich dieses Zeugnis innerweltlich durchsetzt, dürfte eigentlich die Christen weder als einzelne noch als kirchliche Gemeinschaft kümmern. Wo solches Zeugnis sich bewährt, sollte dies als Stütze des Glaubens und Zeichen des Gottesreiches, also als Geschenk der göttlichen Vorsehung zwar dankbar angenommen werden. Als solches sollte es aber weniger selber gesucht als der Vorsehung überlassen bleiben.

Wo dagegen diese Glaubensdimension verfehlt und zu Gewalt Zuflucht genommen wird, ist dies letztlich nichts anderes als ein Zeichen von Kleingläubigkeit des einzelnen wie der kirchlichen Gemeinschaft. Folge ist nur allzu leicht Macht, Gewalt und Unfriede. Solche Kleingläubigkeit aber war und ist seit je und auf verschiedene Weise die Versuchung der Christen und ihrer Kirchen jenseits aller sonstigen konfessionellen Unterschiede. Glaubensspaltungen, die bis zu Glaubenskriegen gingen, ideologischer Mißbrauch von religiösen Inhalten zur Legitimation handfester, wenn auch gelegentlich berechtigter ökonomischer Interessen (man denke an den Nordirland-Konflikt), Unfähigkeit zu fairen Kompromissen und zur Bejahung berechtigter und bereichernder Vielfalt, welche in den Spannungen zwischen Juden- und Heidenchristen schon die Urkirche belastete, kleinliche Sorge um Einheitlichkeit und das Bemühen um deren zentralistische Kontrolle verbunden mit fundamentalistisch-wörtlicher Verabsolutierung einzelner Bibelverse sind die Folgen dieser kleingläubigen „Verweltlichung". Immer neu wird dabei versucht, die eschatologisch absolute Wahrheit im konkret einzelnen geschichtlichen Ausdruck so einzubinden, daß sie handhabbar instrumentalisiert werden kann.

Eben damit aber wird die jeder menschlichen Demarche voraufgehende, freie Zusage der Gnade Gottes in einen Wirkzusammenhang mit menschlichem Tun gebracht: Der Mensch will zwar wohl nicht einfach „sein wie Gott", aber er versucht doch, sich als eine Art Partner Gottes zu gebärden, der auf Erden seine Herrschaft zu vertreten hat und so eben von „Gottes Gnaden absolutistisch" die Geschicke der Welt leiten zu können vermeint. Dies ist eine die inkarnatorische Dimension des Glaubens an Jesus Christus verfälschende Grundversuchung. Sie tritt in den verschiedensten Formen (vom Glaubenskrieg über die Inquisition bis zur Kolonisation im Zeichen von Mission) auf und verdunkelt so immer neu das Eigentliche auch des christlichen Ethos.

Denn wo immer christliches Ethos die genannte Kenosis-Dimension von Menschwerdung und Kreuz vergißt und vermessen glaubt, das Letzte schon im Hier und Jetzt vorwegnehmen zu können, schlägt es um in einen gewalttätigen Triumphalismus. Neben den vielen exemplarisch menschlichen Initiativen, die von ihm ausgehen und die nicht weniger zu seiner Heilsgeschichte gehören zeigt die Geschichte eben dies mahnend auf. Wo christliches Ethos sich zu Wort meldet, kann es daher grundsätzlich stets nur dann Glaubwürdigkeit beanspruchen, wenn es sich dieser „Schon – noch-nicht"-Spannung bewußt bleibt, sich selbstkritisch auf Abweichungen befragt (und auch von anderen befragen läßt) und sich in Welt und Geschichte zugleich stimulativ für konkrete Verbesserungen im Sinne des Liebesgebotes einsetzt.

4. Das Leitmotiv des christlichen Ethos

Wo immer christliches Ethos Zeugnis für die Botschaft Jesu gibt, steht die mitmenschliche Sorge gerade auch um den Armen, der besonders leicht übersehen wird und so zu kurz kommt, im Mittelpunkt: „Wenn jemand sagt: Ich liebe Gott, aber seinen Bruder haßt, ist er ein Lügner, denn wer seinen Bruder, den er sieht, nicht liebt, kann Gott, den er nicht sieht, nicht lieben" (1 Joh 4,20). Diese feinfühlige Mitmenschlichkeit war denn auch seit Beginn der Kirche eines der herausragenden Erkennungszeichen eines christlichen Ethos. In den Armenvierteln des antiken Rom wurde man aufgrund ihres Verhaltens auf die Christen aufmerksam; ihre eheliche Treue, die Achtung auch des ungeborenen Lebens, der menschliche Umgang beeindruckten. Im Verlauf der Geschichte waren es immer wieder besonders glaubenseifrige, gerade auch aus mystischer Gottesnähe lebende Christen, welche die tätige Nächstenliebe in Wort und Beispiel anmahnten und pflegten. So hat die Kritik an dem jeder Armut spottenden Luxus des byzantinischen Kaiserhofes schon dem Kirchenvater Johannes Chrysostomus († 407) das tödliche Exil eingetragen, wenig anders als in unseren Tagen die analog kritische Predigt einen Bischof Oskar Romero das Leben kostete. Die Klöster der benediktinisch geprägten Gemeinschaften waren nicht nur Zentrum von Gastfreundlichkeit, Armenpflege und Rechtsschutz, sondern erbrachten auch kulturelle Leistungen, deren Nutzen vor allem den unteren sozialen Schichten zugute kam (man denke an die Verbreitung der Ziegelbrennerei oder der Wassernutzung durch die Zisterzienser). Den Initiativen von Klöstern und Bruderschaften sind die die familiäre Solidarität übersteigenden Pflegeeinrichtungen der Hospitäler wie später der Schulen, die auch unteren Schichten und den Frauen Bildung erschlossen, oder ein den Zinswucher bekämpfendes Bankwesen zu verdanken. Die soziale Infrastruktur, auf der das säkulare Sozialwesen moderner Staaten aufbauen konnte und von dem her ein heute über die sozialen Menschenrechte abgesicherter, sozialer Weltstandard ins Auge gefaßt werden kann, hat christliche Wurzeln.

Die im Schöpfungsglauben wurzelnde Überzeugung von der grundsätzlichen Gleichheit aller Menschen, welche keine Grenzen von Stand und Rasse gelten läßt, bildet so zusammen mit der Gerichtsrede Jesu (Mt 25), welche die Gottesbegegnung an den mitmenschlichen Umgang mit dem Geringsten bindet, die Grundlage eines christlichen Ethos der Weltgestaltung. Obwohl von Rückschlägen und Fehlformen – wie eingangs bedacht – nicht frei, hat es über vielfältige Akteure (über Schwesternorden in Pflege und Schule, über Missionare und die von zahllosen Christen getragenen Dienste an einer tätigen Verkündigung der Liebesbotschaft Jesu, aber auch über die ebenfalls von der christlichen Basis getragenen modernen kirchlichen Hilfswerke) den Aufbau eines sozialen Geflechts gefördert, das seinesgleichen sucht. Es kann als Grundmuster eines vom Evangelium motivierten und getragenen christlichen Lebensethos gelten. Dennoch kann dieses Merkmal, so sehr es das spezifisch christlich motivierende Fundament ausmacht, nicht in dem Sinn als Eigenmerkmal gelten, daß es exklusiv als nur unter Christen möglich und wirklich nachzuweisen wäre.

Einzelne Elemente mögen von anderen Kulturen und Religionen übernommen sein (man denke etwa an die biblischen Anleihen beim babylonischen Rechtswesen oder der Ethik der Stoa). Unter Christen gewachsene Initiativen können von anderen Religionen übernommen werden, ohne daß Abstriche von der eigenen Gläubigkeit gemacht zu werden brauchen, wie dies etwa für hinduistische Reformbewegungen um 1900 zutraf. Auch hier tritt das Christliche wie bei Jesus Christus selber also im Zeichen des Verborgenen auf: Salz und Sauerteig sind die Bilder, die das Evangelium dafür braucht. Sein Geist ist nicht in Beweis und Statistik nachweisbar, aber er ist wirksam und kann dem, der aufmerksam hinsieht, als Verweis dienen, um nach Grund und Ursache für solches Verhalten zu fragen. Gerade dadurch ist christliches Ethos dann Hinweis auf christlichen Glauben. Daß es solche innergeschichtlichen Zeichen des christlichen Glaubens auf zahlreichen Feldern ethischer Lebensgestaltung gibt, ist ein Zeichen der Hoffnung. Denn christliche Selbstverwirklichung ist nur dann echt, wenn sie tätiges Zeugnis für die dem Menschen widerfahrene Güte Gottes ist, die es dann unter allen Menschen, und zwar im offenen Dialog mit allen, denen es auch um die Entfaltung dieses Menschen geht, weiterzutragen gilt; nicht als auferlegte Pflicht, sondern als selbstverständlicher Dank für das „umsonst" empfangene und erfahrene Geschenk Gottes; als Aufgabe, die sich von selber aus der erhaltenen Gabe ergibt.

5. Verwirklichungsfelder – die menschenrechtliche Grundlage als Gottes Gebot

Die weltgestaltende Sorge der Christen und ihrer Kirchen, wie sie sich seitens des Ökumenischen Rates der Kirchen, aber auch seitens des Zweiten Vatikanischen Konzils und der letzten Päpste seit etwa der Mitte des 20. Jh. zu Wort meldet, bezeichnet die Sicherung der Menschenrechte als ein Herzstück des sich konkretisierenden christlichen Ethos. Dies mag erstaunen, wenn man die Sperren ansieht, welche die christlichen Kirchen gegen die Aufklärung als „Befreiung des Menschen aus selbstverschuldeter Unmündigkeit" (I. Kant) und gegen die diese Emanzipation juristisch festschreibenden Menschenrechte bis weit ins 19. Jh. hinein aufrechterhalten haben. Dennoch erfolgte der Prozeß der Bewußtwerdung solcher genuin zum Menschen gehörenden Rechtsansprüche auf dem Hintergrund des christlich abendländischen

Menschenbildes. D. h.: Der gottebenbildlichen Person gehört eine je eigene, unbedingte Würde, die es verbietet, sie je bloß als Mittel zu brauchen (I. Kant in seinem „Kategorischen Imperativ"). Dieses Bewußtsein von Freiräumen, welche der Staatsmacht die Verfügung über den Einzelnen entziehen und der Person die Eigenbestimmung verfassungsmäßig garantieren, ist neben den Einsichten der o. g. spanischen Völkerrechtstheologen vor allem hinsichtlich der Glaubens- und Gewissensfreiheit gerade unter besonders engagierten Christen im angelsächsischen Raum gewachsen und hat bei den 1776 sich für unabhängig erklärenden Staaten der USA zur Erstellung der ersten Menschenrechtsliste der Geschichte geführt, die ihre Verfasser aber nicht bloß als ein politisches Manifest, sondern auch als eine christlich sozialethische Verpflichtung verstanden.

Die auf dem europäischen Festland wirksamen kirchlichen Reserven gegen die Menschenrechte haben ihren Ursprung im konkret antikirchlichen Vorgehen der französischen Revolution bzw. in der seit der Kirchenspaltung des 16. Jahrhunderts besonders engen Verbundenheit der kirchlichen zur staatlichen Autorität, also konkret im absolutistischen Gottesgnadentum. Auch wenn sich so eine gewisse Plausibilität für Reserven ergibt, so hätten diese den christlichen Ursprung doch nicht verdunkeln dürfen. Die jahrhundertelange Blindheit bleibt um so bedauerlicher, als christliches Ethos wesentlich Menschenrechtsethos ist. Das daraus gewachsene und mittlerweile säkularisiert global gewordene menschenrechtliche Weltethos kann sogar als die vielleicht nützlichste Frucht christlichen Selbstverständnisses für die Menschheit gelten. Daß auch die Menschenrechte gelegentlich imperialistisch ideologisiert wurden und so gegenüber anderen Völkern zum Herrschaftsinstrument des christlichen Abendlandes verkommen konnten, wird mit dieser Aussage nicht bestritten. Auch dies gehört zu den genannten Schattenseiten, die aber dann gerade nach einer besonders bewußten Eigenverpflichtung des christlichen Ethos auf diesem Feld rufen.

Insofern die Menschenrechte zudem die epochal angepaßte Umsetzung der Grundforderung der Gerechtigkeit, also der in und trotz aller Ungleichheiten unter den Menschen geforderten Anerkennung prinzipieller Gleichheit sind, sind sie analog zu den dekalogischen Geboten der „Zweiten Tafel" genau wie diese auch für den Christen Teil der Bundessatzung Gottes mit dem Menschen. Wie das alte Gottesvolk in der Satzung vom Sinai lehrte, daß das Verhältnis zu Gott ohne ein geordnetes Verhältnis zum Mitmenschen nicht gut sein kann, so ist auch für das neue, in Jesus, dem Christus nun prinzipiell menschheitsweite Gottesvolk, also für die christliche Glaubensgemeinschaft, die Gottesbeziehung auf das engste mit dem von Gerechtigkeit geprägten mitmenschlichen Verhalten verbunden: Was dem Geringsten der Mitmenschen getan wird, geschieht Gott selber (Mt 25). Sittliche Normen sind in diesem Verständnis (auch hier entgegen manchen anders lautenden Interpretationen im Verlauf der Geschichte) dem Menschen also keinesfalls von außen (heteronom), von einem absolutistisch herrschenden Gott beliebig auferlegte Beschränkungen der menschlichen Freiheit. Sie sind ihm vielmehr „ganz nahe, in seinem Mund und in seinem Herzen" (Dtn 30, 14). D. h. sie sind in sich selber einsichtig als autonome Ordnungsprinzipien einer guten und daher die Menschlichkeit und deren konstitutive Grundwerte von schöpferischer Freiheit und Leben in gegenseitiger Achtung und Gemeinschaft sichernden Schöpfung.

Solche menschliche Gerechtigkeit gründet in der Teilhabe des Geschöpfes an der ursprünglichen Gerechtigkeit Gottes. Sie spiegelt diese sozusagen aus der vertikalen Ermöglichung horizontal wider. So versteht sie sich als Voraussetzung und Grundlage für die im Vorgriff auf die eschatologische Erfüllung vom Evangelium geforderte Liebe als freie Hingabe an Gott und den Nächsten. Darin kündigt sich aber zugleich das dialektische Paradox des christlichen Glaubens an: dieses hält sogar dem Risiko des innerweltlichen Scheiterns, d. h. der Dimension des Kreuzes, aus der Glaubenshoffnung auf den am dritten Tag Auferstandenen stand. Im Rückbezug auf das Christusgeschehen weiß christliches Ethos sich zum Durchhalten ermuntert und zur Dynamik der Menschenrechte wie des in mitmenschlicher Treue sich verwirklichenden Prinzips von Liebe in Gerechtigkeit herausgefordert. Christliches Ethos hat so zwei Aspekte: Wichtig ist einmal vernünftige Einsicht in die an der Forderung so verstandener Gerechtigkeit sich bemessenden, sittlichen Normen als Entscheidungshilfen für die eigenverantwortliche Tat. Entscheidend zu diesem

Ethos gehört aber auch die die Tat ermöglichende und sie aus transzendenter Verwurzelung motivierende persönliche Gottesbeziehung. Christliches Ethos ist damit stets ebenso sehr religiöses Heilsethos wie innerweltliches Gerechtigkeitsethos. Von dieser begründeten Voraussetzung her kann christliches Ethos dann die konkreten Verwirklichungsfelder des menschlichen Lebensvollzugs unter den Gesichtspunkten der Gerechtigkeit aufgreifen und aus Erfahrung und Einsicht die Rahmenbedingungen für konkret menschliche Verwirklichung festlegen. In der Dynamik des Glaubens können zudem über Vergleiche sogar latente Abweichungen (wie etwa versteckte Ausbeutung über Schwarzarbeit ohne soziale Sicherheit u.ä.) aber auch mögliche Verbesserungen (wie etwa Möglichkeiten zu größerer Mitbestimmung dank besserer Allgemeinbildung) stimulativ-kritisch ausgemacht und gefördert werden. Der bereichernde Kontakt und Austausch mit anderswo gewachsener ethischer Einsicht ist dabei nicht nur möglich, sondern die Regel. Dies zeigt die in den biblischen Texten deutlich nachvollziehbare Entstehung sittlicher Normen – bis hin zur paulinischen Forderung, „alles zu prüfen und das Gute zu behalten" (1 Thess 5,21). Wo im Verlauf seiner Geschichte christliches Ethos solche Kontakte scheute und sich auf sich selber zurückzog, verlor es an Kraft und Ausstrahlung. Es hat damit den Auftrag, gemäß den Bildworten des Evangeliums, „Licht auf dem Leuchter, Stadt auf dem Berg und Salz der Erde" zu sein, nicht erfüllt.

Solche Dialogoffenheit, die gerade auch im pluralen Spektrum der Meinungen eine echte Bereicherung zu sehen vermag, verbietet allerdings nicht bloß eine dem Evangelium unangemessene ängstliche Kleingläubigkeit. Sie begründet vielmehr zugleich eine aktive und konstruktive Toleranz anderen Weltanschauungen gegenüber. Deren Wahrheitseinsicht kann man dann gelten lassen, weil sie als der Vernunft einsichtig zur einen Schöpfung gehört. Solche Wahrheitseinsicht anderer kann zugleich für den eigenen Glauben relevant sein und religiös anerkannt und gebilligt werden. Zugleich erlaubt dieses Verständnis anderer Sinnsysteme aber auch ohne Überheblichkeit und im Bewußtsein der eigenen Abirrungen, darin das anzumahnen, was allenfalls Menschlichkeit und Gerechtigkeit widerspricht. Ohne den Glauben an Jesus, den Christus, als die einem selber unbedingt zugesagte Heilswirklichkeit zu relativieren und auch ohne als Zeuge diese geschenkte Zusage zurücknehmen zu müssen, schließt eine solche Überlegung die Heilsmöglichkeit anderer, die als Menschen ja in der gleichen Schöpfungswirklichkeit des einen und liebenden Gottes stehen, nicht aus, sondern ein. Über die Wege Gottes zur Vollendung seiner Schöpfung Bescheid wissen zu wollen, wäre Vermessenheit. Dem wirklich im Sinn des Evangeliums glaubenden Christen kann es genügen, die ihm erschlossene Heilszusage Gottes zu bezeugen. Eine kämpferische Exklusivität, die das eigene Bekenntnis mit innerweltlichen Machtmitteln durchsetzen und absichern möchte, wäre dagegen letztlich erneut nichts anderes als Kleingläubigkeit, welche die Heilssouveränität Gottes nicht anzunehmen gewillt ist und ihr selbstherrlich vorzugreifen versucht.

Um dies näher, also auf konkrete Lebensfelder bezogen zu beleuchten, hat sich in der neueren moraltheologischen Systematik eine dreifache Gliederung als dienlich erwiesen, nämlich die verantwortete Gestaltung der eigenen individuellen Persönlichkeit, diejenige der zwischenmenschlichen, noch überschaubaren Beziehungen und schließlich diejenige der gesellschaftlichen, also institutionalisierten Strukturen. Natürlich lassen sich diese menschlichen Lebensbereiche niemals in geschlossenen Feldern darstellen, sondern müssen in vielerlei Interaktionen und Überlappungen gedacht werden. Der klärenden Reflexion sind sie dennoch dienlich.

6. Die sittliche Gestaltung des individual personalen Lebensbereichs – das christliche Individualethos

Christusnachfolge in Nächstenliebe scheint nach Selbsthingabe, ja Selbstverleugnung zu rufen, und die Forderung nach Einübung solcher Haltung scheint dementsprechend christliche Moralverkündigung zu prägen. Dabei wird aber übersehen, was eigentlich schon die evangelische Formulierung des Liebesgebotes: den Nächsten wie sich selbst zu lieben, nahelegen müßte – nämlich die Praxis, daß aktive Nächstenliebe stets eine entwickelte Persönlichkeit als Akteur voraussetzt. Gemeint ist damit eine Person, die durch Übung (griech.: Askese) ihren (sündigen) Hang zum Egoismus zu zügeln gelernt hat. Askese ist dazu aber keinesfalls Ziel oder Zweck, sondern bloß Mittel zum Aufbau einer zum „Vollalter Christi herangereiften" Persönlichkeit (Eph 4, 13). Dazu gehört ohne Zweifel als Grundlage zuerst eine feinfühlige Bildung des Gewissens als der personalen Entscheidungsfähigkeit zur Übernahme von Verantwortung für das eigene Tun und Lassen vor sich selber, vor den Mitmenschen wie vor Gott. Die Pflege der geistigen intellektuellen und gemüthaften Talente ist damit ebenfalls angesprochen und nicht weniger der Ausbau der handwerklichen und körperlichen Fähigkeiten, kurz all das, was man in der klassischen abendländischen Ethiktradition als Tugend bezeichnet hat. Gemeint ist damit etwa der Sinn für das rechte Maß, eine nüchternes, „kluges" Unterscheidungsvermögen, Tapferkeit als Zivilcourage, ein feines Gespür für Fairneß und Gerechtigkeit usw., eben all jene Eigenschaften, die den Menschen zu einer eigenständigen Persönlichkeit machen, auf die man als Mitmensch zählen kann und die sich nicht opportunistisch von jeder Mode oder dem jeweiligen Meinungstrend beeinflussen läßt.

Wie sehr der Aufbau einer solchen eigenverantwortlichen, im vollen Sinn menschlichen Persönlichkeit Anliegen des christlichen Ethos ist, zeigen dabei weniger theoretische Abhandlungen als das durch alle Jahrhunderte sich ziehende Bemühen christlicher Institutionen um den Aufbau eines ganzheitlichen Bildungswesens, das körperliche Ertüchtigung mit geistig-intellektueller Formation und Charakterbildung zu verbinden suchte und auch die sozial Schwächeren, insbesondere auch die Frauen in dieses Bemühen einzubeziehen suchte. Klöster als geistliche Zentren wie Missionsstationen als feste Ausgangspunkte für die Glaubensverkündigung waren so meist auch Schulzentren, und gerade Zeiten des Umbruchs ließen oft neue Schulorden entstehen. Die an sich realistische, im christlichen Menschenbild gründende Erkenntnis, daß der Mensch in seinen körperlichen Begierden und Trieben wie in seinem geistigen Streben zu egoistischem Exzeß wie zu rücksichtsloser Herrsch- und Genußsucht neigt, daß also Selbstbeherrschung als leibliche, geistige und seelische Disziplin zu echter Selbstverwirklichung unerläßlich ist und daher auch eingeübt werden müßte, mag gerade auch unter dem starken Einfluß antiker, vorab stoisch-platonischer Geistesströmungen auf die junge Kirche gelegentlich zu einer Überbetonung des asketischen Moments geführt haben. Leibfeindlichkeit und Prüderie, Ängstlichkeit im Umgang mit geistesgeschichtlichen Entwicklungen, kleinliches Ordnungsdenken in bloßer Gehorsamsdisziplin waren dann gelegentlich die Folge, die aber von großen christlichen Erzieherpersönlichkeiten wie Giovanni Bosco oder Angela Merici stets abgelehnt wurden.

Neben den Bildungsinitiativen zeigen aber auch die oft parallel dazu entstandenen Institutionen zur Krankenpflege und Behindertenbetreuung, wie sehr die Sorge um Erhalt, Entfaltung und Wiederherstellung der menschlichen körperlichen und geistigen Fähigkeiten der Kirche am Herzen lag. Denn diese Fähigkeiten sind die von Gott dem Menschen zu dessen Mitwirkung am Aufbau des Gottesreiches gegebenen Talente, mit denen es zu wuchern gilt (Mt 25,14–30). Natürlich bringt diese Forderung auch die Gefahr mit sich, Gesundheit, Leistungsfähigkeit, intellektuelle Kapazität, aber auch das irdische Leben als solches als absolute Werte zu vergötzen. So sehr all dies aber gepflegt zu werden verdient, Endzweck sind sie alle jedoch nicht, ihre Erfüllung steht noch aus. Das Jetzt ist eine Zeit zur Bewährung, die infolge der menschlichen Selbstüberheblichkeit, des sündigen und letztlich selbstzerstörerischen Seinwollens wie Gott zudem irgendwie gebrochen, von Leiderfahrung und vor allem vom schmerzlichen Abbruch der Raum- und Zeitdimension, durch den Tod geprägt ist.

Diese stets auch sinngefährdende Belastung hat jedoch in Jesus Christus, dem nach Leiden und Tod auferstandenen Herrn nie das letzte Wort. Sie steht vielmehr im Zeichen der Hoffnung, die zum Aufbau der eigenen Persönlichkeit ein mutiges „trotzdem und erst recht“ wagen läßt. Es ist gerade dieses Ethos einer nüchtern mutigen Selbstbejahung, welches das Christentum zu einem wichtigen Kulturträger und -förderer von Kunst und Wissenschaft, aber auch von Lebensqualität und Menschlichkeit hat werden lassen. Dies wurde allerdings nur dadurch möglich, daß diese Sorge um eine umfassende Selbstentfaltung und -verwirklichung nicht egoistisch selbstbezogen, sondern gemeinschaftsverbunden verstanden wurde. Die Entfaltung des einzelnen ist nur dank der anderen möglich, aber letztlich auch nur hinsichtlich der Mitmenschen sinnvoll und fruchtbar. Selbstverwirklichung gehört so zwar wesentlich zum Christsein. Sie meint aber nie Selbstbezogenheit, sondern vollzieht und erfüllt sich stets und nur in der Hingabe an die anderen. Aus innerer Logik verweist sie somit zwingend auf die zwischenmenschlichen Dimensionen des Ethos, die in der Lehrtradition wie der ethischen Überlieferung der Kirche denn auch im Mittelpunkt stehen.

7. Die Gestaltung der Beziehungen von Mensch zu Mensch – das zwischenmenschliche Ethos

Sowohl die Spruchweisheit wie die normativen Weisungen der biblischen Glaubensgrundlage stehen weitgehend im Dienst harmonischer mitmenschlicher Beziehungen, wobei die Verkündigung Jesu die gerade diesbezüglich lange ethische Tradition seines, des jüdischen Volkes ausdrücklich und für seine Glaubensgemeinschaft verbindlich, wenngleich kritisch fortschreibt. Inhaltlich läßt sich diese Weisung in der schon in der dekalogischen Grundnorm gegebenen Gebotsliste (Ex 20, 1–21; Dtn 5, 16–22) in die heute noch aktuellen Hauptdimensionen des menschlichen Lebensvollzuges einteilen, nämlich in den Schutz von Leben, Familiengemeinschaft und Generationenverantwortung, sowie von Besitz und gutem Ruf, wobei die Verletzung jeder dieser Schutzdimensionen langfristig eine Lebensgefährdung nach sich zieht. So scheint es sinnvoll, von dieser Tradition aus das christlich zwischenmenschliche Ethos näher zu erläutern.

Direkt auf den Lebensschutz bezogen ist das Tötungsverbot, welches freilich ursprünglich als Mordverbot nur das selbstsüchtig willkürliche Töten des Volksgenossen unter das Verdikt des Bundesbruchs stellte. Es bezieht sich also von seinem Ursprung her weder auf die Todesstrafe noch auf das kriegerische Töten, das in Feldzügen gegen die gefährlichen Nachbarn als mit dem Gottesglauben und -bund vereinbar galt. Dennoch ergibt sich von der ursprünglichen alttestamentlichen Fassung her eine auf die Gewaltlosigkeitsforderung der Bergpredigt Jesu hin zielende, auffällig sich verfeinernde Dynamik. So erweitert sich der Lebensschutz auch auf den Fremden, oder es werden Blutrache und drakonische Strafen so abgebaut, daß schließlich in der Predigt Jesu für den zwischenmenschlichen Bereich die verzeihende Feindesliebe, die gütliche Konfliktregelung und der Gewaltverzicht als Leitvorstellungen für das Ethos des Jüngers Jesu aufscheinen und damit – wenn auch langsamer – auch im öffentlichen Leben eine Politik der Gewaltminimierung sowohl für die Strafrechtspraxis wie für die Regelung internationaler Konflikte wenigstens ins Auge gefaßt werden kann. Darauf wird unter sozialethischer Rücksicht noch eigens hingewiesen werden müssen.

Dagegen ist in einer Zeit, wo eine opportunistische Verfügung über das besonders schwache und allenfalls für Dritte auch belastende Leben an seinem Beginn wie an seinem Ende unter den Stichworten von „Recht auf Abtreibung" und „Exit" als Euthanasie offenbar diskutabel wird, darauf hinzuweisen, daß ein solches Verhalten zu dem gehört, wovon nach Paulus unter Christen nicht einmal die Rede sein sollte (Eph 5,3). Wenn der Lebensschutz sogar in der kirchlichen Diskussion (scheinbar) zu einem bloßen Problem von strafrechtlichen Verboten wird, dann steht es um die wesentlich zum christlichen Ethos gehörende Haltung der unbedingten Achtung vor dem Leben, wozu im übrigen auch eine ebenso generöse wie verantwortungsbewußte Familienplanung gehören müßte, nicht mehr zum besten.

Daß diese Achtung vor dem Leben sich zudem nicht nur auf den Mitmenschen beschränken darf, ja daß ruchloser Umgang mit den Tieren und der nichtmenschlichen Natur überhaupt auch den Menschen selber verroht, war schon den mittelalterlichen Theologen klar. Erst die neuzeitlichen technologischen Entwicklungen haben aber deutlich gemacht, wie sehr menschliches Tun die Natur als Lebenswelt zerstörerisch zu verzwecken vermag. Diese Einsicht fordert dann im Sinn des Arztes und Theologen Albert Schweitzer einen umfassenden Respekt vor allem Leben als einem Wert in sich. Dies schließt zwar die Nutzung der Natur im Sinn des biblischen Schöpfungsberichtes keineswegs aus; aber gerade in einem christlichen Selbstverständnis legt es ein Ethos der pfleglichen Zurückhaltung statt einer rücksichtslosen

Verbrauchermentalität nahe und deckt sich so mit den Einsichten eines modernen ökologischen Ethos.

Mit diesen Hinweisen kommt aber auch schon das ins Licht, was die dekalogische Gebotsliste als Verpflichtung der Elternehrung herausstellt, die aber eigentlich das ganze Feld der intergenerationellen Verantwortung anspricht. Die Achtung vor dem Kind (Mt 19, 14), die Sorge um dessen Bildung bis hin zur Bewahrung einer intakten Umwelt für kommende Generationen gehören dazu, letztlich aber auch das, was das Ehebruchsverbot anspricht: Die Achtung vor der ehelichen Gemeinschaft, die immer deutlicher – bis hin zum selbst seine Jünger verblüffenden Ideal Jesu von der ausschließlichen und lebenslangen Partnerschaft – verstanden wird als das innergeschichtlich reale Zeichen für Gottes Liebe zu seinem Volk, das letztlich alle Menschen umfassen sollte. Die seit je zum christlichen Eheethos gehörenden Werte von Treue, Ausschließlichkeit und echter Partnerschaft haben in diesem Verständnis und nicht in irgendwelchen kirchlichen Ordnungsstellungen ihre Wurzel. Sie gehören so über alle u. U. auch kleinlichen Regelungen hinaus zu den unverzichtbaren Zielvorstellungen eines christlichen Ethos der Ehe. Diese ist dann auch der genuine Ort, wo menschliche Sexualität als der körperliche Ausdruck partnerschaftlicher Liebe und Vereinigung wie im Blick auf die Weitergabe des Lebens in einer tragfähigen Familiengemeinschaft sich verwirklicht. Sexuelle Praxis außerhalb dieser Zusammenhänge darf in dieser Sicht dann zwar nicht einfach auf verurteilende Ablehnung stoßen. Das Verständnis für subjektive Schwächen, situative Belastungen usw. wie das Bemühen um Verbesserung und Neuanfang nach einem Scheitern gehören zur Botschaft Jesu von der barmherzigen und daher verzeihenden Liebe Gottes. Daraus aber auf Billigung zu schließen, wäre – der Umgang Jesu mit der beim Ehebruch ertappten Frau macht es deutlich (Joh 8, 1–11) – nichts anderes als Opportunismus, der letztlich die sittliche Botschaft des christlichen Glaubens verriete.

Das Verbot von Ehrverletzung und Schädigung des guten Rufes dagegen, die in einfach strukturierten Gesellschaften als falsches Zeugnis schnell zum Rufmord werden können, wie dies etwa die Susanna-Erzählung (Dan 13) zeigt, und daher als solche ebenfalls einen Bundesbruch darstellen, verfeinert sich im Verlauf der

Heilsgeschichte zum Verbot der ebenfalls vertrauensschädigenden Lüge als einer den guten Glauben täuschenden Falschaussage bzw. zu einem Gebot verläßlicher Ehrlichkeit. Das Diebstahlverbot, das dem Mitmenschen die materielle Existenz sichern helfen soll, läßt nach und nach eine eigene Eigentumstheorie entstehen. Danach wird das Privateigentum zwar als die normalerweise konkret beste, weil Sorgfalt und klare Kompetenzen fördernde Organisationsform bejaht. Grundsätzlich aber wird an der schöpfungsgemäßen ursprünglichen Gemeinwidmung der Güter dieser Welt (vgl. Thomas von Aquin: Summa theologica II, II, 66) so festgehalten, daß Verzicht auf Privateigentumsansprüche um des Gemeinwohls willen gegebenenfalls durchaus in Betracht gezogen werden kann. Jedenfalls aber verpflichtet sie zu einer sozialverträglichen, für die Notleidenden stets offenen Verwendung der eigenen Güter. Das weit ins Alte Testament zurückreichende Zinsverbot, das einen aus der Not des anderen erzielten Gewinn verurteilt, ist ebenfalls Beleg für diese Sicht. Durchaus konsequent dazu kann man dann aber zu späteren Zeiten eine Zinszahlung auf Investivkapital als ethisch gerechtfertigt gelten lassen. Ebenso galt das Bemühen, dem besitzlosen Arbeiter die angemessene und rechtzeitige Zahlung zu sichern (vgl. Dtn 24, 10–15), dieser Sorge um Gerechtigkeit in Gemeinwohl. Genauso wird übrigens später, nämlich in der kirchlichen Soziallehre seit 1891, die Bildung von Eigentum in Arbeiterhand aus analogen Gründen eingefordert. Mit diesen Überlegungen aber hat die christliche Ethik das Feld der rein zwischenmenschlichen Beziehungen verlassen. Hier ist nämlich, was unterschwellig bereits öfter anklang, schon sozialethisch die Gestaltung gesellschaftlicher Strukturen angesprochen.

8. Der Aufbau gerechter Gesellschaftsstrukturen – sozialethische Dimensionen

Vor allem die technologisch-industrielle Entwicklung der Neuzeit hat nicht nur die wirtschaftlichen, sondern alle politischen Beziehungen unter den Menschen, in den einzelnen Staaten, aber auch weltweit bedeutend komplexer werden lassen. Was über Jahrhunderte im Sozialwesen, für die Arbeitsverhältnisse oder im Handel weitgehend zwischenmenschlich geregelt werden konnte, bedarf nun einer eigenen Organisation über Verbände als Interessenvertretungen, öffentlich rechtliche Absicherung, Gesetzgebung usw. Vor allem die Verelendung des Industrieproletariats im 19. Jh. hat – was den Christen allerdings erst verzögert aufging – gezeigt, daß mit zwischenmenschlicher Caritas allein dieser Not nicht zu begegnen war. Denn sie beruhte ja nicht einfach auf einer Art Naturkatastrophe, sondern war von Menschen, nämlich durch eine rücksichtslose und uneingeschränkt kapitalistische Marktordnung verursacht. Deshalb galt es, strukturelle, d. h. hier staatliche gesetzgeberische Maßnahmen zu entwickeln, die dann nicht nur Mißstände beheben, sondern auch deren Entstehung von Anfang an verhindern helfen sollten.

Religiös-soziale Aufbruchsbewegungen wie diejenige der religiösen Sozialisten im protestantischen Umfeld, vor allem aber der Einsatz der Päpste seit dem Erscheinen der ersten Sozialenzyklika „Rerum novarum" von Papst Leo XIII. im Jahre 1891, haben dies erkannt und dazu beigetragen, daß in der Ökonomik sozialmarktwirtschaftliche bzw. ordoliberale Ordnungsvorstellungen entwikkelt wurden, die auch von der christlichen Sozialethik verantwortet mitgetragen werden können (vgl. dazu 1991 die Enzyklika „Centesimus annus", aber auch die EKD-Denkschrift „Gemeinwohl und Eigennutz").

Im Gefolge dieser Erkenntnis, daß gesellschaftliche Strukturen nicht einfach schicksalhaft gegeben, sondern prinzipiell gestaltbar sind, konnten in den letzten Jahren aber auch Kriege, weltwirtschaftliche Ungleichgewichte und ökologische Gefahren zunehmend in ihren durchaus menschlichen, also keinesfalls bloß vorbestimmten Ursächlichkeiten begriffen werden. Damit wurden solche Problembereiche als Herausforderungen für ein christliches Ethos wahrgenommen. Zunehmend wurde dabei aber auch klar, daß es nicht genügt, kirchliche Appelle zu mehr Einsatz für Gerechtigkeit bzw. für einzelne diesbezügliche Hilfeleistungen zu erlassen. Man begriff vielmehr immer deutlicher, daß es gilt, in den säkularen Strukturen politischer Bewegungen und Behörden nach gesetzlichen Regelungen, also nach sanktionierbaren Verboten, aber auch nach positiven Maßnahmen wie z. B. lenkenden

Steuerabgaben oder wirtschaftlichen Anreizen zu suchen. Nicht anders als nach 1900, als nur über eine Sozialgesetzgebung die Proletarierprobleme in den Industrieländern angegangen werden konnten, müssen auch heute über Friedens- und Konfliktforschung wie über die Analyse von ungleichen Wirtschaftsbeziehungen, aber auch von Umweltschäden und deren Ursachen internationale Regelungsabkommen gesucht und diesbezüglich die Autorität von Weltbehörden, u. U. auch zu Lasten der staatlichen Souveränität gefördert werden.

Manches steckt dabei derzeit zwar noch sehr in den Anfängen. Die christliche Verpflichtung zu entsprechender Mitarbeit in den pluralen Strukturen einer Weltgesellschaft aber scheint erkannt. Christlicher Glaube, der nur eine jenseitsbezogene Frömmigkeit pflegen wollte, wäre, wie jeder werklose Glaube, ein toter Glaube. Ein Glaube, der nicht politisch, d. h. sozialethisch weltgestaltend zu werden wagt, besorgt unkritisch das Geschäft der herrschenden Schichten. Er wäre weit davon entfernt, im Sinne des Reiches Gottes „Salz der Erde" zu sein. Daß diese Aufgabe trotz mancher Widerstände zunehmend von allen Christen im Sinn des Einsatzes für „Gerechtigkeit, Frieden und Bewahrung der Schöpfung" (so die Thematik des interkonfessionellen „konziliaren Prozesses" von 1988–90) als eine genuin zum Glauben gehörende Pflicht erkannt wird, ist dann ein ermutigendes Zeichen für christliches Ethos, das aus innerer Konsequenz diese Forderung in jedem Fall immer neu herauszustellen hat. Denn nur so bezeugt es die inkarnatorische Mitte des christlichen Glaubensbekenntnisses, daß in Jesus von Nazareth, dem von Gott gesandten Christus, Gott selber Mensch wurde, um die Welt als Schöpfung des Vaters nach dessen Willen zu erlösen. Diese Welt im Sinne des Liebesgebotes gestaltend zu prägen, ist dann die menschliche Ethos-Antwort auf das göttliche Heilswirken.

Literatur

Als allgemeine Einführung:
A. Hertz/W. Korff/T. Rendtorff/H. Ringeling (Hg.), Handbuch der christlichen Ethik. Aktualisierte Neuausgabe Freiburg i. Br. 1993;
C. H. Ratschow (Hg.), Ethik der Religionen, Stuttgart 1980;
M. Klöcker/U. Tworuschka (Hg.), Ethik der Religionen – Lehre und Leben, 5 Bde. München/Göttingen 1984–86: I: Sexualität (1984); II: Arbeit (1985); III: Gesundheit (1985); IV: Besitz – Armut (1986); V: Umwelt (1986).
Für die erwähnten Fehlentwicklungen:
E. Drewermann, Der Krieg und das Christentum, Regensburg 1982;
C. Amery, Das Ende der Vorsehung, Hamburg 1972.
Für weitere Literatur zur christlichen Ethik sei verwiesen auf die speziellen Bibliographien in den einschlägigen Werken des Verfassers, nämlich: Einführung in die Moraltheologie, Darmstadt 1988; Weltgestaltung aus Glauben, Münster 1989; Ethik der Lebensbereiche, Freiburg 1992 [3] sowie Christliche Sozialethik, Stuttgart 1991.

Das Ethos des Islams

Von Adel Theodor Khoury

Der Islam mit seinen verschiedenen Richtungen und Schulen, mit den verschiedenen Kulturkreisen, in die das Leben der Muslime eingebettet ist, ist keine einheitliche Größe. Gleichwohl kann man bestimmte Lehren und Verhaltensmuster überall erkennen, wo Muslime leben, Verhaltensmuster, deren Grundlage bzw. Hintergrund in den Lehren und ethischen Normen des Islams zu suchen ist. Gerade diese Lehren und Normen, die sich auf die Aussagen des Korans, der heiligen Schrift des Islams, und der Überlieferung des Verkünders des Islams Muhammad berufen, bilden den Gegenstand der folgenden Ausführungen.

Allgemein spiegelt sich im Verhalten der Muslime immer wieder der dreifache Anspruch des Islams wider: der Anspruch, nach dem Judentum und dem Christentum, in Kontinuität mit ihnen und als ihre Ablösung, die einzig wahre Religion zu sein (Absolutheitsanspruch), – eine alles (Frömmigkeit, Moral, Familienstruktur, Gemeinschaft, Staat) erfassende Lebensordnung zu errichten und durchzusetzen (Totalitätsanspruch), – endlich, sich für die Sache des Islams in der ganzen Welt, und zwar friedlich oder notfalls mit Gewalt, einzusetzen (Universalitätsanspruch).

1. Weltverständnis

Weltabgewandtheit

In der mekkanischen Periode (610–622) beschreibt der Koran eindringlich die Schrecken des nahen Gerichts Gottes, das über die Menschen hereinbricht, die ein gottloses Leben führen. Der Zorn Gottes kann nur durch eine reumütige Umkehr abgewendet werden. Der Koran verurteilt die Torheit der Menschen, die „für den

Besitz eine allzu große Liebe" hegen (89,20)[1]. Er erinnert sie mit Nachdruck daran, daß die kommende Welt besser ist als das Diesseits (vgl. 87,16–17; 28,60). Die natürliche Habsucht des Menschen läßt ihn aber selten die Probe (18,7) bestehen. Der Mensch glaubt, durch seinen Reichtum alles Nötige erlangt zu haben. Diese Selbsttäuschung führt zu einem schlimmen Ende (vgl. 92,8–11; 194,1–4; 96,6–7).

Wer sich also von dieser Welt verblenden und sich dadurch von der Suche nach dem Willen Gottes und dem jenseitigen Lohn ablenken läßt, der hat eine schwere Strafe zu erwarten (vgl. 11,15–16). Diejenigen dagegen, die den Versuchungen dieser Welt widerstehen, werden bei Gott reichen Lohn erhalten (64,15–16). Als Vorbild scheint die Haltung der Asketen in den Gotteshäusern (sind es die christlichen Klöster gewesen?) vorzuschweben: „in Häusern, für die Gott erlaubt hat, daß sie errichtet werden und daß darin seines Namens gedacht wird, Ihn preisen darin, am Morgen und am Abend, Männer, die weder Handel noch Kaufgeschäft ablenken vom Gedenken Gottes, von der Verrichtung des Gebets und der Entrichtung der Abgabe, die einen Tag fürchten, an dem Herzen und Augenlicht umgekehrt werden, damit Gott ihnen das Beste vergelte von dem, was sie getan haben, und ihnen von seiner Huld noch mehr gebe ... (24,36–38; vgl. zu den entsprechenden Eigenschaften frommer muslimischer Männer: 9,112, und Frauen: 66,5).

Weltzugewandtheit

Nach der Auswanderung von Mekka nach Medina im Jahr 622 mußte Muhammad die Aufgabe eines politischen Führers übernehmen. Damit war eine intensivere Beschäftigung mit den Dingen dieser Welt verbunden und auch die Bemühung, sie so zu regeln, daß das Leben der Muslime geschützt und gefördert wurde. Darüber hinaus wurden Erfolge und Siege über die Widersacher als Zeichen des Wohlwollens Gottes und als Belohnung für die Gläubigen gedeutet (vgl. 48,28). Muhammad mußte jedoch fürchten, daß die Muslime sich der Selbstgefälligkeit hingeben könnten. So mahnte sie der Koran zu steter Aufrichtigkeit. Sie dürfen im Streben nach den Gütern des diesseitigen Lebens den

Menschen nicht Unrecht tun (4,94). Die Muslime laufen Gefahr, zu sehr nach dem Diesseits zu trachten, während Gott für sie das Jenseits will (vgl. 8,67). Sie sollen bedenken: „Was bei euch ist, geht zu Ende; was bei Gott ist, hat Bestand" (16,96; vgl. 87,16–17). Sie sollen umkehren und sich bußfertig wieder Gott zuwenden (25,71), auch wenn sie die köstlichen Dinge, die ihnen Gott beschert, genießen dürfen (vgl. 5,4.5.87).

So sieht der Koran die Welt und ihre verschiedenen Güter als eine Versuchung an, die den Gläubigen von der Suche nach Gott und seinem Willen abbringen kann, und auch als ein Hindernis, das den Frommen den Weg des Gehorsams und der Treue erschwert. Der Koran betrachtet aber auch die Welt als ein Geschenk der Barmherzigkeit Gottes an die Gemeinschaft der Gläubigen. Diese Gnade wird jedoch nur denen verheißen und erwiesen, die ihre Pflicht erfüllen und im Einsatz für die Sache Gottes und die Interessen des Islams und im Streit an der Seite des Propheten Muhammad stehen.

Für solche Gläubige ist die Welt die gute Schöpfung Gottes. Er, „der Beste der Schöpfer" (37,125) hat bei seinem Werk „alles sorgfältig gemacht" (27,88); er hat „alles, was Er erschaffen hat, gut gemacht" (32,7). Denn er hat diese Welt nicht wahllos erschaffen, er hat sie für den Menschen bestimmt: Sie dient seinem Leben (vgl. 20,53–55; 16,79–83; 27,60–64) und enthält die guten Dinge, die Gott ihm beschert hat (40,64; 45,16; 17,70; 8,26).

Eine solche Welt, für den Menschen bestimmt und auf die Bedürfnisse seines Lebens vorzüglich abgestimmt, in der kein Mangel feststellbar ist (67,3), ist ein Zeichen, das auf ihren Schöpfer hinweist.

Die Welt als Ort der Glaubensfindung

In unzähligen Versen bestätigt der Koran, daß die Welt den einsichtigen Menschen auf die Existenz und das Wirken ihres Schöpfers hindeutet: „In den Himmeln und auf der Erde sind Zeichen für die Gläubigen" (45,3). Die harmonische Einrichtung der Welt ist ein „Zeichen für die Wissenden" (30,22), „für Leute, die verständig sind" (2,164). Eine besonders nachdrückliche Erklärung befindet sich im folgenden Text:

16, 10–13: Er ist es, der vom Himmel Wasser hat herabkommen lassen. Davon habt ihr etwas zu trinken, und davon wachsen Sträucher, in denen ihr weiden lassen könnt. Er läßt euch dadurch Getreide sprießen, und Ölbäume, Palmen, Weinstöcke und allerlei Früchte. Darin ist ein Zeichen für Leute, die nachdenken.

Und Er hat euch die Nacht und den Tag, die Sonne und den Mond dienstbar gemacht. Auch die Sterne sind durch seinen Befehl dienstbar gemacht worden. Darin sind Zeichen für Leute, die verständig sind.

Und (da ist) auch, was Er euch auf der Erde in verschiedenen Arten geschaffen hat. Darin sind Zeichen für Leute, die es bedenken" (siehe auch den weiteren Text 16, 14–18; vgl. 2, 163–165; 3, 190; 6, 99; 13, 2–4; 24, 43–45; 30, 17–25; 41, 37).

Die Welt als Ort der Bewährung und der Vergeltung

Die Schöpfung ist auch der Ort der Bewährung und der diesseitigen Vergeltung und Belohnung.

Es gehört nämlich zu den Erscheinungsformen der Vorsehung Gottes, daß er die Menschen auf die Probe stellt. Denn der Mensch muß das ihm anvertraute Gut (u. a. die Schöpfung: 33, 72) bewahren und sich in seinem Leben und in seinem Umgang mit seiner Umwelt bewähren.

Der Koran betont, daß Gott die Menschen nicht „zum sinnlosen Spiel erschaffen hat" (23, 115). Im Gegenteil, er handelt nach folgendem Grundsatz: „Meinen die Menschen, daß sie in Ruhe gelassen werden, nur weil sie sagen: ‚Wir glauben', ohne daß sie der Versuchung ausgesetzt werden? Wir haben schon diejenigen, die vor ihnen lebten, der Versuchung ausgesetzt. Gott wird gewiß in Erfahrung bringen, wer die Wahrheit sagt, und Er wird gewiß in Erfahrung bringen, wer die Lügner sind" (29, 2–3).

Beispiele der Prüfungen und der Bewährungsproben gibt der Koran selbst. Die Schöpfung ist eine erste Gelegenheit, die Menschen auf die Probe zu stellen (11, 7; 18, 7). Das Gute und das Schlechte, das ihnen widerfährt, dient als Prüfung (21, 35; vgl. 7, 168). Auch die vielen Situationen des Lebens machen es möglich, sich in Bedrängnis und Leid zu bewähren. So hatte Abraham dem Befehl Gottes zu folgen und seinen Sohn zu opfern

(37,105–106); die Kinder Israels wurden mannigfaltigen Prüfungen ausgesetzt (44,33; 14,6; 2,49), desgleichen die Muslime (2,155; 3,186); Gott prüft die einen durch die anderen (47,4); der Schmuck und die Güter der Erde stellen eine Prüfung dar, die zeigen soll, wer von den Menschen am besten handelt (18,7; 6,165); Bewährungsprobe ist die Erfüllung der moralischen Pflichten (16,92) und auch die Aufteilung der Menschen in verschiedene Gemeinschaften (5,48; vgl. 7,168). In jeder Situation soll der Mensch dies bedenken und sagen: „Dies ist von der Huld meines Herrn, damit Er mich prüft, ob ich dankbar oder undankbar bin" (27,40).

Wer die Bewährungsprobe nicht besteht, zum Glauben nicht findet und das Gute nicht tut, „verliert das Diesseits und das Jenseits" (22,11). „Denjenigen, die glauben und die guten Werke tun, wird der Erbarmer Liebe bereiten" (19,96). Ihnen wird die jenseitige Belohnung und die diesseitige Huld Gottes verheißen (vgl. 16,30). Der Koran bestätigt es: „Wer Gutes tut, ob Mann oder Weib, und dabei gläubig ist, den werden Wir bestimmt ein angenehmes Leben leben lassen. Und Wir werden ihnen mit ihrem Lohn vergelten für das Beste von dem, was sie taten" (16,97; vgl. 16,41; 30,44–45; 10,64; 8,2–4; 3,148).

Um die Probe zu bestehen und Gott zu gefallen, muß der Mensch die Wahrheit finden und den Glauben annehmen. Er muß den rechten Weg gehen und den göttlichen Willen befolgen, wie er ihn in der Offenbarung Gottes kundgetan und in seinem Gesetz festgelegt findet. Wer auf diese Weise von Gott rechtgeleitet wird, ist ein echter Muslim. Er darf auf die Belohnung im Paradies hoffen. Er wird am Jüngsten Tag in Gott einen milden Richter finden.

Weltverantwortung

In dieser Welt hat Gott den Menschen als Nachfolger eingesetzt (2,30), Generation nach Generation (27,62; 10,14.73; 35,39; 6,165). Der Mensch muß nun das schwere ihm anvertraute Gut (33,72) bewahren. Er darf die Welt gebrauchen, ja auch genießen, aber er muß bemüht sein, sie zu pflegen und zu erhalten. Denn als Diener und Statthalter Gottes ist er zur Verantwortung für seine

Welt befähigt, und er wird vor Gott am Tag des Gerichts Rechenschaft ablegen müssen. Er soll der Mahnung des Korans stets eingedenk sein: „Und stiftet nicht Unheil auf der Erde, nachdem sie in Ordnung gebracht worden ist" (7,56.85); – „Und gehorcht nicht dem Befehl der Maßlosen, die Unheil auf der Erde stiften und keine Besserung bringen" (26,151–152); – „Gott weiß den Unheilstifter zu unterscheiden von dem, der Ordnung schafft" (2,220).

2. Menschenbild

Der Islam ist die Religion des kompromißlosen Monotheismus. Dies bezieht sich nicht nur auf die Gottesvorstellung, sondern auch auf die Glaubensgrundlage, die das islamische Menschenbild bestimmt. Der kompromißlose Monotheismus des Islams beinhaltet das Bekenntnis zum einen, einzigen Gott, dessen Transzendenz absolut ist, dessen Wille in nicht hinterfragbarer Souveränität seine Dekrete diktiert, jedoch sich von seiner Weisheit und Barmherzigkeit leiten läßt.

Der Mensch als Geschöpf Gottes

Der Mensch ist in seinem Wesen das Geschöpf Gottes. Er ist damit das Wesen, das ganz von Gott abhängt, und zwar nicht nur in seinem Dasein, sondern auch in allen Bereichen seines Lebens. Der Mensch ist am Anfang seiner Existenz von Gott ins Dasein gerufen worden. In seinen Dienst wurden Himmel, Erde und Luftraum gestellt (7,54; 55,10; 6,97; 13,2; vor allem 20,53–55; 16,79–83; 27,60–64). Denn der Mensch ist das Geschöpf, das Gott vor allen anderen ausgezeichnet und bevorzugt hat (17,70). Aus Erde hat Gott den Menschen erschaffen (u. a. 18,37), aus Ton und Schlamm (23,12; 15,26) hat er ihn gebildet und ihm von seinem Geist eingeblasen (15,28–29). Damit hat er ihm eine schöne Gestalt gegeben (95,4; 40,64) und ihn mit „Gehör, Augenlicht und Herz" (67,23; 23,78; 32,9; 16,78), mit Augen, Zunge und Lippen (90,8–9) ausgestattet. Aus dem ersten Menschen ließ Gott auch dessen Partnerin entstehen (39,6; 4,1).

Gott tritt aber bei seiner schöpferischen Tätigkeit nicht durchweg als Bildner und Gestalter auf. Seine ureigene Art besteht darin, durch die Kraft seines schöpferischen Wortes die Urmasse und die differenzierten Teile der Welt und auch den Menschen ins Dasein zu rufen (vgl. 2,117; 16,40; – 3,59).

Der Mensch als schwaches Geschöpf

Der Mensch ist zwar eine gute Schöpfung Gottes, er trägt jedoch in sich Schwachheit und Sündhaftigkeit. Bereits Adam und seine Gefährtin übertraten im Paradies das Verbot Gottes. Sie ließen sich vom Satan irreführen und wurden ungehorsam gegen Gott. So wurden sie aus dem Paradies vertrieben; aber sie zeigten Reue, erbaten Gottes Vergebung und erhielten diese Vergebung (20,115–122; 7,19–25; 2,35–37).

Die Geschichte von Sünde, Umkehr und Vergebung wiederholt sich im Leben der Menschen, denn der Mensch ist nach den Aussagen des Korans ständig mit seinen Schwächen konfrontiert:

– Der Mensch ist von Natur aus schwach (4,28; vgl. 8,66). Wie bereits dem ersten Menschen Adam, fehlt ihm die Entschlossenheit (20,115).

– Er ist unbeständig. Sein Vertrauen in Gott ändert sich je nach der Situation, in der er sich gerade befindet. Wenn es ihm gut geht, freut er sich; wenn es ihm schlecht geht, ist er gleich verzweifelt (30,36) und gibt jede Hoffnung auf (41,49). Seine Unbeständigkeit macht ihn unzuverlässig. Er wendet sich zu Gott, wenn er eine Bitte vortragen will. Sobald er die Not überwunden hat, wendet er sich wieder von Gott ab (16,53–54; 39,8.49 usw.).

– „Der Mensch ist als kleinmütig erschaffen. Wenn das Böse ihn trifft, ist er sehr mutlos" (70,19–20).

– Der Mensch ist ungeduldig. „Würde Gott den Menschen das Böse so beschleunigen, wie sie das Gute zu beschleunigen wünschen, wäre für sie die Frist erfüllt" (10,11). „Der Mensch ist aus Eilfertigkeit erschaffen worden" (21,37).

– Der Mensch ist unwissend, er neigt zur Ungerechtigkeit (33,72). Er ist „ein offenkundiger Widerstreiter" (36,77), „offenkundig streitsüchtig" (16,4).

– Die Menschen zeigen wenig Neigung, sich dem Gehorsam des

Glaubens zu unterwerfen; die meisten unter ihnen glauben nicht (11, 17; 12, 106). „Doch bestehen die meisten Menschen auf dem Unglauben", klagt der Koran (17, 89).

Zusammenfassend stellt der Koran fest: „Die Seele gebietet ja mit Nachdruck das Böse" (12, 53). Er läßt Gott erklären: „Wir haben doch den Menschen erschaffen und wissen, was ihm seine Seele einflüstert. Und Wir sind ihm näher als die Halsschlagader" (50, 16).

Die Feststellung des Bösen im Leben des Menschen bedeutet jedoch im Kontext der islamischen Lehre nicht, daß die Menschen an der Last der Ursünde Adams zu tragen hätten. Der Koran sagt: „Und keine lasttragende (Seele) trägt die Last einer anderen" (39, 7). „Jede Seele erwirbt (das Böse) nur zu ihrem eigenen Schaden. Und keine lasttragende (Seele) trägt die Last einer anderen" (6, 164). Der Islam hat aus diesen Stellen herausgelesen, daß der Koran die christliche Lehre von der Erbsünde nicht übernimmt.

Der Mensch und die Nachstellungen des Satans

Von Anfang an und im Laufe seiner Geschichte ist der Mensch nicht nur mit dem Bösen in sich selbst konfrontiert. Auch von außen her ist er den Nachstellungen des Satans ausgesetzt. Der Koran bezeichnet den Teufel als den Feind der Menschen und der Gläubigen (35, 6; 20, 117; 2, 168). Der Satan habe, so lautet die Darstellung des Korans, sich dem Befehl Gottes, vor Adam niederzufallen, widersetzt (20, 116; 15, 31–32), so wurde er aus dem Paradies vertrieben und verflucht (15, 34–35). Daraufhin habe er vor Gott beteuert, er werde die Menschen abirren lassen (15, 39; 38, 82). „Weil Du mich hast abirren lassen, werde ich, ich schwöre es, ihnen auf deinem geraden Weg auflauern. Dann werde ich zu ihnen treten von vorn und von hinten, von ihrer rechten und von ihrer linken Seite ..." (7, 16–17).

Der Mensch – Nachfolger auf Erden

Ausgestattet mit guten Eigenschaften, aber auch belastet mit mannigfaltigen Schwächen und den Anfeindungen des Satans ausgesetzt, wurde der Mensch von Gott zum Nachfolger auf Erden eingesetzt (2,30), Generation nach Generation (27,62; 10,14.73; 35,39; 6,165). So hat er das ihm anvertraute Gut (33,72) zu bewahren und sich in seinem Leben und seinem Umgang mit der Schöpfung Gottes bewähren[2].

Der Mensch und seine Verantwortung

Da der Koran und die islamische Lehre mit Nachdruck die Allmacht Gottes betonen, erhebt sich die Frage nach der freien Entscheidung und der Verantwortlichkeit des Menschen.

Viele Verse des Korans und manche Aussprüche der Tradition betonen die Vorherbestimmung aller Werke des Menschen durch Gott. Gott sei die alleinige Ursache jedes Geschehens in der Welt und im Leben der Menschen: „Sprich: Uns wird nur das treffen, was Gott uns bestimmt hat" (9,51; vgl. 25,57). Alles stehe in einem Buch, bevor es erschaffen werde (57,22). Auch der Glaube der einen und der Unglaube der anderen sei eine Bestimmung Gottes: „Gott führt irre, wen Er will, und wen Er will, den bringt Er auf einen geraden Weg" (6,39; vgl. 16,93; 14,4; 35,8; 2,26.142 usw.). „Wen Gott irreführt, der hat niemanden, der ihn rechtleiten könnte" (7,186; vgl. 18,17; 17,97; 39,23.37; 13,33). Der Koran stellt eindeutig fest: „Gott hat euch und das, was ihr tut, erschaffen" (37,96).

Andere Verse unterstreichen dagegen die Entscheidungsmöglichkeit des Menschen und daher auch seine Verantwortung für das, was er tut: „Wer nun will, möge glauben, und wer will, möge ungläubig sein" (18,29). Die Ungläubigen werden für ihre Verstockung und ihren Frevel zur Rechenschaft gezogen und vom gerechten Richter verurteilt werden, und es geschieht ihnen kein Unrecht (vgl. 2,272; 40,17; 41,46). So soll jeder Mensch sich befleißigen, die Gebote und Verbote Gottes zu beachten und sich für das Gute und gegen das Böse zu entscheiden.

Die muslimischen Gelehrten der ersten Zeit waren von den massiven Äußerungen in bezug auf die uneingeschränkte Allmacht Gottes und seine Vorherbestimmung so beeindruckt, daß manche von ihnen eine strenge Prädestinationslehre vertraten: Der Mensch habe keinen Anteil am Zustandekommen seiner Werke; Gott vollbringe in ihm alle Taten, die guten und die bösen; der Mensch sei ein willenloses Werkzeug bei der Entscheidung zum Handeln und bei der Ausführung der Tat. Seit dem 9. Jh. sprechen sich die muslimischen Theologen für die Willensfreiheit und die Verantwortung des Menschen aus, auch wenn ihre Bemühungen, die Freiheit des Menschen mit der Allmacht Gottes zu vereinbaren, unterschiedlich ausfallen. Was den Volksglauben betrifft, so wird auf dieser Ebene die Vorherbestimmung Gottes so stark betont, daß man versucht ist, hier von einem Fatalismus zu reden. Aber der islamische Glaube ist nicht fatalistisch: Das Leben des Menschen werde nicht von einem blinden Schicksal beherrscht, es werde von einem lebendigen Gott gelenkt, dessen Entscheidungen zwar souverän seien, der aber auch der weise und barmherzige Herr sei.

Abrechnung und Vergeltung

Vor seinem Herrn wird der Mensch am Ende der Zeit stehen und Rechenschaft ablegen. Nach dem Hereinbrechen der endzeitlichen Katastrophe erfolgt zunächst einmal die Auferstehung der Toten. Zur festgesetzten Zeit wird Gott, der Richter der Welt, erscheinen: „Dann wird jeder Seele voll zurückerstattet, was sie erworben hat. Und ihnen wird nicht Unrecht getan" (2,281). Gott fällt sein Urteil unter Berücksichtigung des Glaubens und der Werke der Menschen. Bei der Verkündigung des Urteils stehen die Geretteten zur rechten Seite (56,8.27; 74,39), die Verdammten zur linken Seite (56,41). Die Verdammten verweilen ewig in der Hölle (43,74–77; 11,106–197; 3,24). In der Hölle herrscht kein Friede, die Verdammten streiten miteinander und beschimpfen sich gegenseitig (38,55–64). Höllenbewohner sind vor allem die Ungläubigen.

Die Gläubigen treten ins Paradies ein, auch wenn diejenigen von ihnen, deren gute Werke ihre bösen nicht überwiegen oder gerade ausgleichen, erst später ins Paradies gelangen. Dort werden die Geretteten das Wohlgefallen Gottes erfahren (9,72), seinen Friedensgruß vernehmen (36,58), vor allem aber zu Gott hinschauen (75,22–23). Wer von ihnen jedoch Gott wirklich sehen wird, dies liegt bei Gott und hängt von seiner Entscheidung ab.

3. Werte, Normen, Gesetz

Gottes Wille und die sittlichen Werte

Der Mensch ist das Geschöpf Gottes. Sein Geschick liegt in der Hand Gottes. Gott stellt ihn auf die Probe, er wird ihn auch zur Rechenschaft ziehen. So muß der Mensch die Wahrheit finden und den rechten Weg gehen.

Aber, so die Lehre des Islams, der Mensch ist von sich aus nicht fähig, diese heilsame Wahrheit zu finden und auf den Wegen des Guten zu wandeln. Er ist dafür völlig auf die Offenbarung und Rechtleitung Gottes angewiesen. Das unterstreichen im Koran die Bewohner des Paradieses: „Wir hätten unmöglich die Rechtleitung gefunden, hätte uns Gott nicht rechtgeleitet" (7,43). Dieses Unvermögen des Menschen hängt für die islamische Lehre mit der Aussage zusammen, daß Gott der Transzendente, der Erhabene, der unbedingte Wille ist. Gott als unbedingter Wille ist der absolut freie Herr über das Leben in seiner Gesamtheit:

– Gott ist der Herr der Wahrheit, der souveräne Herr, dessen Wille die Normen des Wahren festsetzt. Die Inhalte, die Merkmale und die Ausdrucksformen der Wahrheit sind im Grunde nur Mitteilungen und Zusammenhänge, die von Gott in voller Verfügungsgewalt und Verfügungsfreiheit gesetzt und übermittelt werden.

– Gott ist auch der absolute Herr des Guten. Sein unbedingter Wille setzt in freier Entscheidung fest, was als gut und was als böse zu gelten hat. Gut und Böse sind, so lautet die orthodoxe Lehre der Aschariten, keine objektiven Qualitäten einer Tat und sind nicht an objektiven Normen erkennbar. Sie sind positive Festsetzungen des göttlichen Willens. Die Verfügungen Gottes, die er in der Offenbarung kundtut, sind die alleinigen Normen von Gut und Böse. Die Rolle der Vernunft besteht in diesem Zusammenhang vor allem darin, die Dekrete Gottes festzustellen, zu beschreiben und in ihren Konsequenzen für das praktische Handeln auszulegen.

Die Moral wird somit hauptsächlich zu einem Kapitel des göttlichen Gesetzes, und die Haupttugend des gläubigen Muslims besteht im Gehorsam gegenüber Gott und den Verordnungen seines

Willens. Dabei sollte man nicht von Formalismus reden, da ja dieser Gehorsam der lebendige Ausdruck des Glaubens an Gott und der religiösen Bereitschaft ist, sich seinem barmherzigen Willen zu unterwerfen.

Das islamische Gesetz

Für den Muslim ist also das islamische Gesetz in seiner Grundlage der Ausdruck des souveränen Willens Gottes. Dieser Wille ist zwar nicht an vorgegebene Maßstäbe gebunden – er ist ja selbst der letzte Maßstab und die nicht hinterfragbare Norm. Er ist aber auch keine blinde Willkür, sondern begründet die Rechtleitung Gottes, der „weise ist und Bescheid weiß" (6,139; 4,11; 9,60 usw.). Die Weisheit Gottes in seinem Gesetz läßt sich darin erkennen, daß er auf die Schwachheit der Menschen und auf die konkreten Umstände ihres Lebens Rücksicht nimmt. Mit der Weisheit Gottes verbindet sich seine Barmherzigkeit: „Gott hat Mitleid mit den Menschen und ist barmherzig", wiederholt der Koran (2,143; vgl. 2,207; 3,30; 59,10; 9,117). Auch Muhammad wird im Koran als ein Gesandter bezeichnet, der „Mitleid hat mit den Gläubigen und barmherzig ist" (9,128). Die Barmherzigkeit Gottes zeigt sich in der Tendenz seines Gesetzes, den Menschen keine schweren Lasten aufzubürden: „Gott will sich euch zuwenden ... Gott will euch Erleichterung gewähren. Der Mensch ist ja schwach erschaffen worden" (4,27.28).

Der Gläubige, der die gesetzlichen Bestimmungen auf diesem Hintergrund betrachtet, begreift besser ihre Rolle in seinem Leben und im Leben der Gemeinschaft. Das Gesetz bringt den Gehorsamen Licht, das sie verständig macht (vgl. 2,242) und ihnen die nötige Einsicht und Erkenntnis verleiht (vgl. 6,104).

Darüber hinaus ist das Gesetz die Grundlage der richtigen Entscheidung, die Richtschnur der praktischen Ausführungen der getroffenen Entscheidungen und die Norm des praktischen Handelns im allgemeinen. Darum ist das Gesetz bemüht, ins einzelne gehende Vorschriften zu erlassen (vgl. 7,32.52; 6,126; 9,11), „um alles deutlich zu machen" (16,89).

Der islamische Moralkodex gründet auf sittlichen Werten und enthält Normen, Gebote und Verbote, die mit denen des biblischen Dekalogs vergleichbar sind (siehe 17,22–39; 6,151–153; 60,12).

a) *Der Glaube an Gott:* Das Fundament des islamischen Lebens ist der Glaube an Gott und die Pflicht, ihm allein zu dienen. Glaube und Gehorsam drücken sich in der lauteren Absicht und in der Erfüllung der religiösen Pflichten (Glaubensbekenntnis, Pflichtgebet, Fasten, gesetzliche Abgabe, Wallfahrt nach Mekka) aus.

b) *Gebrauch des Namens Gottes:* Der Koran verurteilt die Gewohnheit, leichtfertig beim Namen Gottes zu schwören (2,224), sowie den Mißbrauch der Eide für allerlei Intrigen (119,92.94). Wer sich eines solchen Mißbrauchs schuldig macht, setzt sich der Strafe Gottes aus (16,94). Geleistete Eide und unter Eid gegebene Versprechen müssen eingelöst werden (16,91; 5,89). Unbedachte Eide werden mit Nachsicht bewertet (2,225), aber man muß für sie Sühne leisten, indem man zehn Arme beköstigt oder drei Tage fastet (5,89).

c) *Frömmigkeit und Tugenden:* Der Koran verurteilt diejenigen, die Unheil auf der Erde stiften, statt für Besserung und Frieden zu sorgen (26,152; 2,27; 5,33). Gott liebt die Unheilstifter nicht (5,64).

Empfohlen werden im Gegenteil die Güte und die Brüderlichkeit. Denn „die Gläubigen sind ja Brüder" (49,10; vgl. 3,103); sie sind, Männer und Frauen, untereinander Freunde (9,71). So ermahnt sie der Koran: „Helft einander zur Frömmigkeit und Gottesfurcht, und helft einander nicht zur Sünde und Übertretung. Und fürchtet Gott. Gott verhängt eine harte Strafe" (5,2).

Brüderlichkeit bedeutet, daß man die Großmut untereinander nicht vergißt (2,237), zu den Menschen freundlich spricht (2,83), denn „freundliche Worte und Verzeihen ist besser als ein Almosen, dem Ungemach folgt" (2,263). Brüderlichkeit bedeutet weiter Bereitschaft zu verzeihen. Auch wenn man das Böse mit Bösem vergelten darf, so ist das Verzeihen doch besser (16,126; 4,149), denn auch die Menschen suchen bei Gott Vergebung: „Sie sollen verzeihen und nachlassen. Liebt ihr es selbst nicht, daß Gott euch vergibt? Gott ist voller Vergebung und barmherzig" (24,22; vgl. 64,14). Noch mehr: Der Fromme sollte bereit sein, Böses mit Gutem zu vergelten: „Nicht gleich sind die gute und die schlechte Tat. Wehre ab mit einer Tat, die besser ist, da wird der, zwischen dem und dir eine Feindschaft besteht, so, als wäre er ein warmherziger Freund" (41,34; vgl. 23,96; 28,54; 13,22).

Auch im Leben der Gemeinschaft wird die Brüderlichkeit sich darin ausdrücken, daß man „zur Aussöhnung zwischen den Menschen auffordert" (4,114) und mit den geeigneten Mitteln Frieden zwischen ihnen stiftet (49,9). Endlich zeigt sich die Brüderlichkeit der Gläubigen darin, daß sie für die Schwachen Sorge tragen, den Armen und Waisen beistehen und ihnen zu essen geben (107,1–2; 74,44; 90,12–17; 89,17–19) und auch den Reisenden Gastfreundlichkeit bieten (2,215; 9,60).

Eine eindringliche Definition der Frömmigkeit legt der Koran den Muslimen vor: „Frömmigkeit besteht nicht darin, daß ihr euer Gesicht nach Osten und Westen wendet. Frömmigkeit besteht darin, daß man an Gott, den Jüngsten Tag, die Engel, das Buch und die Propheten glaubt, daß man, aus Liebe zu Ihm [3], den Verwandten, den Waisen, den Bedürftigen, dem Reisenden und den Bettlern Geld zukommen läßt und (es) für den Loskauf der Sklaven und Gefangenen (ausgibt), und daß man das Gebet verrichtet und die Abgabe entrichtet. (Fromm sind auch) die, die ihre eingegangenen Verpflichtungen erfüllen, und die, die in Not und Leid und zur Zeit der Gewalt geduldig sind. Sie sind es, die wahrhaftig sind, und sie sind die Gottesfürchtigen" (2,177).

d) *Die Eltern ehren:* Der Koran gebietet unter Verheißung der Belohnung Gottes (46,16), die Eltern gut zu behandeln, denn sie haben seinerzeit für ihre Kinder gesorgt und ihnen eine gute Erziehung angedeihen lassen (17,23–24; 29,8; 31,14 usw.). Der Gehorsam und die Ehrerbietung gegenüber den Eltern dürfen jedoch nicht dazu führen, den Eltern zu folgen, wenn sie zum Unglauben anstiften (vgl. 29,8; 31,15).

e) *Das Leben schützen:* Der Koran verbietet den unberechtigten Mord (4,29.92), denn ein solcher Mord ist im Grundsatz gleich einem Angriff auf die gesamte Menschheit: „Wenn einer jemanden tötet, jedoch nicht wegen eines Mordes oder weil er auf der Erde Unheil stiftet, so ist es[4], als hätte er die Menschen alle getötet. Und wenn jemand ihn am Leben erhält, so ist es, als hätte er die Menschen alle am Leben erhalten" (5,32).

Was die Abtreibung anbelangt, so stellen die klassischen Rechtsschulen folgendes fest: Vor dem Einhauchen der Seele, d. h., wie es damals angenommen wurde, vor dem 4. Monat, ist die Abtreibung je nach der vertretenen Meinung erlaubt, – oder verpönt, aber aus triftigen Gründen erlaubt, – oder ausnahmslos verpönt, – oder verboten. Einigkeit besteht darin, daß die Abtreibung nach dem Einhauchen der Seele, also ab dem 4. Monat, unzulässig ist. Sie zieht sonst eine Sanktion in Form einer Geldstrafe nach sich. Heute wird die Notwendigkeit, das werdende Leben vom Zeitpunkt der Empfängnis an zu schützen, betont. Der Mensch, auch in diesem Stadium des Wachsens, sei nicht der Verfügungsgewalt der Menschen, auch nicht der Eltern, unterworfen. Niemand besitzt das Recht, ihn unberechtigterweise zu töten (vgl. 17,33). Eine Schwangerschaftsunterbrechung ist also nur dann zulässig, wenn es mit Sicherheit feststeht, daß das Leben der Mutter in Gefahr ist, daß keine andere Möglichkeit besteht, das Leben der Mutter zu retten, als die Abtreibung, und endlich daß der Eingriff nach ärztlicher Erfahrung auch den gewünschten Erfolg bringt. Der Grund für diese Ausnahme ist, daß man von zwei Übeln das geringere zu wählen hat.

Was den Mörder betrifft, so erwartet ihn der Zorn Gottes: Gott wird ihn verfluchen und der Hölle ausliefern (4,93). Außerdem gelten die Bestimmungen des Strafgesetzes. Der Mörder wird der Vergeltung durch die Angehörigen des Ermordeten freigegeben, jedoch erst nach der Feststellung des Tatbestandes durch den Richter. Das Strafmaß entspricht der Straftat selbst: Der Mörder erleidet die Todesstrafe. Die Angehörigen des Opfers dürfen jedoch von ihrem strikten Recht ablassen und sich mit dem Blutgeld zur Entschädigung der Hinterbliebenen begnügen (vgl. 2,178).

Im Falle eines aus Versehen verübten Totschlags darf der Täter nicht mit dem Tod bestraft werden. Er hat für seine Tat Sühne zu leisten: Blutgeld, Befreiung eines Sklaven oder Fasten während zweier aufeinanderfogender Monate (4,92).

Bei Verletzungen und ähnlichen Vergehen kommt das *ius talionis* zur Anwendung: Auge um Auge usw. Auch hier darf der Verletzte auf die Vergeltung verzichten und sich mit einer Entschädigung zufrieden geben, deren Höhe in den Gesetzbüchern festgesetzt ist.

f) *Sexualität und Ehe:* Zur Sexualität nimmt der Islam eine positiv bejahende Haltung ein. Es gehöre ja zu den Zeichen Gottes in seiner Schöpfung, „daß Er euch aus euch selbst Gattinnen erschaffen hat, damit ihr bei ihnen wohnt. Und Er hat Liebe und Barmherzigkeit zwischen euch gemacht ..." (30,21). So gehören Mann und Frau zueinander, sie sind füreinander eine Bekleidung (2,187), die Frauen sind die Saatfelder der Männer (2,223). Nur während der Menstruation der Frau (2,222), in der Bußzeit des Fastens tagsüber (2,187) und bei der Wallfahrt für die Dauer des Weihezustandes (2,197) ist der Geschlechtsverkehr untersagt.

Die Ehe ist der Ort des legitimen Geschlechtsverkehrs (70,31), sonst muß man so lange Enthaltsamkeit üben, bis man verheiratet ist (24,33). Die Keuschheit ist Pflicht der Frauen (24,60) und der Männer (70,29; 23,5; 24,30). Das bedeutet das Verbot der Unzucht (6,151; 7,28), der Prostitution (24,33) und der Homosexualität (4,16; 7,80–81). Alle diese Sünden werden als Verbrechen betrachtet und auch durch Verabreichung von Peitschenhieben geahndet. Am schwersten gilt aber der Ehebruch, denn er verletzt die Ehre der Familie und ruft Zweifel in bezug auf die Legitimität der Kinder hervor. Deswegen ist die Strafe für den einwandfrei festgestellten Ehebruch härter als die der übrigen Sexualdelikte: die Steinigung.

g) *Gerechtigkeit:* Nach der Forderung des Korans soll die Gerechtigkeit die besondere Aufgabe der Muslime bilden: „O ihr, die ihr glaubt, tretet für Gott ein und legt Zeugnis für die Gerechtigkeit ab. Und der Haß gegen bestimmte Leute soll euch nicht dazu verleiten, nicht gerecht zu sein. Seid gerecht, das entspricht eher der Gottesfurcht" (5,8; vgl. 7,29; 49,9). Der Koran verurteilt den Betrug und die Unehrlichkeit im Geschäftsleben. Maß und Gewicht sollen voll sein „nach Gerechtigkeit" (6, 152). Zinsnehmen wird im Koran, so die Deutung vieler Gelehrter, als Wucher bezeichnet und verboten: Wenn ihr Zins nehmt, „so erwartet Krieg von Gott und seinem Gesandten" (2, 278–279). Das anvertraute Gut muß zur festgelegten Zeit zurückgegeben werden (70, 32; 4, 58). Was man versprochen hat, muß man einhalten und die eingegangenen Pflichten erfüllen (2, 177). Als Ausdruck der Gerechtigkeit versteht der Koran auch die rechte Behandlung der Schwachen und Schutzlosen in der Gesellschaft. Es sind vor allem die Armen und die Reisenden (30, 38). Auch gegenüber friedlichen Ungläubigen gilt es, Gerechtigkeit zu üben (60, 8). Die Gerechtigkeit gebietet somit, den Leuten nicht das zu nehmen, was ihnen gehört (26, 183; 7, 85).

Ungerechtigkeiten aller Art sollen vom Richter geahndet werden. In einer noch nicht durchstrukturierten Gesellschaft, welche keine geeigneten Organe zum wirksamen Schutz des Eigentums besaß, verhängte der Koran gegen den schweren Diebstahl eine harte Strafe: das Abhacken der Hand, und „dies als abschreckende Strafe von seiten Gottes" (5, 38). Diejenigen, die Raubmord, Raub und Gewalttätigkeit verüben, trifft folgende Strafe: „daß sie getötet oder gekreuzigt werden, oder daß ihnen Hände und Füße wechselseitig abgehackt werden, oder daß sie aus dem Land verbannt werden" (5, 33).

h) *Die Wahrheit sagen:* Der Koran legt großen Wert darauf, daß die Muslime „zutreffende Worte" sprechen, damit sie die Vergebung ihrer Schuld und die Gunst Gottes erfahren (33, 70–71). Die Liebe zur Wahrheit verbietet es, das Falsche zu bezeugen (25, 72), zu heucheln, unaufrichtig zu sein und sich für Dinge loben zu lassen, die man nicht getan hat (3, 188). Auch unbegründete Mutmaßungen und Verdächtigungen (49, 21), üble Nachrede (24, 19) sowie Verleumdungen (4, 12) sind verboten und setzen den Sünder der Strafe Gottes aus.

4. Ehe, Familie, Stellung der Frau

Der Islam bejaht mit Entschiedenheit die Institution der Ehe und Familie. Die Familie wird im Koran unter den vielen guten Dingen, die Gott den Menschen beschert hat, besonders hervorgehoben: „Und Gott hat euch aus euch selbst Gattinnen gemacht, und von euren Gattinnen Söhne und Enkel gemacht ..." (16,72).

Zweck der Ehe

Die Ehe und die Familie erfüllen in der Schöpfungsordnung einen vielfachen positiven Zweck für die einzelnen und für die Gesellschaft. Die Ehe ist der natürliche Weg zur Zeugung von Nachkommenschaft. Die Familie ist der Ort einer echten Lebensgemeinschaft zwischen den Ehepartnern, denn sie gründet auf ihrer gegenseitigen Liebe (vgl. 30,12), und zwischen Eltern und Kindern, denn sie bietet allen Mitgliedern Geborgenheit und Sicherheit und entwickelt in ihnen die Tugenden eines gedeihlichen Gemeinschaftslebens. Darüber hinaus ermöglicht die Ehe die Befriedigung des Geschlechtstriebes sowie die Institutionalisierung und damit auch die Kanalisierung des Geschlechtsverkehrs, um den wilden Umgang zu unterbinden und die unverantwortliche Zeugung von Kindern zu verhindern.

Der Koran macht die Ehe im Islam zur Pflicht, er läßt einen geläufigen Einwand nicht gelten: „Und verheiratet die noch Ledigen unter euch und die Rechtschaffenen von euren Sklaven und Sklavinnen. Wenn sie arm sind, wird Gott sie durch seine Huld reich machen..." (24,32). Auch Muhammad, der vom Koran als Vorbild für die Muslime bezeichnet wird (33,21), hat geheiratet und hat die Ehe zu einem Bestandteil seines Weges erklärt. Er habe auch den Muslimen eingeschärft: „Heiratet und mehrt euch!"

Patriarchalische Familienstruktur

Die Familie hat im traditionellen Islam ihre in Altarabien herrschende patriarchalische Gestalt beibehalten. Der Mann ist Vorstand des Haushaltes, Hausvater und Vertreter der Familie im öffentlichen Leben. Er ergreift die Initiative bei der Brautsuche und hat die Mittel bereitzustellen, die eine Eheschließung ermöglichen und das Leben der Familie später sichern. Er besitzt das Recht, auch ohne gerichtliche Feststellung seine Frau bzw. eine seiner Frauen zu entlassen. Der Mann ist aber auch der Beschützer seiner Frau(en) und seiner Familie.

Der Koran erlaubt eine auf vier Frauen beschränkte Polygamie (4,3). Er bestimmt jedoch, daß der Mann dann seine Frauen alle gleich und gerecht behandeln muß. Dies gilt im Hinblick auf den Eheverkehr, die Unterbringung und den Lebensunterhalt. Sollte er dazu nicht imstande sein, so darf er nur eine Frau auf einmal heiraten (4,3). In einem späteren Vers derselben Sure (4,129) stellt der Koran doch wieder fest: „Und ihr werdet es nicht schaffen, die Frauen gleich zu behandeln, ihr mögt euch noch so sehr bemühen ..." Je nach dem, welche Aussage besonders berücksichtigt wird, wird die Zulässigkeit der Polygamie oder die Bevorzugung der Einehe hervorgehoben.

Außer den Nahverwandten (4,22–23) werden die Polytheisten nicht zur Heirat mit muslimischen Partnern zugelassen, und dies wegen der Unvereinbarkeit zwischen dem Islam und dem Unglauben (2,221; 60,10). Ein Muslim darf dagegen eine Christin oder eine Jüdin heiraten (5,5), für die muslimische Frau gilt die Heirat mit einem Nicht-Muslim grundsätzlich als verboten.

Auflösung der Ehe

Die Ehe ist automatisch aufgelöst, wenn ein Ehepartner zum Polytheisten bzw. zum Ungläubigen wird (Muslime dürfen keine ungläubigen Partner heiraten) oder wenn der Ehemann vom Islam abfällt.

Der Mann kann einseitig die Ehe auflösen, wenn er seine Frau entläßt bzw. verstößt. Widerruflich bleibt die Entlassung, solange sie nicht dreimal bestätigt wurde. Eine dreimal bekräftigte Verstoßung der Frau ist dann endgültig, und die Ehe gilt als rechtskräftig geschieden. In diesem Fall darf der Mann die entlassene Frau nicht wieder zu sich nehmen, bis sie einen anderen geheiratet hat und von diesem rechtskräftig entlassen worden ist (vgl. 2,229–230). Das islamische Recht kennt sonst die Auflösung der Ehe durch beiderseitiges Einverständnis der Ehepartner oder durch einen Richterspruch.

Wenn die Ehe aufgelöst wird, dann hat die geschiedene Frau ein Recht auf eine ausreichende finanzielle Entschädigung und Absicherung, damit sie mit Anstand leben kann (2,241). Außerdem darf sie nicht sofort aus dem Haus weggeschickt werden, es sei denn, sie wurde wegen Unzucht verstoßen (65, 1). Im Normalfall muß eine auf drei Menstruationsperioden festgelegte Wartezeit eingelegt werden, damit eine eventuelle Schwangerschaft festgestellt werden kann (2,228; 65,1). Während dieser Frist hat der Mann die Frau mit Anstand und Güte zu behandeln (65,2.6).

Im Fall der Trennung der Eltern wird das Sorgerecht für die Kinder im allgemeinen dem Vater und nach ihm dem nächsten männlichen Verwandten zuerkannt. Kleinkinder (Knaben bis zum 7. und Mädchen bis zum 9. Lebensjahr) werden vorerst der Mutter anvertraut.

Gestalt des Ehelebens

In der islamischen Familie steht der Mann nach dem Koran (2,228) eine Stufe höher als die Frau, und dies aufgrund einer natürlichen Auszeichnung von seiten Gottes und wegen der Pflichten, die er gegenüber den Frauen und den Kindern zu übernehmen und zu erfüllen hat (4,34). So ist der Mann das Haupt der Familie, er trägt Verantwortung gegenüber seiner Frau, besitzt aber auch Vollmacht über sie, so daß er sie im Fall der Auflehnung ermahnen und auch im Eheverkehr und durch Züchtigung und Schläge bestrafen darf (4,34). Der Mann darf jedoch nicht seine Frau wie sein Eigentum behandeln und sie, wie in Altarabien, zu seiner Erbmasse rechnen (4, 19).

Diese Rangordnung zwischen Mann und Frau bedeutet nicht, daß das Eheleben eine despotische Hierarchie aufweist. Grundsätzlich soll das Eheleben der Ausdruck gegenseitiger Liebe und Zuneigung sein (30,21). Den Frauen stehen in der Ehe im großen und ganzen die gleichen Rechte wie den Männern zu (2,228). Wenn der Umgang der Eheleute „auf rechtliche Weise" (2,228; 4,19) erfolgt, dann werden die Männer sich reiflich überlegen, ob sie ihre Frauen in Stunden des Zorns entlassen: „So ist euch vielleicht etwas zuwider, während Gott viel Gutes in es hineinlegt" (4,19).

In der Gesellschaft hat die islamische Frau nach traditionellem Verständnis ihre vornehmste Aufgabe darin, die Partnerin des Mannes, die gute Hausfrau, die Mutter und Erzieherin der Kinder zu sein. Nur in ihrem Haus und vor ihren nächsten Angehörigen darf sie sich frei bewegen (24,31; 4,34). Draußen und vor unbefugten Augen hat sie ihre Reize zu bedecken, um sich keinen Belästigungen auszusetzen. Dies erklärt die verbreitete Sitte, daß die Frauen mit Kopfbedeckung und da und dort mit Schleier ausgehen.

In Zusammenhang mit dieser Auffassung steht die geringe Rolle im öffentlichen Leben, die die islamische Tradition der Frau zugedacht hat. Restaurative Strömungen im Islam setzen heute ihren Einfluß ein, um diese Vorstellungen und Bräuche wiederherzustellen und für alle verbindlich zu machen. Dagegen kämpfen nicht nur verschiedene Frauenbewegungen in der islamischen Welt an, sondern auch all diejenigen, die eine aktive Rolle der Frau in der Gestaltung des sozialen und politischen Lebens als angemessen und unentbehrlich betrachten und daher eine breitere Beteiligung der Frauen am Leben der Gesellschaft fordern.

Stellung der Frau

Wichtige Aussagen des Islams über die Frau befinden sich in den obigen Ausführungen. Hier sollen nur Ergänzungen gemacht und Gesichtspunkte erörtert werden, die dort nicht oder nur indirekt angesprochen wurden. Man muß zwischen dem religiösen, dem rechtlichen und dem kulturellen Bereich unterscheiden.

a) *Religiöser Bereich:* Im religiösen Bereich geht der Islam von einer Gleichheit und Gleichstellung von Mann und Frau aus. Die Pflicht, zu glauben und das Gute zu tun, betrifft alls Muslime, und die Belohnung für die Treue sowie die Bestrafung für den Ungehorsam ist bei Gott für die Frauen wie für die Männer bestimmt (Koran 40,40). Bei der Erfüllung der religiösen Pflichten (Glaubensbekenntnis, Pflichtgebet, Fasten, gesetzliche Abgabe, Wallfahrt nach Mekka) können jedoch der Frau Konzessionen gemacht werden, die mit ihrer biologischen Beschaffenheit oder mit ihrer sozialen Umwelt zusammenhängen. So werden die Frauen während ihrer Menstruation von der Erfüllung des Pflichtgebets befreit (wegen der Reinheitsvorschriften gelten menstruierende Frauen für die Dauer ihrer Regel als kultunfähig, wie im Judentum und in anderen Religionen); schwangere und stillende Frauen brauchen nicht zu fasten; die Frauen sind nur dann angehalten, die Wallfahrt zu leisten, wenn ihnen das nötige Geld und die nötige Begleitung bereitgestellt werden; die Frauen haben nicht die Pflicht, das Gemeinschaftsgebet in der Moschee zu verrichten (am Freitagmittag), sie dürfen es aber tun, wenn sie es wollen.

b) *Rechtlicher Bereich:* In vielen Punkten werden den Frauen nicht die gleichen Rechte wie den Männern zuerkannt. Sie haben zwar eine soziale Verantwortung zu tragen und sind Gegenstand von Belohnung und Bestrafung wie die Männer, aber ihre Verantwortung ist im sexuellen Bereich größer als beim Mann und die Bestrafung von Verfehlungen fallen oft härter aus. Dies erklärt sich aus der besonderen Betonung der Ehre und aus der Sorge um die Legitimität der Kinder und die daraus folgenden Rechte (wie Anteil am Erbe usw.). Bei Übertretungen in Glaubensfragen wird die Verantwortung der Frau von manchen Rechtsgelehrten als geringer als die des Mannes betrachtet, weil sie im allgemeinen keine unmittelbare Gefährdung der Gemeinschaft nach sich ziehen.

Das traditionelle Ehe- und Familienrecht im Islam sieht eine Vorrangstellung des Mannes vor: Polygamie, Mischehe, Recht auf Entlassung der Frau, Vollmacht über die Ehefrau (4,34: Die Männer haben Vollmacht und Verantwortung gegenüber den Frauen, weil Gott die einen vor den anderen bevorzugt hat und weil sie von ihrem Vermögen [für die Frauen] ausgeben ... Ermahnt diejenigen, von denen ihr Widerspenstigkeit befürchtet, und entfernt euch von ihnen in den Schlafgemächern und schlagt sie. Wenn sie euch gehorchen, dann wendet nichts Weiteres gegen sie an). Bislang ging die traditionelle islamische Gesellschaft von einer strengen Arbeitsteilung aus, wobei der öffentliche Bereich Domäne des Mannes und der innere Bereich der Familie Domäne der Frau ist. Das will besagen, daß öffentliche Ämter den Frauen nicht zugänglich waren.

Die Pflicht der Männer, für den Lebensunterhalt der Frauen und der Kinder sowie für die Sicherheit und das Gedeihen der Gemeinschaft zu sorgen, bedingt einige Bestimmungen, die nur scheinbar eine Benachteiligung der Frauen beinhalten. So gilt es, daß Töchter nur die Hälfte dessen erben, was ihren Brüdern zukommt (4, 11: Einem männlichen Kind steht soviel wie der Anteil von zwei weiblichen zu). Die Söhne, nicht die Töchter, haben ja die Pflicht, die übrige Familie zu versorgen. Auch ist das Blutgeld, das für eine ermordete Frau übergeben werden soll, traditionell geringer als der Betrag, der für einen Mann fällig wäre.

In welchen Zusammenhang die Vorschrift zu stellen ist, die das Zeugnis von zwei Frauen bei rechtsrelevanten Akten verlangt, wo nur ein Mann genügen würde (vgl. z. B. 2, 282), ist nicht deutlich auszumachen, da die Angaben der Überlieferung (wenig Vertrauen zu den Frauen) und der Rechtstradition (Schutzmaßnahmen für die Frauen) verschieden sind.

c) *Der kulturelle Bereich:* Es gibt große Unterschiede in den kulturellen Ausprägungen islamischer Gesellschaften. Es gibt eine ziemliche Kluft zwischen den Angaben des Rechtes und der Alltagspraxis. Das traditionelle Erscheinungsbild betont die Ungleichstellung von Mann und Frau. Die klassische Literatur zeichnet auch immer wieder ein ungünstiges Bild von der Frau (Eitelkeit, List, Untreue, Aufbegehren ...).

Dagegen wird immer wieder unterstrichen, daß der Islam die Situation der Frau entscheidend verbessert hat, daß unter den Frauen große Gestalten, Mystikerinnen und Heilige zu finden sind.

Heute versuchen Frauenorganisationen, eine neue Deutung koranischer Stellen und traditioneller Aussagen zu erreichen. Sie sind bemüht, den Analphabetismus in den Reihen der Frauen zu bekämpfen und die Gesellschaft für eine größere Beteiligung der Frauen an den gemeinsamen Aufgaben zu gewinnen.

5. Staat, Politik und Toleranz

Die islamische Theokratie

„Der Islam ist Religion und Staat", so drückt die klassische Tradition das Anliegen des Islams aus, der sich als Träger und Erfüller einer göttlichen Offenbarung versteht, die in ihrem Totalitätsanspruch alle Lebensbereiche des Menschen erfaßt. Das religiöse Gesetz, durch dessen Bestimmungen Gott den ganzen Menschen beansprucht: seinen Verstand und seinen Willen, seine Urteils-, Entscheidungs- und Tatkraft, ist die Grundlage der politischen Ordnung in der islamischen Gesellschaft. Die Grundbestimmungen des Korans und die verbindlichen Anweisungen Muhammads sind die Richtschnur der Tätigkeit der Regierung in einem islamischen Staat; sie dienen auch als Maßstab zur Bekräftigung ihrer Autorität oder zur Verurteilung ihrer Willkür. Das religiöse Gesetz bildet auch die Grundlage der Rechtsprechung und der Ausübung der öffentlichen Ämter. Aufgrund dieser Bindung des politischen Handelns des islamischen Staates an das von Gott in seiner Offenbarung erlassene Gesetz und an die von Gott autorisierten Anordnungen seines Gesandten kann die islamische Staatsordnung als Theokratie bezeichnet werden.

Ziel der politischen Struktur des islamischen Staates ist, die Rechte Gottes zur Geltung zu bringen und die Rechte der Interessen der Muslime zu sichern, aber auch von den Untertanen Gehorsam gegenüber dem Gesetz Gottes zu fordern und dies auch im praktischen Leben durchzusetzen. Endlich – so lautet der Universalitätsanspruch des Islams – ist den Regierenden Autorität und Vollmacht gegeben, damit sie sich dafür einsetzen, die irdische Herrschaft Gottes zu festigen und den Herrschaftsbereich des Islams auszudehnen.

Die Heranziehung der Quellen (Koran und verbindliche Überlieferung Muhammads) und die Anwendung der Grundsätze zur Rechtsfindung (Übereinstimmung, Analogieschluß, Gewohnheitsrecht, Interesse der Gemeinschaft, Für-gut-Halten, Billigkeit, Erleichterung) haben dazu beigetragen, daß sich im Laufe der Zeit eine Rechtstradition bildete. Aber erst unter den Abbasiden (ab 750), als das islamische Reich, ausgehend von der Hauptstadt Bagdad und vom Irak, eine politische, wirtschaftliche und kulturelle Blütezeit erlebte, kam es zur Bildung bzw. zum Ausbau verschiedener Rechtsschulen. In den Werken dieser Schulen werden die rechtlichen Bestimmungen erfaßt, die sich auf die religiösen Pflichten, das Familienrecht, das Erb-, Eigentums- und Vertragsrecht, das Straf- und Prozeßrecht, das Verwaltungsrecht und endlich die Führung des Krieges beziehen. Die bedeutendsten Rechtsschulen der Sunniten sind die der Hanafiten (liberal), der

Malikiten (konservativ), der Schafiiten (um Systematisierung bemüht) und der Hanbaliten (streng konservativ). Die wichtigste Rechtsschule der Schiiten ist die der Djafariten.

Organe des Staates

An der Spitze des islamischen Staates stand der Khalif, der Imam oder der Sultan, je nach dem jeweiligen Sprachgebrauch und je nach der geschichtlichen Epoche und Situation. Grundsätzlich darf der Regierungschef Gehorsam und Loyalität fordern. Er muß aber selbst Bedingungen erfüllen, um dem Staat vorstehen und die Muslime führen zu dürfen. Er muß vor allem die Vorschriften des Korans und die gesetzlichen Verordnungen kennen oder sich dieses Wissen bei sachkundigen Gelehrten holen. Darüber hinaus ist er verpflichtet, bei den verschiedenen Entscheidungen, die das Leben und die Interessen der Gemeinschaft betreffen, andere Mitglieder der Gemeinde zu Rate zu ziehen (vgl. Koran 3, 159; 42, 38). Der Koran präzisiert nicht, wie er sich diese Beratung (schura) vorstellt. Ursprünglich hatte diese Beratung nicht die Funktion einer Kontrollinstanz gegenüber der Staatsführung. Eine solche Kontrolle ist eher in der allgemein anerkannten Pflicht aller Mitglieder des Staates, sich dem Gesetz Gottes zu unterwerfen, zu sehen. Damit ist gesagt, daß eine Kontrollfunktion eher den Rechtsgelehrten zukommt.

Die Rechtsgelehrten beraten also die Regierung in Fragen, die mit der legislativen Funktion des Staates zusammenhängen. Da das Grundgesetz des islamischen Staates vorgegeben ist (im Koran und in der Tradition Muhammads), haben die Rechtsgelehrten die Aufgabe, die Inhalte dieses Grundgesetzes und die daraus resultierenden Rechtsbestimmungen auszuarbeiten. Zudem besteht ihr Beitrag darin, Möglichkeiten und Modalitäten der Anwendung der Gesetzesbestimmungen auf die konkreten Fälle zu erkennen und mitzuteilen. Neben der Regierung beraten die Rechtsgelehrten auch die Richter und die einzelnen Muslime.

Die Rechtsprechung liegt in der Zuständigkeit des Machthabers oder der von ihm bestellten Richter. Er bleibt jedoch die höchste Instanz bei Streitfällen, bei denen eine Berufung angestrengt wird. Wenn der muslimische Richter von Nicht-Muslimen angerufen wird, dann muß er nach den Bestimmungen des islamischen Gesetzes Recht sprechen.

Friede und Toleranz im Islam

Kraft seines Universalitätsanspruchs proklamiert der Islam seine Lebensordnung als universal gültig. So fühlt er sich dazu aufgerufen, den Herrschaftsbereich des islamischen Staates auszudehnen, die Normen der islamischen Gesellschaftsordnung zu universaler Geltung zu bringen, die Institutionen der politischen Struktur des Islams überall in der Welt zu errichten und somit eine einheitliche Gesellschaft unter islamischem Gottesrecht zu bilden, die möglichst alle Menschen umgreift.

Welche Folgen diese Haltung in bezug auf Frieden und Toleranz hat, soll nun knapp ausgeführt werden.

a) *Lehre vom Heiligen Krieg:* Es gibt heute in der islamischen Welt Rechtsgelehrte und militante Gruppen, die sich den Bestimmungen des klassischen Rechtssystems des Islams im Mittelalter verpflichtet fühlen. Es gibt aber auch muslimische Gelehrte und Persönlichkeiten des öffentlichen Lebens, die die Akzente neu setzen und den Friedenswillen des Islams unterstreichen.

Das Rechtssystem des Islams kennt eine Aufteilung der Welt in zwei Gebiete: das Gebiet des Islams und das Gebiet des Krieges. Das Gebiet des Islams ist Gottes Staat, in dem das islamische Gesetz und die vom Islam festgelegte Gesellschaftsordnung und politische Struktur herrschen. Die Gemeinschaft hat die Pflicht, ihr eigenes Gebiet gegen die Angriffe der Feinde zu verteidigen. Darüber hinaus hat sie sich aktiv einzusetzen, um auch im Gebiet der Nicht-Muslime die Rechte Gottes zur Geltung zu bringen. Dieser Pflicht wird Genüge getan, wenn an einem Ort, irgendwo in der Welt, Bemühungen um die Ausbreitung des Machtbereichs des Islams unternommen werden.

Das Endziel des Kampfes „auf dem Weg Gottes", wie sich der Koran ausdrückt, wird erst erreicht, wenn auch das Gebiet der Feinde dem Gebiet des Islams angegliedert wird, wenn der Unglaube endgültig ausgerottet ist, wenn die Nicht-Muslime sich der Oberherrschaft des Islams unterworfen haben.

Der Friede wird erst erreicht und gilt erst als endgültig, wenn die Grenzen des islamischen Staates bis an die Grenzen der Erde gelangen. Das bedeutet jedoch nicht, daß der Islam sich in ständigem aktivem Kampf gegen die Nicht-Muslime befindet oder einen Dauerkrieg gegen die fremden Völker führen muß. Verträge und Abkommen dürfen mit ihnen geschlossen, Vereinbarungen getroffen und kulturelle und wirtschaftliche Beziehungen aufgenommen und gepflegt werden. Aber diese Kontakte und Beziehungen beinhalten in der Einschätzung des klassischen Rechtssystems des Islams keineswegs die Anerkennung der Legitimität der fremden Staaten. Vorübergehende und befristete Friedenszeiten sind nur eine Pause auf dem Weg zur Islamisierung der ganzen Welt.

Gegenüber dieser klassischen Position betonen einige Denker in der islamischen Welt den Vorrang des Friedens, nicht nur als Endzustand, sondern als normalen Zustand der Beziehungen der Menschen und der Gemeinschaften zueinander. Zwar sind die Vertreter dieser Position noch eine versprengte Minderheit, ihre Ansätze begründen jedoch eine Hoffnung für die Zukunft des Islams und seiner Beziehungen zur Weltgemeinschaft.

b) *Islam und Toleranz:* Die Frage nach der Toleranz ist unter anderem die Frage nach der jeweiligen Staatsstruktur und nach dem Rechtsstatus, der den Minderheiten in diesem Staat zugestanden wird. Das klassische Rechtssystem des Islams geht von einer einheitlichen Gesellschaft aus, der Gesellschaft der Muslime, welche ihre Beziehungen zu den Minderheiten auf der Grundlage von Verträgen regelt. Der Rechtsstatus der Minderheiten beruht hier auf einem Vertrag zwischen Eroberern und Unterworfenen, zwischen Siegern und Besiegten, einem Vertrag, der aus den Muslimen die eigentlichen vollen Bürger des Landes und aus den anderen nur „Schutzbefohlene" macht.

Das Schutzabkommen beinhaltet hauptsächlich die Pflicht der Nicht-Muslime, der islamischen Obrigkeit untertan zu sein, sich dem islamischen Staat gegenüber loyal zu verhalten und die vereinbarten Tribute und Abgaben, Eigentums- und Kopfsteuern, zu entrichten. Im Gegenzug dazu verpflichtet sich der islamische Staat, das Leben der Schutzbefohlenen und die ihnen zugestandenen Rechte zu schützen.

c) *Die Religionsfreiheit:* Der Islam respektiert die Gewissensfreiheit der Schutzbefohlenen und garantiert ihnen ihre Religionsfreiheit. „Es gibt keinen Zwang in der Religion", proklamiert der Koran (2,256). So dürfen die Schutzbefohlenen nicht dazu gezwungen werden, ihre eigene Religion zu verlassen und den Islam anzunehmen. Darüber hinaus beinhaltet die Religions- und Kultfreiheit der Schutzbefohlenen das Recht, ihre Kinder und ihre Glaubensgenossen in der eigenen Religion bzw. Konfession zu unterweisen. Auch steht ihnen das Recht zu, die Kulthandlungen ihrer Religion zu vollziehen. Der Staat erlegt ihnen jedoch die Einschränkung auf, die Zeremonien ihres Kultes nur innerhalb der Kultgebäude und in einer Weise zu vollziehen, die dem religiösen Empfinden und dem Überlegenheitsgefühl der Muslime nicht widerstrebt.

d) *Mischehen zwischen Schutzbefohlenen und Muslimen:* Ein Schutzbefohlener darf keine muslimische Frau heiraten, denn im Verständnis der Rechtsgelehrten birgt eine solche Ehe die direkte Gefährdung des Glaubens der muslimischen Frau in sich. Wenn eine solche Ehe irrtümlich zustande kommt, muß sie aufgelöst werden. Ein Schutzbefohlener, der im Wissen um die Rechtslage und das bestehende Verbot dennoch eine muslimische Frau heiratet, muß bestraft werden.

Ein Muslim darf eine Frau aus den Reihen der Leute des Buches, wie Juden und Christen im Koran bezeichnet werden, heiraten, so bestimmt es der Koran selbst (5,5). Solche Ehen werden jedoch von den Rechtsgelehrten nicht empfohlen. Der eine Vorteil solcher Ehen besteht darin, daß die Frau sich eventuell veranlaßt fühlt, den Islam anzunehmen ...

e) *Prozeßrecht und Rechtsprechung:* In bezug auf die Rechtsprechung stellt der Islam im allgemeinen fest, daß die jeweilige Religionsgemeinschaft innere Verwaltungsautonomie genießt und für die Rechtsprechung in den Anliegen ihrer Angehörigen zuständig ist. Dennoch bleibt die allgemeine Zuständigkeit der islamischen Richter bestehen. Die Fälle, die unter ihre ausschließliche Zuständigkeit fallen, sind die, bei denen die Parteien verschiedenen Religionsgemeinschaften angehören. Auch in Streitsachen zwischen einem Muslim und einem Schutzbefohlenen und in strafrechtlichen Sachen, bei denen die staatliche Oberhoheit vorausgesetzt wird, ist der muslimische Richter die einzig zuständige Instanz. Dabei hat er immer nach den Bestimmungen des islamischen Gesetzes zu entscheiden.

f) *Wirtschaftliche Stellung der Schutzbefohlenen:* Das islamische Rechtssystem garantiert den Schutzbefohlenen die Unverletzbarkeit ihres Eigentums und räumt ihnen die Freiheit ein, Handel zu treiben und unternehmerische Tätigkeit zu entfalten. Sie dürfen mit Muslimen Geschäftsverträge schließen, deren Gültigkeit und Verbindlichkeit nicht angezweifelt werden.

g) *Rechtsstellung der Schutzbefohlenen im politischen Bereich:* Die Ungleichheit der Bewohner des Landes aufgrund ihrer Religionszugehörigkeit tritt am deutlichsten im politischen Bereich zutage. Denn es geht hier um die Ausübung der Macht im Staat, und diese ist nach islamischem Recht ausschließlich den Muslimen vorbehalten. So sind sich die muslimischen Rechtsgelehrten darüber einig, daß der Zugang zu hohen Ämtern im Staat den Schutzbefohlenen verwehrt werden muß. Denn, so lauten ihre Argumente, der Koran verbietet es, die Nicht-Muslime, wenigstens in empfindlichen Bereichen des öffentlichen Lebens, zu Freunden zu nehmen und ihnen den Vorzug vor den Gläubigen zu geben (vgl. 3,28.118; 4,115.144; 60,1; 5,51.57). Auch betont er: „Gott wird nie den Ungläubigen eine Möglichkeit geben, gegen die Gläubigen vorzugehen" (4,141). Und nach der Überlieferung des Hadith habe Muhammad unterstrichen: „Der Islam herrscht, er wird nicht beherrscht." Der Zugang zu hohen Ämtern würde in Widerspruch stehen zur niedrigen Stellung im Staat, die den Schutzbefohlenen zukommt.

Zusammenfassend kann man feststellen, daß das klassische Rechtssystem des Islams die Bildung einer Gesellschaft mit zwei Klassen von Bürgern vorsieht. Die einen, die Muslime, sind die eigentlichen Bürger; die anderen werden toleriert, ihnen wird ein Lebensraum verschafft, aber ihre Rechte sind beschränkt auf die, die ihnen der islamische Staat gewährt. Und diese gewährten Rechte gehen von einer grundsätzlichen Ungleichheit von Muslimen und Schutzbefohlenen aus. Muslime und Nicht-Muslime sind ja nicht gleichberechtigt im Staat, sie sind nicht alle Träger der gleichen Grundrechte und der gleichen Grundpflichten. Sie sind auch nicht grundsätzlich gleichgestellt vor dem Gesetz. Die Nicht-Muslime sind zwar in den Augen des Islams nicht recht- und schutzlos, sie werden nicht den Muslimen als freie Beute preisgegeben. Dennoch werden sie im eigenen Land als Bürger zweiter Klasse behandelt. Diese Ordnung hat zwar in der Vergangenheit das Überleben der christlichen Kirchen ermöglicht und im Orient sowie in Andalusien ein erträgliches, ja zuweilen gedeihliches Zusammenleben gefördert. Aber die Mischung von Toleranz und Intoleranz, diese nur relative Integration der Nicht-Muslime im Staat und ihr Verweisen in einen Rechtsstatus von Fremden machte in der Praxis die Lebensgeschichte der Schutzbefohlenen, Juden und Christen, unter dem Druck der islamischen Mehrheit oft und immer wieder zu einer Leidensgeschichte.

Es stellt sich die Frage, ob es heute tragbar ist, einen Staat nach diesem Modell wiederzuerrichten. Erforderlich ist eher eine Struktur, die den Gemeinschaften und allen Bürgern ermöglicht, loyal zum gemeinsamen Land zu sein und den unabweisbaren Anspruch zu erheben, in diesem ihrem Land als gleichberechtigte Bürger zu gelten und die gleichen Grundrechte und Grundpflichten zuerkannt zu bekommen. So kann verhindert werden, daß die einen den Staat für sich vereinnahmen und die anderen zu Schutzbefohlenen deklassiert werden, welche dann dem Willen und Entgegenkommen, wie auch der Willkür und dem Gutdünken der Mehrheit ausgeliefert sind. Und so kann verhindert werden, daß die „nur tolerierten" Bewohner Angst haben müssen, eine Leidensgeschichte zu durchleben, die immer wieder hereinzubrechen droht.

Islam und universale Solidarität

Aus den bisherigen Ausführungen ist leicht erkennbar, wie der Islam in Lehre und Praxis zur Frage nach der universalen Solidarität steht. Wenn der Glaube die Mitte des Islams, das Band der Einheit in der Gesellschaft und der wirksame Faktor der Zusammengehörigkeit der Gläubigen, endlich die Grundlage der politischen Vollwertigkeit der Muslime im Staat ist, dann gibt es eine Art abgestufter Solidarität mit den Menschen: eine volle Solidarität mit den Glaubensgenossen, eine Teil-Solidarität mit den Andersgläubigen, wie Juden und Christen, die man als Teil-Gläubige/Teil-Ungläubige bezeichnen kann, endlich keine Solidarität mit den Ungläubigen.

Die Juden und die Christen sind nach dem Koran Empfänger von Offenbarungsbüchern und deren göttlicher Botschaft, auch wenn sie sich nicht dazu entschließen, den Islam anzunehmen. Deswegen schreibt der Koran vor, die Juden und die Christen nicht total auszuschließen, aber auch nicht total zu integrieren. So erlaubt er den Muslimen, von dem zu essen, was Juden und Christen zubereiten, und er erklärt für zulässig, jene am Essen der Muslime teilnehmen zu lassen. Auch erlaubt er – wie wir bereits erwähnt haben – jüdische oder christliche Frauen zu heiraten.

Wie im Falle der Ungläubigen werden auch hier vor allem die politischen Interessen der islamischen Gemeinschaft dadurch geschützt, daß man die Juden und die Christen nicht ohne weiteres zu Freunden nimmt. Der Koran warnt die Muslime vor allem vor der Freundschaft mit den Juden (58,14; 60,13).

Was die Christen anbelangt, so gibt ihnen der Koran den Vorzug vor den Juden. Trotz aller Kritik an der christlichen Lehre betont er die größere Nähe der Christen zu den Muslimen: „Du wirst sicher finden, daß unter den Menschen diejenigen, die den Gläubigen am stärksten Feindschaft zeigen, die Juden und die Polytheisten sind. Und du wirst sicher finden, daß unter ihnen diejenigen, die den Gläubigen in Liebe am nächsten stehen, die sind, welche sagen: ‚Wir sind Christen' ..." (5,82).

Aufgrund dieser und ähnlicher Aussagen im Koran sehen einige Muslime die Möglichkeit einer Solidarität, die nicht nur die Muslime, sondern auch die Christen umfaßt. Darüber hinaus befürworten sie eine praktische Zusammenarbeit zwischen Muslimen und Christen.

Viele Muslime (und auch einige Christen) gehen einen Schritt weiter und fordern, daß der Islam und das Christentum sich zu einer sogenannten „Heiligen Allianz" gegen die Ungläubigen und die Atheisten zusammenschließen.

Aber die Forderung nach einer solchen „Heiligen Allianz" ist nicht ohne soziale und politische Komplikationen und wird eher negative Auswirkungen haben. Christen und Muslime sollten sich zusammentun, nicht in erster Linie um gegen jemanden zu kämpfen, sondern um ihren eigenen Beitrag zur Lösung der Probleme der Menschen und zur Gestaltung einer humaneren Welt zu leisten. Sie könnten somit ihre gemeinsame Verantwortung tragen für unsere immer enger zusammenrückende Welt.

6. Muslime: Fähig zur Integration?

Wie die bisherigen Ausführungen deutlich gemacht haben, hat die islamische Rechtstradition hauptsächlich nur ein Modell des Zusammenlebens von Muslimen und Nicht-Muslimen ausgearbeitet. Nach diesem Modell bilden die Muslime die Mehrheit, sie üben die Herrschaft im Staat aus, gestalten die Gesetzgebung und besorgen die Rechtsprechung nach islamischem Recht und Gesetz.

In Deutschland wie auch in den anderen europäischen Staaten erleben die Muslime dagegen eine andere, bislang ungewohnte Gesellschaft. Hier bilden sie nur eine Minderheit, deren Einfluß verschwindend gering ist, die sogar von den mächtigeren Gruppen argwöhnisch beobachtet wird und alle Mühe hat, sich zu behaupten und ihre eigenen Identität zu wahren. Aus dieser Situation erwächst den Muslimen eine Unsicherheit in der Einschätzung ihres Rechtsstatus aus islamischer Sicht. Sie fühlen sich verunsichert vor der Notwendigkeit, umfassende Normen für ihr Zusammenleben mit Nicht-Muslimen zu entwickeln.

So ist es nicht verwunderlich, daß die Muslime im nicht-islamischen Ausland sich an Richtungen, Bewegungen, Gruppierungen, Vorstellungen und Verhaltensmustern orientieren, die sie von ihren Herkunftsländern her kennen. Diese Gruppen und Bewegungen liegen oft im Streit miteinander und suchen aus eigener Sicht zu bestimmen, was islamischer Glaube sei und wie islamisches Leben in der Fremde auszusehen habe.

Islamisten

Eine dieser Richtungen setzt auf die vollständige Islamisierung der Gesellschaft und des Staatswesens und lehnt jede Gesellschaftsordnung, die nicht die islamische ist, ab. Sie lehnt folgerichtig auch jede Art von Integration in einer nicht-islamisch gestalteten Gesellschaft ab. Diese Haltung verstärkt sich bei den Gruppen, die ihre Hoffnung auf das heutige Erwachen des Islams setzen und dessen Hauptziele vorbehaltlos bejahen. Eines dieser Hauptziele ist die Islamisierung bzw. Re-Islamisierung von Gesellschaft und Staat. Das bedeutet die Rücknahme der Gesetzgebung und der Lebensformen, die in manchen Ländern der islamischen Welt den Beginn einer Anpassung an die Erfordernisse der modernen Welt signalisieren. Gerade diese Anpassung an die moderne Welt wird von den Vertretern des sogenannten Islamismus (oder auch, weniger glücklich: Fundamentalismus) als Verlust der islamischen Identität und unbillige Bevorzugung von Normen und Vorstellungen, die sich seit der Aufklärung im Westen durchgesetzt haben, beklagt. Die Re-Islamisierung bedeutet auch die Rückkehr zu den Institutionen, die im islamischen Reich im Mittelalter ausgearbeitet worden sind, oder – noch radikaler – die Rückkehr zu den gesellschaftlichen Strukturen der frühislamischen kleinen Gemeinde von Medina (622–632, 632–651).

Säkularisten

Gegenüber den Islamisten, die sich heute in der islamischen Welt im Aufwind befinden, gibt es die Säkularisten, welche hoffnungslos in der Minderheit stehen. Sie wollen dem Islam im Kontext der Verhältnisse in der Weltgemeinschaft einen Weg öffnen, der sich mit einer teilweisen Säkularisierung des Gemeinwesens verbinden läßt.

Gemäßigte Reformisten

Die Reform-Muslime wünschen grundsätzlich die Gestaltung der Gesellschaft nach islamischen Normen und Gesetzen, sie sind jedoch offen für eine fruchtbare Hermeneutik im Umgang mit den verbindlichen Quellen und für nötige Kompromisse, die ihr Leben in der Fremde mit sich bringt und die für ein gedeihliches Zusammenleben mit Nicht-Muslimen unumgänglich erscheinen.

Es bleibt zu hoffen, daß der zeitgenössische Islam bei allen legitimen Bestrebungen, seine Identität zu finden und zu wahren, eine Gesellschaftsordnung und eine Rechtsstruktur findet, durch die er seine wahre Rolle in der Welt erfüllen kann als „Zeuge für die Gerechtigkeit" (Koran 5,8) und als mitwirkender Faktor beim Aufbau einer Gesellschaft, in der alle Bürger vor dem Gesetz grundsätzlich gleichgestellt und im praktischen Leben auch gleichberechtigt sind – eine Gesellschaftsordnung, in der über eine gewährte Toleranz hinaus die unverzichtbaren Menschenrechte für alle und die universale Solidarität aller Menschen miteinander anerkannt werden.

Anmerkungen

1 Koranstellen werden zitiert nach: Der Koran. Übersetzung von Adel Theodor Khoury. Unter Mitwirkung von Muhammad Salim Abdullah, (GTB 783), Gütersloh ²1992.

2 Siehe die näheren Ausführungen zu den Bewährungsproben, oben S. 174–175.

3 Zu Gott – oder: trotz seiner Liebe zu ihm, d. h. zum Geld.

4 Oder: so soll es sein, als ...: und zwar im Hinblick auf die Bestrafung.

Literaturhinweise

1. Quellen

Der Koran. Übersetzung von Adel Theodor Khoury. Unter Mitwirkung von Muhammad Salim Abdullah (GTB 783), Gütersloh ³2001.

A. Th. Khoury, So sprach der Prophet. Worte aus der islamischen Überlieferung (GTB 785), Gütersloh 1988.

A. Th. Khoury, Der Koran. Arabisch-Deutsch: übersetzt und kommentiert, Gütersloh 2004.

A. Th. Khoury/L.Hagemann/P. Heine, Islam-Lexikon – Geschichte, Ideen, Gestalten, (Herder/Spektrum 4036), Freiburg ²1999.

2. Darstellungen

P. Antes, Ethik und Politik im Islam, Stuttgart 1982.

A. Bsteh (Hg.), Friede für die Menschheit. Grundlage, Probleme und Zukunfts-

perspektiven aus islamischer und christlicher Sicht (Beiträge zur Religionstheologie 8), Mödling 1994.
ders. (Hg.), Eine Welt für alle. Grundlagen eines gesellschaftlichen und kulturellen Pluralismus in christlicher und islamischer Perspektive (Beiträge zur Religionstheologie 9), Mödling 1999.
ders. (Hg.), Gerechtigkeit in den internationalen und interreligiösen Beziehungen in islamischer und christlicher Perspektive, Mödling 1997.
ders. (Hg.), Werte – Rechte – Pflichten. Grundfragen einer gerechten Ordnung des Zusammenlebens in christlicher und islamischer Sicht, Mödling 2001.
Antoine Fattal, Le statut légal des non-musulmans en pays d'Islam, Beirut 1958.
L. Gardet, Le cité musulmane. Vie sociale et politique, Paris ²1961.
Majid Khadduri, War and peace in the law of Islam, Baltimore ²1979.
A. Th. Khoury, Einführung in die Grundlagen des Islams, (Religionswissenschaftliche Studien 27), Würzburg/Altenberge ⁴1995.
ders., Toleranz im Islam, München/Mainz 1980; Altenberge ²1986.
ders., Der Islam. Sein Glaube – seine Lebensordnung – sein Anspruch (Herder/Spektrum 5246), Freiburg ⁶2001.
ders., Was sagt der Koran zum Heiligen Krieg?, Gütersloh 1991.
ders., Christen unterm Halbmond. Religiöse Minderheiten unter der Herrschaft des Islams, Freiburg 1994.
ders., Der Islam und die westliche Welt, Darmstadt 2001.
ders., Mit Muslimen in Frieden leben. Friedenspotentiale des Islam, Würzburg 2002.
A.Th. Khoury/P. Heine/J. Oebbecke, Handbuch Recht und Kultur des Islams in der deutschen Gesellschaft, Gütersloh 2000.
T. Nagel, Staat und Glaubensgemeinschaft im Islam. Geschichte der politischen Ordnungsvorstellungen im Islam, 2 Bde., Zürich 1981.
V. Nienhaus, Islam und moderne Wirtschaft. Positionen und Perspektiven (Islam und westliche Welt 6), Graz/Wien/Köln 1982.
A. Noth, Heiliger Krieg und heiliger Kampf in Islam und Christentum, Bonn 1966.
B. Tibi, Im Schatten Allahs. Der Islam und die Menschenrechte, München 1994.
H. Zirker, Islam. Theologische und gesellschaftliche Herausforderungen, Düsseldorf 1993.